SUTTON GESCHICHTE

Udo Bürger

Die spektakulärsten Kriminalfälle in Altbayern

Bluttat, Raub
und Flammentod

SUTTON GESCHICHTE

Hochheimer Straße 59
99094 Erfurt
www.suttonverlag.de

Gestaltung und Satz: Sutton Verlag

ISBN: 978-3-95400-873-5

Druck: CPI books GmbH, Leck

Inhaltsverzeichnis

Vorwort

In diesem Buch werden Kriminalfälle aus Altbayern (Nieder- und Oberbayern sowie der Oberpfalz) von 1815 bis 1918 dargestellt, die mit Hinrichtungen endeten. Es bietet erstmalig eine vollständige Erfassung aller Hinrichtungen in diesem Zeitraum. Das waren – mit Ausnahme kriegsgerichtlicher Exekutionen – insgesamt 132. Mit Abstand die meisten Hinrichtungen hatte München mit 58 zu verzeichnen, gefolgt von Straubing mit 28 und Amberg mit 21 Exekutionen. Die anderen verteilten sich in Niederbayern auf Landshut, Pfarrkirchen, Vilsbiburg, Landau an der Isar, Griesbach, Burghausen und Mitterfels, in Oberbayern auf Rosenheim, Landsberg am Lech, Haidhausen (München), Wasserburg am Inn, Mühldorf am Inn, Erding, Dachau und Trostberg sowie in der Oberpfalz auf Beilngries, Regensburg, Neunburg vorm Wald und Tirschenreuth. Das Buch ist nach den Städten geordnet, in denen die Hinrichtungen stattfanden. Die Originalprozessakten aus jener Zeit sind heute zum größten Teil nicht mehr überliefert, sodass ein Hauptanteil der Informationen zu den damaligen Kriminalfällen und Prozessen aus zeitgenössischen Zeitungsartikeln stammt. Da die meisten Zeitungen früher noch sehr lokal ausgerichtet waren, hat es sich als zweckmäßig erwiesen, solche Zeitungen zu bearbeiten, die in der gleichen Stadt erschienen sind, in der auch die Prozesse stattfanden. Daneben befasste sich eine Reihe von rechtswissenschaftlichen Zeitschriften, Buchreihen und Büchern mit einzelnen Kriminalfällen und deren Aburteilung. Eine Zeit lang war es in Bayern üblich, „Geschichtliche Darstellungen" über die Verbrechen zu verfassen, die zu den Hinrichtungen geführt hatten. Sie wurden vor den Exekutionen öffentlich verlesen und als Flugblätter unter den Zuschauern verteilt, oft auch in Zeitungen abgedruckt.

Eine Verurteilung zum Tode musste nicht zwangsläufig auf eine Vollstreckung des Todesurteils hinauslaufen. Den bayerischen Monarchen oblag in letzter Instanz das nicht selten beanspruchte Recht, zum Tode Verurteilte zu begnadigen, die dann meist mit einer lebenslänglichen Haftstrafe davonkamen.

Die Hinrichtung durch das Schwert, die sich oft als unsicher erwiesen hatte, wurde in Bayern 1854 durch die Guillotine ersetzt. Im Jahre 1861 legte man fest, dass die Hinrichtungen künftig nicht mehr auf öffentlichen Richtplätzen, sondern unter weitgehendem Ausschluss der Öffentlichkeit innerhalb der Gefängnisse der jeweiligen Städte vorgenommen werden sollten.

Wie schon bei meinen Veröffentlichungen über Kriminalfälle und Hinrichtungen im Rheinland („Rheinische Unterwelt", Köln 2013; Nachweis von 127 Exekutionen 1815 bis 1918), in Westfalen („Westfälische Unterwelt", Münster 2014; Nachweis von 56 Hinrichtungen im gleichen Zeitraum), in Hessen („Die spektakulärsten Kriminalfälle in Hessen", Erfurt 2016; Nachweis von 96 Hinrichtungen im gleichen Zeitraum) und in Baden („Die spektakulärsten Kriminalfälle in Baden", Erfurt 2018; Nachweis von 70 Hinrichtungen 1815–1932) möchte ich mich auch bezüglich des vorliegenden Buches ganz herzlich bei Christian Schrepper aus Essen bedanken, der bereits seit vielen Jahren zum Thema Hinrichtungen forscht und mir sein umfangreiches Recherchematerial zu Bayern zur Verfügung gestellt hat. Ebenso gilt mein besonderer Dank der früheren Leiterin des Stadtarchivs Lemgo und Kennerin des Scharfrichterwesens, Dr. Gisela Wilbertz aus Hannover, die durch ihre Mithilfe zum Gelingen des Buches beigetragen hat.

Durch die Schilderung der einzelnen Kriminalfälle und der Umstände, die dazu geführt haben, spiegeln sich die sozialen, gesellschaftlichen und wirtschaftlichen Hintergründe des früheren Königreichs Bayern wider. Das Buch bestätigt, dass die Realität oft unglaublichere Geschichten hervorzubringen vermag, als es die Fantasie erahnen lässt.

Udo Bürger

Niederbayern

Straubing

Raubüberfall in Hachelberg

Mitte November 1813 verübte der etwa 20 Jahre alte Tagelöhnersohn Andreas Mühlbauer aus Lehenreut (Schöllnach, damaliger Landgerichtsbezirk Vilshofen) zusammen mit einem Komplizen einen Raubüberfall in Hachelberg (Ortsteil von Hofkirchen zwischen Vilshofen und Osterhofen). Unter dem Vorwand, einen Holzspan (als Beleuchtung) zu brauchen, wussten sie den dort wohnhaften 70-jährigen Kleinbauern Joseph Ebner zu überreden, ihnen die Tür zu öffnen. Kaum hatte er sie einen Spalt weit aufgemacht, drängten sie ihn zurück, versetzten ihm Schläge und fesselten ihn sowie seine ebenfalls betagte Frau. Mit einem an den Hals angesetzten Stilett und einer vorgehaltenen Pistole drohten sie den Eheleuten mit dem Tod, wenn sie nicht angeben würden, wo ihr Geld verborgen sei. Da diese nicht wussten, dass ihr nicht anwesender Sohn einige hundert Gulden im Haus hinterlegt hatte, gaben sie den Räubern nur das Versteck ihrer geringen Barschaft preis. Damit und mit einigen weiteren geraubten Gegenständen machten sie sich davon, um später in Lehenreut die Beute zu teilen.

Mühlbauer, dem man eine Reihe weiterer Straftaten zur Last legte, wurde nach Artikel 239 Teil I. des Strafgesetzbuches wegen Raubes IV. Grades zum Tod verurteilt, denn er hatte wiederholt „die Beraubten gepeiniget, um ihnen die Entdeckung verborgener Habseligkeiten abzupressen“.[1] Seine Hinrichtung fand am 10. Mai 1817 in Straubing statt. Das Gericht belegte eine Komplizin von ihm, die die Gelegenheit zum Raub in Hachelberg ausgekundschaftet hatte, ebenfalls mit der Todesstrafe, die aber im Zuge einer Begnadigung durch König Maximilian I. (gest. 1825) im November 1817 in eine Kettenstrafe abgemildert wurde. Dem bayerischen Monarchen oblag in letzter Instanz die Entscheidung, ob ein Todesurteil vollstreckt werden sollte.[2]

Mord in Straubing, 1822

Nachdem der 48-jährige Nikolaus Soller aus Kagers (Stadtteil von Straubing) ein Jahr lang bei einem Infanterieregiment in Straubing gedient hatte, wurde er 1795 gegen Stellung eines Ersatzmannes aus dem Militärdienst entlassen und betätigte sich nun als Tagelöhner. Er heiratete, die kinderlose Ehe verlief aber so unglücklich, dass sich seine Frau 1819 mit Einwilligung des geistlichen Ehegerichts von ihm trennte.

Schon 1815 hatte er ein Verhältnis mit der Ehefrau seines Nachbarn Mathias Höpfl begonnen. Weder die Ermahnungen des

Der Straubinger Theresienplatz mit Dreifaltigkeitssäule, Jesuitenkirche und daran anschließend das Landgerichtsgebäude, 1909.

Pfarrers noch ein Einschreiten seitens des Landgerichts konnten ihn von seinem „strafbaren Verhältnisse" mit der Nachbarin zurückhalten – selbst dann nicht, als Höpfl mit seiner Frau in die Altstadt Straubings umzog.

Soller, wegen „seines wilden Charakters" gefürchtet, hatte schon vorher heftige Drohungen gegen Höpfl laut werden lassen. Als ihm nun das Gerücht zu Ohren kam, Höpfl habe seinen fünfjährigen Sohn, für dessen Vater sich Soller hielt, durch „Anhängen an die Hundshütte" und Schläge misshandelt, fasste er den Entschluss, sich an ihm zu rächen. Mit einer Flinte postierte er sich am 26. Januar 1822 morgens gegen 5 Uhr am Haus Höpfls. Als er Licht im Stall sah, wo Höpfl bei der Arbeit war, begab er sich dorthin und schoss auf ihn. Der in den Unterleib Getroffene wurde zwar schnell durch herbeigerufene Ärzte behandelt, starb aber nach wenigen Stunden.

Der noch am gleichen Tag verhaftete Soller gestand vor dem Kreis- und Stadtgericht Straubing, dass er „die Tödtung des Höpfl mit Vorbedacht beschlossen und mit Ueberlegung ausgeführt habe". Die vom Appellationsgericht des Unterdonaukreises wegen Mordes über ihn verhängte und oberstrichterlich bestätigte Todesstrafe wurde am 20. November 1822 in Straubing vollstreckt.[3]

Häufige Ursache für die Todesstrafe: Raub IV. Grades

Michael Niedermaier, 1850

Wie schon Andreas Mühlbauer (1817) mussten auch etliche andere auf dem Straubinger Schafott ihr Leben lassen, die wegen Raubes IV. (und höchsten) Grades zum Tode verurteilt worden waren. Einer davon war der ledige Scherenschleifer Michael Niedermaier aus Stützenbrunn (Ortsteil von Stallwang im Kreis Straubing-Bogen) im damaligen Landgerichtsbezirk Mitterfels. Schon seit

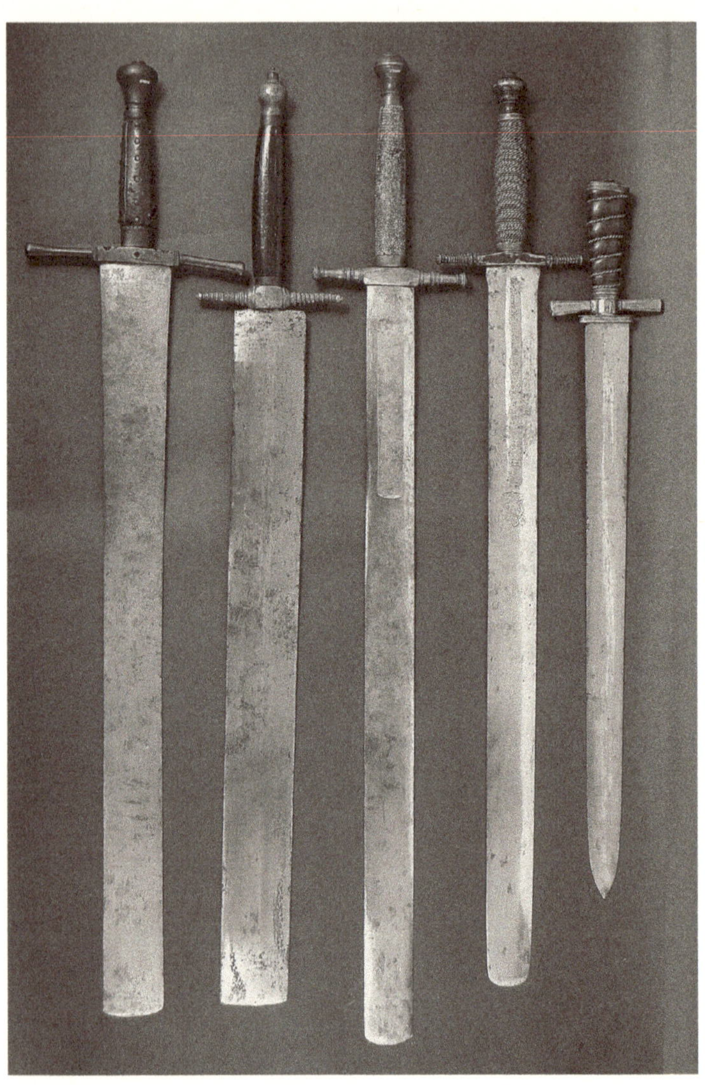

Richtschwerter im Gäubodenmuseum Straubing. Das zweite Schwert von rechts ist das des 1843 verstorbenen Straubinger Scharfrichters Joseph Zankl. Es trägt die Inschrift: „Die Herrn steuern dem Unheil / Ich Exequire ihr Unheil".

1830, seinem 18. Lebensjahr, war er wegen Diebstahls in eine Reihe von Untersuchungen verwickelt. Nachdem er 1842 zum vierten Mal in ein Zwangsarbeitshaus eingeliefert worden war, beging er kurze Zeit nach seiner Entlassung zusammen mit Johann Guggenberger aus Wallkofen (Ortsteil von Geiselhöring) und Michael Limbeck aus Straubing einen Raubmord, weswegen er zum Tod verurteilt wurde.

Guggenberger und Limbeck hatten von dem Krämer Thomas Wanninger aus Atzenzell (Ortsteil von Traitsching) erfahren, dass die Bauerswitwe Anna Maria Semmelmann vom sogenannten Elendhof, einem einsam gelegenen Bauernhof, 2.000 bis 3.000 Gulden als Mitgift für ihre Tochter bereitliegen habe. Sie verabredeten mit Niedermaier, die Witwe zu berauben. Am Samstag, dem 7. September 1844, begaben sie sich von Straubing nach Atzenzell und übernachteten bei Wanninger, dem sie einen Teil der Beute in Aussicht stellten.

Am nächsten Morgen um 3 Uhr ließ der Krämer seinen Sohn Martin Wanninger, der ebenfalls von dem Plan Kenntnis hatte, die drei Raubgenossen durch den Wald in die Nähe des Elendhofes führen. Dort angekommen, hielten sie sich so lange im Gehölz versteckt, bis sie sicher waren, dass die aus der Frühmesse zurückgekommene Bäuerin allein zu Hause war, während die übrigen Bewohner ihrerseits in die Kirche gegangen waren. Hierauf näherten sie sich gegen 8 Uhr dem Hof und wollten die vom Stall in das Haus führende Tür aufbrechen. Da sie aber durch eine Öffnung der Tür die Bäuerin, „ein schon 64 Jahre altes, jedoch noch rüstiges und starkes Weib“, mit einem Beil in der Hand hinter der Tür stehen sahen, begaben sie sich an die vordere Seite des Hauses und brachen mit einer Eisenstange das Fenster der Schlafkammer auf. Niedermaier stieg mit einer Pistole in der Hand durch das Fenster und drohte der Bäuerin, die hinzugeeilt war und ihn am Betreten des Hauses hindern wollte, sie zu erschießen. Als Guggenberger und Limbeck nachgefolgt waren, packten sie die Bäuerin und forderten die Herausgabe des

Geldes, wobei sie dieselbe schlugen, traten und ihr mit Erstechen drohten. Sie erklärte, die Mitgift ihrer Tochter nicht im Hause zu haben, woraufhin sie in die Schlafkammer geschleppt, auf ein Bett geworfen und gefesselt wurde.

Da die Eindringlinge beim Durchsuchen des Hausbodens nur einige Gulden fanden, misshandelte Niedermaier die Bäuerin von Neuem, indem er ihr ins Gesicht, mit der flachen Klinge seines Messers auf die Brust und auf den nackten Unterleib schlug und ihr Haare ausriss. Dann band er sie los und schleppte sie auf den Dachboden. Durch neue Schläge und Stöße gezwungen, wies die Gepeinigte endlich auf einen Haufen alter Lumpen, unter dem sich etwas Geld befand, das die Räuber an sich nahmen. Damit nicht zufrieden, schleppten sie die Bäuerin wieder hinab in die Kammer, warfen sie abermals auf das Bett, schnürten ihr die Hände und Füße gekreuzt auf dem Rücken zusammen und bedeckten sie mit Bettzeug, auf das sich Niedermaier so lange setzte, bis die Darunterliegende erstickt war. Mit dem Geld, einer Uhr sowie einigen Leinwand- und Kleidungsstücken verließen sie den Hof. An einem vorher verabredeten Platz trafen sie Thomas Wanninger, dem sie etwas von der Beute abgaben.

Erst nach einigen Jahren kam man den fünf Tätern auf die Schliche, die am 26. Oktober 1849 vom Schwurgerichtshof von Niederbayern in Straubing wegen Raubes IV. Grades zum Tode verurteilt wurden. Nachdem der oberste Gerichtshof die gegen das Urteil erhobene Nichtigkeitsbeschwerde als unbegründet verworfen hatte, änderte König Maximilian II. am 18. März 1850 die Todesstrafe für Guggenberger, Limbeck und Thomas Wanninger auf dem Begnadigungsweg in eine Kettenstrafe um. Martin Wanninger kam mit einer 16-jährigen Zuchthausstrafe davon, dem mit der schwersten Schuld belasteten Niedermaier aber wurde keine Gnade gewährt.[4] Die Bestätigung des Todesurteils verkündete man ihm am 5. April 1850, worauf er sich sehr bestürzt zeigte.[5]

Die am Morgen des 8. April 1850 vollzogene Hinrichtung Niedermaiers, die erste seit Einführung des öffentlichen

Strafverfahrens[6] am 10. November 1848, lockte eine so große Volksmenge nach Straubing, dass alle Gast- und Wirtshäuser überfüllt waren und die Straßen „wegen der in ihnen aufgestellten Fuhrwerke aller Art einer unermeßlichen Wagenburg" glichen.[7]

Zur Überführung Niedermaiers in einem Wagenzug zum Rathaus und von dort aus zum Richtplatz sowie zu der Hinrichtung, der etwa 15.000 Zuschauer beiwohnten, hieß es in der damaligen Presse: „Um 8 Uhr bestieg Niedermaier den Wagen mit zwei schwarzen Tafeln auf Brust und Rücken, worauf Verbrechen und Strafe geschrieben standen. Voraus zog reitende Gendarmerie und Bürgerkavallerie, dann die Gerichtskommission zu Wagen, hierauf eine Abtheilung vom 4. Jägerbataillon, auf die der Wagen mit dem Verurtheilten, den beiden Geistlichen und einem Gehilfen des Scharfrichters von Amberg folgte. Dahinter wieder eine Abtheilung vom Jägerbataillon, ein Wagen mit dem Gerichtsarzt und zum Schluß Bürgerkavallerie. Vor dem Rathaus, dessen Balkon mit einem rothen Tuch überdeckt war, hielt der Zug inmitten einer ungeheuern Menschenmasse. Hier wurde von der königlichen Kommission auf dem Balkon das Todesurtheil nochmals verlesen und der Stab gebrochen. Dann bewegte sich der Zug weiter bis zur Donauwiese. Hier auf der Richtstätte begaben sich die beiden Geistlichen mit Niedermaier in ein kleines Gemach, das unter dem Blutgerüst angebracht war. Nach einer Viertelstunde wurde er, bis zur Brust entblößt, herausgeführt, während die Geistlichen ihm fortwährend zusprachen. Sobald er das Gerüst bestiegen hatte, wurde er auf den Stuhl gesetzt, und im nächsten Augenblick war auch bereits der Kopf vom Rumpf getrennt. Der Enthauptete fuhr noch einen Schuh vom Stuhl in die Höhe und sank dann auf denselben zurück. Der Leichnam wurde nach Besichtigung durch die Gerichtskommission in einen bereitstehenden Sarg gelegt. Hierauf hielt unter dem Geläute der Sterbeglocke (der Armen-Sünderglocke) Cooperator Aigner noch eine angemessene Anrede an das Volk und damit schloß dieser ernste Akt der Gerechtigkeit."[8]

Gerügt wurde in einem anderen Artikel, dass in geringer Entfernung vom Schafott auf der Donauwiese, das von einer Abteilung des vierten Jägerbataillons viereckig umstellt war, „eine Bierwirthschaft improvisirt war. Es ist unmöglich zu glauben, daß der Unternehmer derselben hiezu die obrigkeitliche Bewilligung nachgesucht und erlangt hat."[9]

Franz Seraph Matzeder und Franz Reiter, 1851

Ähnlich verfuhr man ein Jahr später, am 23. Juni 1851, mit den Dienstknechten Franz Seraph Matzeder aus Matzöd unweit von Simbach (im damaligen Landgerichtsbezirk Landau an der Isar) und Franz Reiter aus Birköd im damaligen Landgerichtsbezirk Neumarkt an der Rott (ab 1934 Neumarkt-Sankt Veit).

Nachdem die beiden Delinquenten morgens aus der Straubinger Fronfeste (Gefängnis) abgeholt und vor das Rathaus gebracht worden waren, wurden sie (nach Urteilsverlesung und Stabbrechung) auf einem Schafott öffentlich enthauptet, das wieder auf der Hagenwiese an der Donau errichtet worden war. Hierzu hieß es im Bayerischen Landboten: „Das blutige Schauspiel, das billig zu ernsten Betrachtungen mahnen sollte, scheint Vielen als eine Art Volksfest zu gelten, und insbesondere war an einem großen Theile der Bauernbursche der Umgegend eine gefühllose Rohheit zu bemerken. Sittliche Verdorbenheit muß aber das Benehmen derselben genannt werden, die sich nicht entblödeten, dem Sohne des Scharfrichters Schellerer von Amberg, welcher sein sogenanntes Meisterstück (die erste Hinrichtung) lieferte, ein lautes Bravo zuzurufen, als befänden sie sich im Schauspielhause, oder vor einer Gauklerbude."[10]

Bei dem hier erwähnten Sohn des Scharfrichters Scheller aus Amberg handelte es sich um Lorenz Scheller, geboren am 4. Februar 1816 in Amberg,[11] der in der zweiten Hälfte des 19. Jahrhunderts viele Hinrichtungen in Bayern vornahm. Er richtete (als

„Originalsteckbrief" von Franz Matzeder (links) und Franz Reiter, 1851.

sein „Meisterstück") Reuter hin, die Enthauptung Matzeders nahm offensichtlich sein Bruder Alois Scheller, Scharfrichter von Eichstätt, vor.[12]

Bis 1849 war Lorenz Scheller beim Militär und anschließend im Gendarmeriedienst. Schon vor seiner im Jahr 1852 erfolgten Verpflichtung als Scharfrichter hatte er seinem Vater, der ebenfalls Lorenz hieß (Scharfrichter für die Oberpfalz, Bayreuth und später auch für Niederbayern, gestorben am 15. August 1864 im 79. Lebensjahr an „Darmbrand"[13]), bei mehreren Hinrichtungen, beispielsweise in Bayreuth und Straubing, Aushilfe geleistet. Seine Mutter war eine Tochter des Scharfrichters und Tierarztes Martin Hörmann, der in München in einem „Häuschen nächst des Sendlingerthores" wohnte. Von Jugend an besuchte Scheller seinen Großvater und erwarb sich im Laufe der Zeit „vorderhand theoretisch einige Vertrautheit und Sicherheit in der Handhabung des Richtschwertes, ohne jedoch damals schon entschlossen gewesen zu sein, in die Fußstapfen seines Großvaters und Vaters zu treten". Sein anderer Großvater, Josef Scheller, bekleidete in Eichstätt das Amt eines Nachrichters und Gemeindebevollmächtigten und war dort „Bürger und gesuchter Thierarzt".[14]

Anfang des Jahres 1854 erhielt Scheller (jun.) die Bewilligung zur Verehelichung mit einer Schneidermeisterstochter aus Tirschenreuth, Franziska Zaska, „weil, wie das Collegium der Gemeindebevollmächtigten bemerkt hat, sein Naarungsstand hinlänglich gesichert erscheint".[15] Sie brachte 13 Kinder zur Welt, von denen mehrere früh starben und nur drei Töchter und ein Sohn am Leben blieben.[16]

Scheller setzte sich für die Einführung der Guillotine ein und half bei der Konstruktion der bayerischen Guillotine mit.[17] Als „Scharfrichter der diesseitigen Kreise Bayerns" wurde er 1873 folgendermaßen beschrieben: „Nunmehr ist Lorenz Scheller ein Mann von 57 Jahren, unterhaltender Gesellschafter mit einnehmendem Aeußeren, ebenmäßiger Statur, gesundem Aussehen, bartlos, mit blondem Haupthaar und ruhigem, aufrichtigen Blicke."[18]

Sein Gesundheitszustand änderte sich allerdings in den Folgejahren. Wegen Verfolgungswahns war er 1880 einige Monate in der Münchner „Kreisirrenanstalt" untergebracht, wo er sich „ununterbrochen mit Hinrichtungen beschäftigt" glaubte. Scheller, der am 28. August 1880 starb, hatte in seiner Karriere 72 Hinrichtungen vorgenommen.[19]

Der Doppelhinrichtung in Straubing lag ein Raubmord zugrunde, der sich in der Nacht vom 27. auf den 28. März 1849 ereignet hatte. Mit Gewehren und Messern bewaffnet, lauerten Matzeder, Reiter und ihr Komplize Georg Weger, vulgo Flenkerl, aus Bachleiten an der Straße zwischen Pleiskirchen und Höll (Landkreis Altötting) dem Bauern Franz Altersberger aus Nonnberg und dem ledigen Bauerssohn Lorenz Bichelmaier aus Wöllersdorf auf, die in einem Wirtshaus in Pleiskirchen bis nach Mitternacht gezecht und dann miteinander den Weg nach Höll eingeschlagen hatten. Als sie etwa eine dreiviertel Stunde unterwegs waren, wurden plötzlich aus dem Wald, dem „Schwalbenbergerholz", mehrere Schüsse auf sie abgefeuert. Bichelmaier wurde tödlich getroffen und seiner Barschaft und

Uhr beraubt. Der am Rücken verwundete Altersberger versuchte zu entkommen, fiel aber zu Boden. Einer der Räuber kniete sich auf ihn nieder und raubte auch ihn aus. Obwohl ihm schwere Schlag-, Stich- und Schnittverletzungen zugefügt wurden, überlebte Altersberger den Raubüberfall und war nach zweimonatiger Behandlung weitgehend genesen.

Nachdem Matzeder und Reiter noch längere Zeit flüchtig waren – Weger hatte man schon vorher ergriffen – wurden sie am 28. Mai 1849 in einem Wirtshaus in Pörndorf festgenommen, wobei sie gewaltsamen Widerstand leisteten. Am 26. und 27. März 1851 kam die Sache vor dem Straubinger Schwurgericht zur Aburteilung. Die drei Angeklagten wurden von den Geschworenen des Verbrechens des Raubes IV. Grades „als Miturheber im Complotte" für schuldig erklärt. Der Gerichtshof verurteilte sie zur Todesstrafe, die König Maximilian II. am 4. Juni 1851 bei Weger in eine lebenslange Kettenstrafe umwandelte, bei Matzeder und Reiter aber bestätigte.[20]

Der Monarch machte von seinem Begnadigungsrecht häufig Gebrauch. Im Jahr 1851 wurden 24 Personen wegen Mordes, Brandstiftung I. (und höchsten) Grades sowie wegen Raubes IV. Grades zum Tode verurteilt. Matzeder und Reiter waren zwei von vieren, bei denen die Todesstrafe tatsächlich vollstreckt wurde. In allen anderen Fällen trat Begnadigung ein. 1852 wurde die Todesstrafe bei 27 Personen rechtskräftig, zwei wurden hingerichtet.[21]

Veröffentlichungen von Fred Haller und Karl Kieslich sowie eine Verfilmung von 2011 haben den Fall Matzeder/Reiter in der Öffentlichkeit bekannt gemacht.[22]

Joseph Schnauhuber, 1852

In der Nacht vom 26. auf den 27. Oktober 1849 gegen 23 Uhr drangen drei bewaffnete Männer mit Tüchern vor den Gesichtern gewaltsam in das Haus des Mühlbauern Peter Braun in Lerchen (Haarbach) ein. Es handelte sich um den Dienstknecht Joseph Schnauhuber aus Thiersbach (Ortsteil von Bad Griesbach), den Maurergesellen Joseph Juli aus Birnbach (Bad Birnbach) und den Steinbrecher Jakob Stiglbauer aus „Churfürstenöd" (Churfürst, ebenfalls Ortsteil von Bad Griesbach).

Im Haus brachen sie die verschlossene und zusätzlich mit einem Querbalken gesicherte Tür der Schlafkammer der Bäuerin Maria Braun und ihrer gleichnamigen Tochter auf, obwohl sich beide von innen nach Kräften dagegenstemmten. Juli streckte mit einem Knüppel die Tochter, Stiglbauer mit einer Axt die Mutter zu Boden. Gleichzeitig stieß Schnauhuber die in der Kammer befindlichen Kästen auf und nahm die darin verwahrte Barschaft an sich.

Dann drangen die Räuber gewaltsam in die Schlafkammer des Bauern ein. Schnauhuber gab einen Gewehrschuss auf ihn ab, „daß ihm der Papierpropf der Ladung sammt 24 groben Schrotten in die Bauchhöhle eindrang". Auf den Schuss eilten Leute aus der Nachbarschaft herbei, sodass die Räuber fliehen mussten, ohne weiteres Geld zu erbeuten. Braun starb infolge der Schusswunde noch in der Nacht.

Nach abgeschlossener Voruntersuchung standen die drei mutmaßlichen Täter am 17. Juni 1852 vor dem Straubinger Schwurgericht. Der 32-jährige Schnauhuber, der vor dem Raubüberfall in Lerchen längere Zeit unter besonderer polizeilicher Aufsicht gestanden hatte, leugnete die Täterschaft. Allerdings sprach gegen ihn, dass er in der Fronfeste in Griesbach seinen Mitgefangenen gegenüber ein Geständnis abgelegt hatte, durch das er auch Juli belastete. Die Geschworenen erklärten die drei Angeklagten des Raubes IV. Grades für schuldig, woraufhin vom Schwurgerichtshof dem Antrag der königlichen Staatsbehörde gemäß die Todesstrafe ausgesprochen wurde. Er verwarf ein vom Verteidiger Stiglbauers gestelltes Gesuch auf einen offiziellen Begnadigungsantrag beim König.

Der oberste Gerichtshof in München, der das Urteil gemäß Art. 233 des Strafprozessgesetzes vom 10. November 1848 von Amts wegen zu prüfen hatte, fand weder in dem gegen die Angeklagten durchgeführten Strafverfahren noch in dem gegen sie erlassenen Urteil einen Nichtigkeitsgrund. König Maximilian II. änderte die Todesurteile gegen Juli und Stiglbauer am 14. August 1852 „allergnädigst" in Kettenstrafen um, erklärte aber hinsichtlich Schnauhubers, „daß zu einer Begnadigung desselben kein zureichender Grund gefunden worden sey".[23]

Demzufolge wurde das Todesurteil gegen Schnauhuber am 4. September 1852 durch Scharfrichter Lorenz Scheller (frühere Schreibweise häufig auch „Schellerer") aus München in Anwesenheit einer großen Menschenmenge mit dem Schwert vollzogen. Die Hinrichtung war „nun bereits die vierte, welche seit Einführung der Schwurgerichte in Niederbayern stattfand, eine Zahl, welche in dieser Zeit keine andere Provinz Bayerns erreichte".[24]

Joseph Gerstl und Joseph Pfefferkorn, 1853

Der 19 Jahre alte und vorbestrafte Joseph Gerstl aus Altdorf im früheren Landgerichtsbezirk Landshut lernte in der Fronfeste in Mallersdorf (heute Mallersdorf-Pfaffenberg) den 35-jährigen Tagelöhner Joseph Pfefferkorn aus Regensburg kennen. Beiden gelang in der Nacht vom 28. auf den 29. August 1852 die Flucht, woraufhin sie sich einigten, „vom fremden Eigenthum zu leben und das Gestohlene gleichheitlich zu theilen".[25]

Sie trieben sich in verschiedenen Landgerichtsbezirken herum, übernachteten in Wäldern oder Heuhaufen und verübten eine Reihe von Diebstählen. Unter den entwendeten Gegenständen befanden sich auch zwei Jagdflinten und eine aus abgesägten Musketenläufen zusammengesetzte Doppelflinte.

Mit diesen Waffen versehen, lauerten sie Anfang Oktober 1852 dem Revierjäger Michael Fürst aus Dünzling (Ortsteil von Bad

Abbach bei Regensburg) auf, um ihn zu berauben. Nachdem sie einige Tage in der Gegend ausgeharrt und sein Haus beobachtet hatten, sahen sie ihn am Morgen des 4. Oktober auf ihr Versteck in der Waldung Bockenberg zukommen, die ganz in der Nähe seines Hauses lag. Als er sich ihnen bis auf 40 Schritte genähert hatte, streckten sie ihn durch einen Schuss schwer verwundet zu Boden. Während er mit dem Tode rang, traten sie zu ihm und nahmen ihm seine Zwillingsflinte, seine Jagdtasche, seine Taschenuhr, seinen Geldbeutel und einige andere Sachen ab. Einige Stunden später wurde die Leiche des Försters am Tatort entdeckt.

Die wenige Tage nach der Tat Verhafteten verurteilte das Straubinger Schwurgericht am 9. September 1853 nach einer mehrtägigen Verhandlung wegen Raubes IV. Grades und mehrerer anderer Delikte zum Tod. Wer von beiden den Schuss auf den Förster abgegeben hatte, konnte nicht eindeutig geklärt werden. In der gleichen Schwurgerichtssitzung wurden über mehrere andere Angeklagte, mit denen sie zeitweise als Räuberbande agiert hatten, Zuchthaus- und Arbeitsstrafen verhängt.[26]

Die Doppelhinrichtung nahm Scharfrichter Scheller jun. am 26. November 1853 in Anwesenheit zahlreicher Neugieriger in Straubing mit dem Schwert vor.[27]

Leopold Berglehner, 1856: Erste Hinrichtung mit der Guillotine in Straubing

Am 17. und 18. Oktober 1856 stand der 28-jährige, ledige Dienstknecht Leopold Berglehner aus Ering (Landkreis Rottal-Inn) unter der Anklage eines Raubes IV. Grades vor dem Straubinger Schwurgericht. Wie die Verhandlung ergab, war er am 7. März 1856 in Ering in räuberischer Absicht in das Haus des Tagelöhners Johann Stieglbauer und seiner Frau Magdalena eingedrungen, nachdem er in der Nacht zuvor dort auf dem Heuboden

Regierungs-Blatt

für das Königreich Bayern.

№ 32.

München, Samstag den 5. August 1854.

Inhalt:

Königlich Allerhöchste Verordnung, den Vollzug der Todesstrafe betr. — Bekanntmachung, die Erweiterung der zwischen Bayern und Frankreich im Jahre 1846 abgeschlossenen Convention über Auslieferung von Verbrechern betr. — Bekanntmachung, die Erhöhung des Eingangszolles von Hefe aller Art, mit Ausnahme der Bier- und Weinhefe betr. — Dienstes-Nachrichten.

Königlich Allerhöchste Verordnung,
den Vollzug der Todesstrafe betr.

Maximilian II.
von Gottes Gnaden König von Bayern,
Pfalzgraf bei Rhein,
Herzog von Bayern, Franken und in Schwaben &c. &c.

Wir haben auf Antrag Unseres Staatsministeriums der Justiz und nach Vernehmung Unseres Staatsrathes beschlossen, und verordnen:

daß in den Landestheilen diesseits des Rheines der Vollzug der Todesstrafe durch Enthauptung (Strafgesetzbuch Theil I. Artikel 5) nunmehr mittelst des Fallschwertes zu geschehen habe.

Die Verordnung zum Vollzug der Todesstrafe mit dem Fallbeil wurde am 3. August 1854 unterzeichnet und trat mit der Verkündung im „Regierungs-Blatt“ vom 5. August in Kraft.

übernachtet hatte. Als er von Frau Stieglbauer beim Diebstahl ertappt wurde – ihr Mann war an jenem Tag nicht zu Hause –, vergewaltigte und tötete er sie, indem er sie würgte und ihr eine Stichverletzung am Hals zufügte. Ihr Mann fand sie abends nach seiner Rückkehr zusammengebückt und blutüberströmt in einer Truhe vor.

Der Angeklagte, der von verschiedenen Zeugen in der Nähe des Hauses gesehen worden war, hatte im Simbacher Gefängnis einem Mitgefangenen mitgeteilt, „daß er wegen Ermordung der Tagelöhnerin Stieglbauer von Ering sitze, daß er dieselbe auch wirklich getödtet habe, nachdem er sie genothzüchtigt hatte und fürchten mußte, daß sie ihn aufbringen würde".

Die Geschworenen erklärten ihn im Sinne der Anklage für schuldig, worauf der Gerichtshof die Todesstrafe über ihn verhängte.[28] Am 17. Dezember 1856 wurde ihm in der Straubinger Fronfeste durch eine Gerichtskommission eröffnet, „daß Se. k. Majestät sich nicht bewogen gefunden haben, bezüglich des ihn zum Tode verurtheilenden Erkenntnisses des Schwurgerichtshofes eine Begnadigung eintreten zu lassen, daß sohin das Todesurtheil an ihm innerhalb 24 Stunden in Vollzug zu setzen sey, wenn er sich nicht eine 3-tägige Gnadenfrist ausbitte. Der Verurtheilte nahm die Publikation ruhig und gefaßt auf und unterzeichnete das Protokoll mit fester Hand."[29]

Berglehner erbat sich die Gnadenfrist. Seine Hinrichtung am 20. Dezember 1856 auf dem Hagen in der Nähe der Schießstätte war die erste in Straubing, die nicht mehr mit dem Schwert, sondern mit der Guillotine (Fallschwert, Fallschwertmaschine) durchgeführt wurde. Die Hinrichtungsmethode mit dem Schwert hatte sich oft als zu unsicher erwiesen, sodass man sie per Verordnung vom 3. August 1854 durch die Hinrichtungsmethode mittels des Fallschwerts ersetzte.[30]

Die „Regensburger Zeitung" schrieb zur Exekution Berglehners: „Die neue Art der Hinrichtung zog eine bedeutende Anzahl Menschen herbei, besonders war das schöne Geschlecht stark vertreten."[31]

Die letzte Hinrichtung in Straubing mit dem Schwert war die des Bürstenbindergesellen Valentin Siebenbürger aus Au (Stadtteil von München) am 6. Mai 1854 „auf der städtischen Hagenweide". Er hatte Anfang August 1853 vor der Kirche Gartlberg in Pfarrkirchen inmitten von Kirchgängern seine Geliebte Eva Popp aus Pfarrkirchen erstochen, da sie nach seinen Angaben einen „gegenseitigen feierlichen Eid“ gebrochen und nicht mit ihm habe auswandern wollen. Am 8. März 1854 wurde Siebenbürger vom Schwurgericht Straubing zum Tode verurteilt. Er führte ein bewegtes Leben: „In Paris stand er auf den Barrikaden, focht in Schleswig Holstein als Freiwilliger, war Freischaren-Lieutnant in Baden, und lebte einige Zeit als politischer Flüchtling in der Schweiz und in London.“[32]

„Sträfliche Leidenschaft“ in Rain

Georg Buchner, Besitzer eines Söldneranwesens (Sölde: Hof eines Söldners/Kleinbauern) in Rain im damaligen Landgerichtsbezirk Straubing, heiratete 1845 die mehrere Jahre ältere Bauerntochter Anna Maria Foidl (Voitl) aus Münster, die er, ohne dass beide sich näher gekannt hätten, ihres „Heirathsgutes“ wegen zur Ehefrau wählte. Er wurde geschildert als „ein gefürchteter Mann, ein Gotteslästerer. Als er einmal im Wirthshause zu Atting äußerte: ‚das Geld sei der einzige Gott,‘ bedeutete ihm der alte Wirth: ‚Buchner, setz einen andern Kopf auf, sonst stirbst du in keinem Federbett.‘“[33]

Seine Frau war „religiös und verständig. Sie war ihm aber nicht schön genug.“ Er setzte seinen weiblichen Dienstboten nach und wusste einige „zu unerlaubtem Umgange zu verführen“, was ihn zum Vater von drei unehelichen Kindern machte. Vorwürfe, die ihm seine Frau deswegen machte, erwiderte er häufig mit Tätlichkeiten, woraufhin sie im März 1848 Beschwerde beim Pfarramt Atting einlegte. Da sich keine Besserung einstellte und Buchner seinen „ehebrecherischen Umgang mit ledigen Weibsbildern“ fortsetzte, erwirkte sie im Januar 1849 beim bischöflichen Ehegericht Regensburg die Bewilligung, auf unbestimmte Zeit von ihrem Ehemann getrennt leben zu können. Die Zahlung von Unterhaltsleistungen an seine Frau verschleppend, ließ es Buchner sogar zu Pfändungen kommen.

Im Jahr 1853 stellte er Katharina Haberl als Magd ein und begann auch mit ihr ein Verhältnis. Umstrickt von dieser „sträflichen Leidenschaft“ und von den fortwährenden Geldzahlungen an seine Ehefrau „an seiner empfindlichsten Seite berührt“, kam Buchner auf einen schon vorher verfolgten Plan zurück, seine Frau aus dem Weg zu räumen. Im Laufe des Sommers 1855 näherte er sich ihr mit erheuchelter Freundlichkeit und brachte sie soweit, dass sie Ende November 1855 wieder in sein Haus zurückkehrte.

Nur wenig später, am 17. Dezember 1855, war sie plötzlich verschwunden. Am 7. Februar 1856 wurde ihre Leiche in der Nähe von Rain in der Kleinen Laaber gefunden. Ihr bereits am 23. Dezember 1855 verhafteter Mann hatte sich nach ihrem Verschwinden durch unglaubwürdige Angaben über den Grund ihrer Abwesenheit, durch Versuche, falsche Zeugenaussagen zu gewinnen, und die „unverkennbar ausgeprägten Merkmale des schuldbeladenen Gewissens“ verdächtig gemacht. Als mögliche Mittäter ermittelte man auch gegen Katharina Haberl und seinen Bekannten Jakob Haslbeck aus Rain. Im Gefängnis vertraute Buchner Mithäftlingen an, „daß er und Haslbeck die Maria Buchner erwürgt, zwei Tage auf dem Heuboden versteckt, dann den Leichnam auf einem Schlitten zur Rainermühle gefahren, und dort in die Laber geworfen hätte, die Haberl hätte hiebei Spähe gestanden“.[34]

Der Prozess gegen die drei Angeklagten vor dem Straubinger Schwurgericht vom 21. bis 25. Oktober 1856 war sehr gut besucht, da der Mord großes Aufsehen erregt hatte und die Beteiligten in der ganzen Umgegend bekannt waren. Die Neugierde des Publikums war so groß, „daß jedesmal, wenn die Angeklagten von oder zu der Frohnveste geführt wurden, Massen Volkes förmlich Spalier bildeten, um Erstere zu sehen, eine fürchterliche moralische Tortur für dieselben“. Am letzten Verhandlungstag erklärten die Geschworenen den 37-jährigen Buchner der in der Nacht vom 16. auf den 17. Dezember 1855 erfolgten Ermordung seiner Frau für schuldig, begangen dadurch, dass er sie „in rechtswidriger

Absicht, mit vorbedachtem Entschlusse durch Erstickung getödtet und diese Tödtung mit Ueberlegung ausgeführt habe". Der Gerichtshof verhängte die Todesstrafe über ihn, Haslbeck erhielt wegen Begünstigung II. Grades eine fünfjährige Arbeitshaus-, Katharina Haberl wegen Hilfeleistung II. Grades eine 14-jährige Zuchthausstrafe.[35]

Nachdem König Maximilian II. am 26. Januar 1857 das Todesurteil bestätigt hatte, fand die Hinrichtung Buchners, der ebenfalls die dreitägige Gnadenfrist erbeten hatte, am Morgen des 12. Februar 1857 in Anwesenheit einer großen Menschenmenge mit der Guillotine statt. Zwei Tage zuvor hatte er ein Geständnis abgelegt, wonach er allein seine Ehefrau in einem Wassergefäß ertränkt und tags darauf in der Laaber versenkt haben wollte.[36]

Erste nicht öffentliche Hinrichtung in Straubing, 1866

Ein durch ähnliche Eheverhältnisse motiviertes Kapitalverbrechen ereignete sich einige Jahre später in Grüb (Ortsteil von Grafenau). Der Bauerssohn Michael Trauner aus Judenhof (Grafenau) verehelichte sich im April 1864 mit der kinderlosen Bauerswitwe Anna Maria Nanzinger in Grüb, die ihm durch einen Ehevertrag vom März 1864 für die Dauer der Ehe den Mitbesitz und das Miteigentum sowie für den Fall ihres früheren Ablebens das Alleineigentum ihres auf 6.000 Gulden angeschlagenen Anwesens einräumte. Obwohl die Eheleute dem äußeren Anschein nach im besten Einvernehmen lebten, fasste Trauner im Juni 1864 den Entschluss, seine zwölf Jahre ältere, ungeliebte Frau aus der Welt zu schaffen, und brachte dieses Vorhaben am 18. Juli 1864 zur Ausführung.

An diesem Tage stand er morgens gegen 3 Uhr auf, angeblich, um einen Viehhandel zu tätigen. Da noch alle Dienstboten schliefen, kochte ihm seine Frau eine Suppe und legte sich wieder ins Bett. Trauner aß einen Teil der Suppe, schüttete hierauf in den Rest 30–40 Gran (alte Maßeinheit der Masse) Arsenik, rührte das

Gift in die Suppe und gab sie seiner Ehefrau ins Bett mit der Aufforderung, sie vollends zu essen, um sie nicht verderben zu lassen. Als er weg war, verzehrte seine Ehefrau die ihr gereichte Suppe, erkrankte hierauf schwer und starb trotz der von ihr angerufenen ärztlichen Hilfe am 19. Juli 1864 gegen 4 Uhr morgens.

Nachdem Trauner im Januar 1865 zum zweiten Mal geheiratet hatte, verdichtete sich der Verdacht gegen ihn, seine Frau vergiftet zu haben. Bei der exhumierten Leiche fand man eindeutige Spuren von Arsenik, was die Verhaftung Trauners zur Folge hatte. Am 24. Februar 1866 wurde er vom Straubinger Schwurgericht gemäß Art. 228 des Strafgesetzbuches zur Todesstrafe verurteilt. Nachdem König Ludwig II. am 30. April 1866 das Urteil bestätigt hatte, führte Scharfrichter Scheller die Hinrichtung des 33-Jährigen am 11. Mai 1866 durch.[37]

Seine Exekution war die erste in Straubing, die nicht mehr auf einem öffentlichen Richtplatz – mit oft mehreren Tausend Zuschauern –, sondern hinter verschlossenen Gefängnismauern stattfand. Die letzte öffentliche Hinrichtung in Straubing war die des 27-jährigen Anton Englhart aus Schröttmoos (Reisbach), der am 26. August 1858 guillotiniert wurde. Er hatte am Nachmittag des 1. Januar 1858 im Haus des Bauern Markus Wirthmüller in Siegersbach (Reisbach) die Haushälterin und Köchin Anna Maria Zöpf erschlagen, während die übrigen Hausbewohner in der Kirche im nahen Oberhausen waren. Dann raubte er das im Haus befindliche Geld. Vom Schwurgericht Straubing wurde er am 16. Juni 1858 wegen „qualifizirten Mordes" – begangen „aus Eigennutz, um sich einen mittelbaren oder unmittelbaren Vortheil am Vermögen zu sichern, oder einen solchen dadurch zu erlangen" – zum Tode verurteilt.[38]

Von den öffentlichen Hinrichtungen nahm man Abstand, weil sie oft den Charakter von Volksfesten angenommen hatten. Das neue Strafgesetzbuch für Bayern vom 10. November 1861 sah in Artikel 15 vor, dass die Todesstrafe mittels Enthauptung in Gegenwart einer Gerichtskommission und eines Beamten der

Staatsanwaltschaft „in einem geschlossenen Raume" vollzogen werden sollte: „Außerdem sind von dem Gemeindevorstande des Ortes, an welchem die Hinrichtung stattfindet, aus den Vertretern der Gemeinde oder aus anderen achtbaren Bürgern 24 Personen zu berufen, um als Urkundspersonen der Hinrichtung beizuwohnen."[39]

Die Guillotinierung Trauners in Straubing wurde in der „Bayerischen Zeitung" wie folgt beschrieben: „Die Hinrichtung fand in dem inneren, vollkommen umschlossenen Hofraum der Fronfeste statt. Nachdem sich eine halbe Stunde zuvor der bezirksgerichtliche Vollzugscommissär mit einem Protokollführer, dann der k. Staatsanwalt und der k. Bezirksgerichtsarzt nebst den vom Stadtmagistrate bezeichneten 24 Urkundspersonen eingefunden hatten, wurde Schlag 6 Uhr der Verurtheilte in der vorgeschriebenen Kleidung auf die Richtstelle geführt. Hier wurde nun zunächst von dem Protokollführer eine kurze geschichtliche Darstellung des von dem Verurtheilten verübten Verbrechens nebst dem Urtheile des Schwurgerichtshofes verlesen und hierauf über Michael Trauner der Stab gebrochen. Nachdem sodann der vollkommen reumüthige, aber gefaßte Delinquent einem der beiden ihm zur Seite stehenden Geistlichen mit lauter Stimme ein kurzes Gebet nachgesprochen hatte, wurden ihm auf ein vom Vollzugscommissär gegebenes Zeichen von dem Gehilfen des Nachrichters die Augen verbunden, er auf das Schaffot geführt und nach wenigen Augenblicken hatte er aufgehört zu leben."

Die „Geschichtliche Darstellung" des von dem Hingerichteten verübten Verbrechens wurde in gedruckter Form an die Anwesenden verteilt.[40]

Flammentod bei Spiegelau, 1865

Ganz in der Nähe von Grüb kam es 1865 zu einem Verbrechen, das zur nächsten Hinrichtung in Straubing führte. In der Nacht vom 18. auf den 19. November jenes Jahres brach kurz nach Mitternacht in der Sägemühle und Holzwarenfabrik von Johann Baptist Heiß in der Klamm bei Spiegelau ein Brand aus, der in kurzer Zeit das größtenteils aus Holz erbaute, vierstöckige Gebäude in Schutt und Asche legte. Heiß gelang es, mit einem seiner beiden Kinder das Freie zu erreichen. Ebenso konnten sich sein Bruder Alois Heiß und die Magd Anna Miedl retten, die erkannt hatte, dass der Weg nach unten durch die Flammen abgeschnitten war, und aus dem dritten Stockwerk sprang. Frau Heiß und ihre dreijährige Tochter hingegen kamen bei dem Brand ums Leben. Außer den genannten Personen waren in jener Nacht noch drei Sägeknechte in dem Anwesen, Valentin Wudi, Johann Baptist Rötzer und der 24-jährige Ferdinand Hilz aus Riedlhütte. Diese hatten sich gegen 18 Uhr in die nahe Schenke des Hammerschmieds Cajetan Hatzinger begeben, dort Karten gespielt, einige Glas Bier getrunken und waren um 23 Uhr in die Sägemühle zurückgekehrt.

In der Nacht erwachte Rötzer infolge der Rauchentwicklung und flüchtete aus seiner brennenden Kammer die Treppe hinab. Unter ihr fand er Wudi schwerverletzt am Boden liegend vor, packte ihn und schleppte ihn mit sich ins Freie. Der Sägeknecht, der aus vielen tiefen und großen Wunden am Hals und im Gesicht blutete, starb bald darauf in der Hammerschmiede Hatzingers, ohne noch einmal das Bewusstsein wiedererlangt zu haben. In der allgemeinen Bestürzung glaubte man anfangs, Wudi sei bei dem Brand in schneidende Maschinenteile gefallen und auf diese Weise verunglückt. Ebenso vermutete man, der dritte Sägeknecht Hilz sei bei dem Brand umgekommen. Zum allgemeinen Erstaunen fand er sich aber am folgenden Tag unversehrt an der Brandstätte ein.

Unterdessen hatte die nähere Betrachtung der Verletzungen Wudis zu der Ansicht geführt, dass hier ein Verbrechen vorliegen müsse, sodass eine gerichtliche Untersuchung eingeleitet wurde. Diese ergab, dass Hilz in jener Nacht dem bereits eingeschlafenen Wudi mit einem Beil mehrere Schläge versetzt und ihn seines Geldbeutels und seiner silbernen Taschenuhr beraubt hatte.

Wudi hatte zuvor beim Kartenspielen in der Schenke gewonnen und auf dem Heimweg seinen beiden Mitspielern sein Geld, etwa 22 Gulden, gezeigt. Um die Spuren seines Raubmordes zu verwischen, legte Hilz das Feuer und begab sich mit seiner Beute nach Höhenbrunn, wo man später an einem von ihm bezeichneten Ort das Geld und die Uhr vergraben fand.

In der öffentlichen Sitzung des Schwurgerichts für Niederbayern vom 16. April 1866 wurde Hilz der Verbrechen des Mordes, des Raubes und der Brandstiftung für schuldig erkannt und gemäß Artikel 228 und 302 des Strafgesetzbuches zur Todesstrafe verurteilt. Der Angeklagte, „ein schmächtiges Bürschchen", nahm dies „kaltblütig auf, wie er denn auch während der ganzen Verhandlung nicht eine Spur von Reue blicken ließ".[41] Seine Hinrichtung mit der Guillotine fand am Morgen des 13. Juli 1866 „unter Beobachtung der durch Art. 15 des Strafgesetzbuches und durch die hierzu erlassene Vollzugsinstruktion vorgeschriebenen Formalitäten" auf dem Hof des Bezirksgefängnisses statt.[42]

Tod einer Witwe bei Sankt Englmar, 1884

Nach einer weiteren Hinrichtung am 30. März 1868 (Josef Staringer aus Bruckbergerau, Ortsteil von Bruckberg)[43] und einem längeren Hinrichtungsmoratorium war Georg Meilinger am 21. Februar 1885 der nächste Verurteilte, der auf dem Hof des Straubinger Gefängnisses sein Leben lassen musste.

Der ledige Tagelöhner, geboren am 5. Mai 1862 in Blossersberg (Ortsteil von Viechtach) und zuletzt wohnhaft in Drachselsried, begab sich am Nachmittag des 18. Oktober 1884 zum Haus der 69-jährigen Händlerswitwe Theresia Reiner (Rainer) in Staudenau (Ortsteil von Sankt Englmar). Er hatte gehört, dass sie ein Kalb verkauft und hierfür 37 Mark eingenommen hatte. Auf dieses Geld, das er im Haus vermutete, hatte er es abgesehen. Er bat die Witwe, die sich draußen befand, ihm eine Suppe zu geben, die

Meilinger auf dem Weg zur Guillotine.

sie ihm aber verweigerte. Meilinger unterhielt sich mit ihr einige Zeit und wartete ab, bis sich ein Hirtenjunge und eine in der Nähe auf einem Feld arbeitende Frau entfernt hatten, „packte dann plötzlich die Rainer, riß sie von der Bank, auf der sie saß, auf den Boden herunter, kniete sich auf sie, drosselte sie, gab ihr mit dem Fußschemel mit aller Wucht mehrere Schläge auf den Kopf, und ging, als sie sich nicht mehr rührte, über die Stiege auf den Boden, erbrach den verschlossenen Kasten, nahm dort Geld, was er fand, und ging dann wieder herunter".[44]

Er erbeutete nur einige alte Silbermünzen und etwa sieben Mark – den Erlös aus dem Verkauf des Kalbes fand er nicht. Als er im Hinausgehen sein Opfer betrachtete, „regte sich die

Rainer noch und war noch nicht ganz verschieden". Durch einen Stich in die linke Schläfe führte er endgültig ihren Tod herbei.

Die Geschworenen bejahten in der Straubinger Schwurgerichtssitzung vom 10. Dezember 1884 die Schuldfrage, worauf der Gerichtshof den Angeklagten wegen Raubmordes zum Tode verurteilte. Scharfrichter Joseph Kißlinger begab sich am 18. Februar 1885 mit seinen beiden Gehilfen und dem Fallbeil nach Straubing, um das Todesurteil an Meilinger drei Tage später zu vollstrecken. Dieser hatte so sicher auf seine Begnadigung gehofft, dass er bereits Anordnungen getroffen hatte, an wen seine privaten Gegenstände abgegeben werden sollten, wenn er ins Zuchthaus abgeliefert würde.[45]

Vatermord in Siegersbach (Reisbach), 1897

Seit dem Tod seiner Mutter im Jahre 1895 bestanden zwischen dem im April 1854 geborenen Bauern Anselm Able aus Reith (Gemeindeteil von Reisbach, südlich von Landau) und seinem Vater Georg Able wegen des Erbes große Differenzen. Diese nahmen noch zu, als der Vater die 41-jährige Marie Schwarzmüller als Haushälterin zu sich nahm, da Anselm den Abschluss einer neuen Ehe und den Verlust des elterlichen Anwesens befürchtete.

Durch dauernde Überredungsversuche gelang es Anselm Able, seinen Sohn Josef (geboren am 14. Dezember 1879) und seinen Dienstknecht Michael Girnghuber aus Reisbach (geboren am 22. September 1869) als Komplizen in der Absicht zu gewinnen, Georg Able und die Haushälterin zu töten. Dafür versprach er ihnen Geld, etwa 5.000 bis 9.000 Mark, das sie vermutlich im Haus des Ermordeten finden würden.

Nachdem der Plan in allen Einzelheiten verabredet worden war, begaben sich Josef Able und Girnghuber am Sonntag, dem 10. Januar 1897, kurz nach 21 Uhr von Reith nach Siegersbach

Darstellung in der „Neuen freien Volks-Zeitung" von 1897: Anselm Able, Girnghuber und das väterliche Anwesen in Siegersbach.

(ebenfalls Gemeindeteil von Reisbach), wo Georg Able mit seiner Haushälterin ein isoliert gelegenes Anwesen bewohnte. Beim Öffnen der Haustür entstand ein Geräusch, das den 65-Jährigen weckte. Als er aus seiner Schlafkammer hinunter ins Erdgeschoss ging, griffen ihn die Eindringlinge an und zerrten ihn zur Haustür hinaus. Während Girnghuber mit ihm rang, ging Josef Able auf die auf der Treppe stehende Haushälterin los, „verfolgte die vor ihm Fliehende in die Kammer, zog sie unter dem Bett, wo sie sich versteckt hatte, hervor, warf sie über das Bett, und versetzte ihr einen 9 Centimeter langen, bis zum Knorpel des Kehlkopfes gehenden Schnitt in den Hals, dessen Wirkung durch die dicke Umhüllung des Halses abgeschwächt wurde. Währenddessen hatte sich zwischen Girnghuber und G. Able Folgendes abgespielt: Beide rauften miteinander fort, Able wurde von seinem Gegner zu Boden gebracht und erhielt hier, unter dem Girnghuber liegend, eine furchtbare 10 ½ Centimeter lange, die oberen Halsmuskeln, die beiden Zungenbeinhörner, die rechte Unterkiefer-, Zungen- und linke obere Schilddrüsenarterie durchtrennende Schnittwunde."[46]

In dem Glauben, dass er Able überwältigt habe, ließ Girnghuber von ihm ab, doch dieser erhob sich wieder. Girnghuber setzte ihm nach, blieb aber dann aus Furcht zurück. Auch Josef Able wurde die Situation zu gefährlich, wandte sich von seinem Opfer ab und ergriff mit seinem Komplizen die Flucht nach Reith. Der schwerverletzte Georg Able fand, „immer eine gewaltige Blutspur hinterlassend“, Zuflucht bei einem Siegersbacher Bauern. Ein herbeigeholter Geistlicher versah ihn mit den Sterbesakramenten, und kurz nach 24 Uhr trat der Tod ein. Sein herbeigeeilter Sohn Anselm zeigte sich angesichts der Leiche sehr kalt und wohnte „der Sektion ohne Erregung“ bei.

Die Haushälterin vermochte ihren Angreifer so genau zu beschreiben, dass sich sofort der Verdacht auf Josef Able lenkte und er in Haft genommen wurde. Durch sein Geständnis vom 16. Januar 1897 belastete er Girnghuber, der wiederum Anselm Able als Anstifter des Verbrechens benannte.

Das Straubinger Schwurgericht verurteilte Josef Able am 13. April 1897 zu 15 Jahren Gefängnis, seinen Vater zur Todesstrafe und acht Jahren Zuchthaus sowie Girnghuber zur Todesstrafe und zwölf Jahren Zuchthaus.[47] Nachdem Prinzregent Luitpold die Todesurteile bestätigt hatte, nahm Scharfrichter Franz Xaver Reichhart (1851–1934) die Doppelhinrichtung (als erster Girnghuber) am Morgen des 11. Juni 1897 auf dem Hof des Straubinger Landgerichtsgefängnisses vor, während rund 2.000 Neugierige vor dem Gefängniseingang ausharrten.[48]

Kirchenraub und Raubmord im Raum Eggenfelden, 1897

In der Nacht zum 24. Februar 1897 stieg ein Unbekannter mit einer Leiter in die Filialkirche in Martinskirchen (Ortsteil von Wurmannsquick, südlich von Eggenfelden) ein und raubte den auf dem Hauptaltar befindlichen Tabernakel aus. Auch den Opferstock neben der Kirchentür wollte er aufbrechen, was ihm aber nicht gelang. Die Aufregung über diese „Frevelthat“ hatte sich noch nicht gelegt, als die Nachricht von einem weit schlimmeren Verbrechen die dortige Gegend durcheilte.

Am 28. Februar wurde gegen halb 11 Uhr vormittags der Bauer Markus Nußbaumer in „Hinterhaid“ (Haid bei Lohbruck) von seinem aus der Kirche heimkehrenden Sohn Johann tot im Ochsenstall vorgefunden. Er war offenbar mit einem dicken Prügel erschlagen und mit zusammengebundenen Füßen in einen Wassertrog („Wassergrand“) geworfen worden: „Der alte Nußbaumer hatte demgemäß in Folge Gehirnerschütterung und Erstickung seinen Tod gefunden.“[49] Es stellte sich heraus, dass etwa 200 Mark in bar, verschiedene Kleidungsstücke, ein Terzerol (Vorderladerpistole), ein Sparkassenbuch, eine Geldbörse, Eheringe und einiges mehr entwendet worden waren.

Unter der Anklage, diese Taten begangen zu haben, stand der 26-jährige Anton Karl Nußstein aus Marktredwitz am 19. und 20. Juli 1897 „unter ungeheurem Andrange des Publikums“ vor dem Straubinger Schwurgericht. Er war am 10. Januar 1897 aus dem Gefängnis in Rosenheim ausgebrochen und hatte sich in die Gegend von Eggenfelden begeben. In einem Pressebericht über die Verhandlung hieß es: „Er ist zwar von Beruf ein Schuhmacher, allein diese Beschäftigung sagte ihm nicht zu, und so trieb er sich lieber als Schauspieler, Komiker und Sänger im Lande herum. Seine Strafliste weist außer Betteln und Landstreicherei auch drei Vorstrafen wegen Diebstahls auf.“ Um Kirchendiebstähle „leichter auskundschaften zu können, ging er sehr gerne in die Kirche, sang sogar auf dem Chore mit.“[50]

Er hatte zweimal auf dem Hof Nußbaumers übernachtet und sich auch dort mit den örtlichen Verhältnissen vertraut gemacht. Der Versuch, einen Alibibeweis anzutreten, misslang aufgrund vieler Widersprüche. Nach vollendeter Tat wandte sich Nußstein nach München, wo er von dem geraubten Geld „flott lebte“. Das Sparkassenbuch suchte er vergebens zu Geld zu machen, bis er im April 1897 bei Feldkirchen-Westerham verhaftet wurde.[51]

Vom Gerichtshof wegen Kirchenraubes und Raubmordes zum Tode verurteilt, unternahm Nußstein, der rund um die Uhr von vier Gendarmen bewacht wurde, wiederholt Fluchtversuche aus

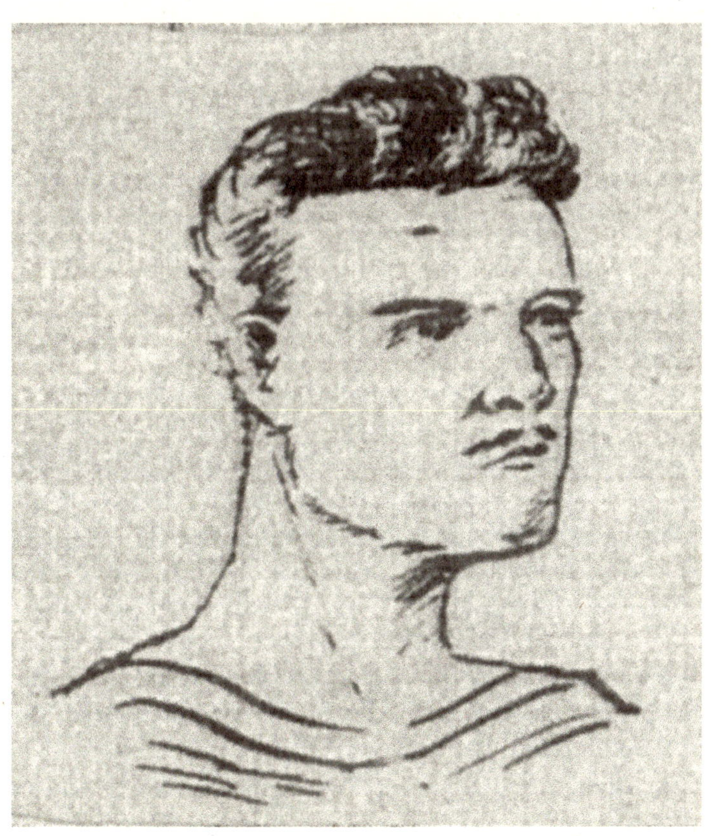

Anton Nußstein, auch der „schöne Zigeunertoni" genannt.

dem Gefängnis, „indem er, mit außerordentlicher Kraft ausgerüstet, jedesmal sich der schwersten, eisernen Ketten entledigte". Von der Erlaubnis, sich Essen und Trinken kommen zu lassen, machte er ausgiebig Gebrauch. Er bestellte sich „Schweinsbraten, zwei Liter Bier und drei Cigarren. Bei dieser sog. Henkersmahlzeit unterhielt er sich lebhaft mit den Gendarmen und deklamirte sogar Gedichte."[52]

Nach Ablauf der ihm gesetzlich zustehenden dreitägigen Gnadenfrist wurde der Verurteilte am Morgen des 20. November

1897 von Scharfrichter Reichhart auf dem Straubinger Gefängnishof guillotiniert. Schon lange vor 7 Uhr hatte sich in der Umgebung des Landgerichtsgebäudes und Gefängnishofes, die „durch einen Zug Jäger, Polizei und Gendarmerie abgesperrt waren, eine Menge Menschen eingefunden. Zu dem Akte selbst waren jedoch außer den betheiligten Amtspersonen und den 12 Urkundspersonen nur eine beschränkte Anzahl Herren zugelassen."[53]

Im „Regenflusse" versenkt, Viechtach 1902

Anfang November 1902 trat der jüdische Geschäftsreisende David Bermann aus Gunzenhausen, 22 Jahre alt, für seinen Vater, den Lederhändler Bernhard Bermann, eine Geschäftsreise an, um besonders im Bayerischen Wald Geschäfte abzuschließen und Gelder einzufordern. Am 15. November war er in Bogen, von wo aus er 500 Mark heimsandte. Von Straubing fuhr er zwei Tage später mit dem Abendzug nach Viechtach und logierte im Gasthof „Zur neuen Post". In Viechtach hatte er mehrere Geschäftskunden, darunter auch den Sattlermeister Karl Bradl, der ihm Geld schuldete und sich in „mißlichen finanziellen Verhältnissen befand".

Ab dem Morgen des 18. November wurde Bermann plötzlich vermisst. Obwohl seine Angehörigen eine Belohnung für seine Auffindung aussetzten und die Staatsanwaltschaft am Landgericht Deggendorf nach ihm suchen ließ, blieb er verschwunden.

Am 23. Dezember 1902 erfolgte die viel Aufsehen erregende Verhaftung des Sattlermeisters Bradl sowie seines Sohnes, des Schneiders Max Bradl. Eine im Hause Bradl logierende Tagelöhnerin hatte den Vermissten an jenem 18. November vormittags mit Karl Bradl gesehen und verdächtige Geräusche aus der Sattlerwerkstatt gehört. Bei einer daraufhin eingeleiteten Durchsuchung des Anwesens, das zwischen dem Gasthaus „Schmaus"

Sattlermeister Karl Bradl und sein Sohn Max.

und der Gendarmeriestation lag, fanden sich zahlreiche Blutspuren, unter anderem an einer „Graskürbe“ (Tragevorrichtung) und einem Fuhrwerk.[54]

Nicht lange nach seiner Festnahme unternahm Max Bradl in seiner Zelle im Amtsgerichtsgefängnis Viechtach einen Selbstmordversuch durch Erhängen, der aber misslang. Gleich danach hatte er einen Tobsuchtsanfall, woraufhin er in eine Zwangsjacke gesteckt wurde. Auf die Mitteilung des Gefängnisverwalters an den Staatsanwalt, dass Max Bradl zu einem Mitgefangenen ein

Der ermordete David Bermann.

besonderes Zutrauen gefasst zu haben schien, wurde er mit diesem allein in einer Zelle untergebracht. Man erhoffte sich davon, dass er „diesem vielleicht alles erzählen“ würde. Tatsächlich gab Bradl seinem Mithäftling preis, dass er und sein Vater „schon einige Zeit vor dem Eintreffen des Bermann miteinander ausgemacht hatten, den Bermann in der Werkstätte umzubringen“.

Sie hätten geglaubt, dieser würde mehrere Tausend Mark bei sich haben.

Unter dem Verdacht, an der Tat beteiligt gewesen zu sein, wurden auch weitere Familienangehörige festgenommen. Am 10. Februar 1903 sah man in der Nähe der „Speckner'schen Mühle" bei Chamerau „zwischen dem treibenden Eise im Regenflusse" eine Leiche und holte sie an Land – es war die des Vermissten.

Der am 15. März 1843 geborene Karl Bradl, ein alter Veteran der Feldzüge von 1866 und 1870/71, seine 22 und 15 Jahre alten Söhne Max und Adolf sowie seine 49-jährige Frau Josefa Bradl hatten sich am 9. und 10. März 1903 vor dem Straubinger Schwurgericht zu verantworten. Der Zeuge Schub, Bürgermeister von Viechtach, äußerte sich über die Bradl'schen Eheleute „sehr günstig; beide seien fleißig, arbeitsam und sparsam gewesen". Karl und Max Bradl gestanden, Bermann am 18. November 1902 gemeinsam getötet und ausgeraubt zu haben. Der Vater fasste den zu Boden gerissenen Geschäftsreisenden an der Gurgel, ehe sie ihm einen Strick um den Hals legten und zuzogen. Die Leiche, bei der sie etwa 400 Mark und eine silberne Taschenuhr fanden, steckten sie in die besagte Kiepe und fuhren sie zu einer Scheune nahe der Regen. Adolf war der Lenker des Fuhrwerks, wusste aber offensichtlich nicht, „was in der Kürbe sei". Als es dunkel war, begaben sich Karl und Max Bradl abermals zur Scheune und versenkten die Leiche im Fluss. Die Verhandlung endete mit der Verurteilung der beiden wegen Raubmordes zum Tode. Josefa und Adolf Bradl wurden von der Anklage der Begünstigung freigesprochen bzw. ihre Haftstrafen waren durch die Untersuchungshaft abgegolten.[55]

Am 13. Mai 1903 begaben sich der Erste Staatsanwalt und ein Landgerichtssekretär ins Straubinger Landgerichtsgefängnis, um den beiden Verurteilten mitzuteilen, dass der Prinzregent von seinem Begnadigungsrecht keinen Gebrauch gemacht hatte und die Hinrichtung in den nächsten 24 Stunden stattfinden würde. Nachdem Max Bradl und sein Vater von einer 24-stündigen

Gnadenfrist Gebrauch gemacht hatten, nahm Scharfrichter Reichhart die Doppelhinrichtung (zuerst Max Bradl) am 15. Mai 1903 auf dem hinteren Gefängnishof vor.[56]

Mord an der Geliebten in Landshut, 1910

Die letzte Hinrichtung im Berichtzeitraum fand in Straubing am 5. Oktober 1910 statt. Der Delinquent war der am 8. Juni 1872 in Bruckberg geborene Tagelöhner Heinrich Zeiler aus Landshut, der am 9. Juli 1910 vom Straubinger Schwurgericht nach zweitägiger Verhandlung zum Tode verurteilt worden war. Er hatte am Morgen des 4. Januar 1910 in Landshut seine frühere Geliebte, die 38-jährige Südfrüchtehändlerin Maria Klebensberger (geborene Heldenberger), die unter dem Namen „Tyroler Marie" (oder auch „Tiroler-Mirzl") dort allgemein bekannt war, aus Rache und Eifersucht in der Wohnung ihrer Mutter Rosina Heldenberger in der Schirmgasse 281 durch 22 Messerstiche „auf die gräßlichste Weise hingeschlachtet". Sie hatten heiraten wollen, doch seine Braut hatte sich von ihm getrennt. Die Mutter der Ermordeten lag krank im Bett und musste die Bluttat mitansehen, ohne eingreifen zu können.

Nach seiner Verurteilung hatte Zeiler seinem Verteidiger erklärt, auf ein Gnadengesuch und die Einlegung einer Revision verzichten zu wollen. Nachher machte er dennoch davon Gebrauch, die Revision wurde aber am 29. August 1910 vom Reichsgericht verworfen und Prinzregent Luitpold lehnte am 19. September 1910 das Begnadigungsgesuch ab. Zu der Hinrichtung mit der Guillotine auf dem hinteren Gefängnishof ließ man außer den zwölf Zeugen nur eine äußerst beschränkte Anzahl von Personen zu, „die irgendein wissenschaftliches oder sonstiges Interesse daran nachzuweisen imstande" waren.

Am Tag der Exekution rückte gegen 6 Uhr morgens ein Regiment aus und besetzte die Jesuitengasse und den oberen Stadtgraben. Eine Abteilung bezog vor dem Eingangstor des Landgerichts

Stellung. Im Innenhof hatte Scharfrichter Reichhart bereits seine Vorbereitungen getroffen und die Funktion der Guillotine überprüft. Der aus seiner Zelle geführte Zeiler nahm auf dem Hof auf einem Sessel Platz, wo ihm noch einmal das Todesurteil vorgelesen wurde. Mit verbundenen Augen und auf dem Rücken gefesselten Händen führten ihn die Gehilfen des Scharfrichters auf das Schafott, „vor dem sich der bisher geschlossene Vorhang teilte. In dieser Zeit ertönte auch das Armesünderglöcklein, die anwesenden Geistlichen beteten; ein dumpfer Fall des Beiles – der irdischen Gerechtigkeit war Genüge geschehen".[57]

Liste der Hinrichtungen in Straubing

1	1817, 10. Mai	Andreas Mühlbauer
2	1820, 28. Dez.	Pointinger, Johann
3	1822, 20. Nov.	Soller, Nikolaus
4	1850, 8. April	Niedermaier, Michael
5	1851, 23. Juni	Reiter, Franz
6	1851, 23. Juni	Matzeder, Franz Seraph
7	1852, 4. Sept.	Schnauhuber, Josef
8	1853, 2. Juni	Fechter, Georg
9	1853, 26. Nov.	Gerstl, Joseph
10	1853, 26. Nov.	Pfefferkorn, Joseph
11	1854, 6. Mai	Siebenbürger, Valentin
12	1856, 20. Dez.	Berglehner, Leopold
13	1857, 12. Febr.	Buchner, Georg
14	1858, 26. Aug.	Englhart, Anton
15	1866, 11. Mai	Trauner, Michael
16	1866, 13. Juli	Hilz, Ferdinand
17	1868, 30. März	Staringer, Josef
18	1885, 21. Febr.	Meilinger, Georg
19	1886, 6. März	Brunnbauer, Johann
20	1897, 11. Juni	Girnghuber, Michael

21	1897, 11. Juni	Able, Anselm
22	1897, 20. Nov.	Nußstein, Anton Karl
23	1901, 3. Juli	Braun, Josef
24	1903, 15. Mai	Bradl, Max
25	1903, 15. Mai	Bradl, Karl
26	1905, 25. Jan.	Steindl, Xaver
27	1908, 23. Mai	Weinmann, Josef
28	1910, 5. Okt.	Zeiler, Heinrich

Landshut

Enthauptung des Josua Nathan Lamfrom, 1817

Am Morgen des 20. November 1817 wurde in Landshut der am 4. Juni 1791 geborene Jude Josua Nathan Lamfrom aus Buttenwiesen mit dem Schwert hingerichtet. Er hatte am 16. Januar 1817 gegen 13 Uhr die 77-jährige Katharina Lorenzerin, Witwe eines Brantweinbrenners, „mit vorbewußtem Entschluße und wohlüberlegtem Willen auf eine tödtliche Art mißhandelt" und eines Säckchens mit 600 Gulden beraubt.[1]

Der katholische Theologe und Bischof von Regensburg, Johann Michael Sailer, hielt unmittelbar nach der Hinrichtung des noch jungen Delinquenten auf dem Richtplatz eine Predigt, in der er äußerte: „Hätte Josua Nathan da, wo er den Raub beschloß, wo er das Haus betrat, in dem er seinen Raub zu vollbringen vorhatte, die Richtstätte hier, die er durch seinen Raub erbauen würde, – den einzigen Gewinn seines Verbrechens, im Geiste erblicken, und den Schwertschlag, der ihn aus der Welt schaffen würde, vorfühlen können: Er hätte das Verbrechen sicherlich nicht vollbracht."[2]

Pfarrkirchen

Ein „Genosse der Prändlischen Räuberbande“

Im Herbst 1812 nahm der Bauer Franz Haselbauer aus Haidenburg (Ortsteil der Gemeinde Aldersbach) im früheren Landgerichtsbezirk Vilshofen einen angeblich Unbekannten bei sich und seiner Familie auf. Es handelte sich aller Wahrscheinlichkeit nach um den ehemaligen Häftling Georg Käspaitzer, auch „Baitzerl“ genannt, „ein Genosse der Prändlischen Räuberbande“, der am 4. September 1812 bei einer Überführung von München nach Straubing geflüchtet war. Er lebte „gegen dreyviertel Jahre in bester Eintracht“ mit der Familie und half Haselbauer sogar mit einem Darlehen aus. Als er dieses aber angeblich unter einer Drohung wieder von Frau Haselbauer zurückforderte und es zu einem Streit kam, fasste ihr Mann den Entschluss, ihn zu erschießen.

Er besorgte sich von einem Bruder unter einem Vorwand eine Büchse, die er nicht nur mit einer Kugel, sondern auch mit mehreren kleingehackten Bleistücken lud. Eines Morgens, es war Ende Juni oder Anfang Juli 1813, begab sich seine Frau, die von dem Mordplan wusste, ins benachbarte Uttigkofen. Nachdem der ehemalige Häftling gegen 8 Uhr seine Morgensuppe zu sich genommen hatte, begab er sich auf den Dachboden und legte sich wieder zu Bett. Haselbauer schlich die Treppe hinauf und überzeugte sich davon, dass sein „Gast“ schlief. Er holte das Gewehr, kniete sich auf der obersten Stufe der Treppe nieder und schoss dem Schlafenden in den Rücken, „daß das Blut durch Bett und Bettstätte auf den Boden umherfloß“. Seiner zurückgekehrten Frau eröffnete er, dass die Tat vollbracht sei. Er entkleidete den Getöteten und raubte seine Truhe aus, in der sich Kleidungsstücke und Geld befanden. In der Nacht fuhr er die in einem Strohsack verstaute Leiche mit einem Schubkarren in ein Waldstück „auf dem sogenannten Haider" und ließ sie in einem bereits nachmittags ausgehobenen Grab verschwinden.

Vier Jahre später – Haselbauer war inzwischen mit seiner Familie nach Berndlberg (Ortsteil von Triftern) im früheren Landgerichtsbezirk Pfarrkirchen gezogen und hatte sich dort ein Haus und einige Grundstücke gekauft – gestand er die Tat. Er war im Sommer 1817 wegen mehrfachen Diebstahls festgenommen worden und wegen des früheren Verbrechens in Verdacht geraten.

Am 25. Juli 1817 begab sich eine Landgerichtskommission in Begleitung eines Arztes und Wundarztes an die von Haselbauer angegebene Stelle im Wald, wo die Leiche gefunden wurde. Das ärztliche Gutachten über Geschlecht, Alter und Größe des ausgegrabenen Leichnams, auch über die Dauer, während der er im Grab lag, stimmte mit den Angaben des Angeklagten und seiner Frau wie auch mit den übrigen Untersuchungsergebnissen überein. Haselbauer, der seine Tat „mehrmal und umständlich" einräumte, hatte „als Mörder sowohl nach den ältern Gesetzen Codicis criminalis bavarici Theil I. Cap. 3. §. 2. u. 15. als nach dem neuen baierischen Straf-Gesetzbuch Theil I. Art. 146 u. 147 das Leben verwirkt".[1]

Er wurde vom Appellationsgericht des Unterdonaukreises in Straubing als Kriminalgericht erster Instanz am 1. Mai 1818 zur Hinrichtung mit dem Schwert verurteilt. Das Oberappellationsgericht als Kriminalgericht zweiter Instanz bestätigte das Urteil am 25. Juli und König Maximilian I. am 9. September 1818. Die Hinrichtung Haselbauers fand am 8. November 1818 in Pfarrkirchen statt.[2]

Vilsbiburg

Brandstiftung bei Kröning, 1823

Am 17. November 1823 brach gegen 22 Uhr in Großbettenrain (Ortsteil von Kröning) im damaligen Landgerichtsbezirk

Geschichtliche Darstellung

der

Verbrechen

wegen deren Verübung

Matthias Eierkamer

zur Todes-Strafe verurtheilt wurde.

„Geschichtliche Darstellung" des Falles Eierkamer. In der Regel wurden zu jener Zeit solche „Darstellungen" zu jeder Hinrichtung verfasst.

Vilsbiburg im Holzschuppen des Hafners Joseph Degernbeck ein Feuer aus. Es legte in wenigen Stunden nicht nur sein Haus samt allen Nebengebäuden in Schutt und Asche, sondern auch ein dem Bauern Franz Biller gehörendes Nachbarhaus nebst Scheune und Stallung. Der Gesamtschaden betrug etwa 8.100 Gulden. Der Verursacher dieses Brandes war Mathias Eierkamer, ein 21-jähriger „Häuslers-Sohn" aus dem benachbarten Kirchberg und Dienstknecht bei Biller. Er erhoffte sich, den als wohlhabend bekannten Degernbeck während des Brandes leichter bestehlen zu können.

Nachdem er am Abend jenes 17. November einen Knecht Degernbecks, Joseph Oberhofer, besucht hatte, begab er sich zu dem besagten Holzschuppen und legte das Feuer. Als wenig später Alarm gegeben wurde, eilte auch er wieder herbei und half den Dienstboten Degernbecks, die Hausgerätschaften zu retten. Dabei entwendete er einen von Degernbeck selbst aus dem Haus geworfenen Geldsack mit 240 Gulden sowie zwölf Kronentaler aus einem Topf und versteckte die Beute in seiner Kammer. Als er nach einigen Tagen von dem misstrauisch gewordenen Bestohlenen zur Rede gestellt wurde, gab er 191 Gulden und elf Taler wieder zurück – das übrige Geld hatte er schon ausgegeben.

Da nach dem bayerischen Strafgesetzbuch „denjenigen die Todesstrafe trifft, der in rechtswidrigem Vorsatze eine solche That ausübt, und noch überdieß die 2 Umstände eintraten, daß Eierkamer den Brand zu einer Zeit legte, wo die Bewohner des Dorfes im Schlafe lagen, und er solchen auch in der Absicht legte, um unter dessen Begünstigung stehlen zu können", wurde er am 23. April 1824 vom Appellationsgericht für den Isarkreis zum Tode verurteilt. Nachdem das Urteil am 5. Juni 1824 vom Oberappellationsgericht bestätigt worden war und sich auch der bayerische Monarch „nicht bewogen" fand, die Todesstrafe in eine „andere mildere Strafe" zu verwandeln, wurde Eierkamer am 12. Juli 1824 in Vilsbiburg mit dem Schwert enthauptet.[1]

Überfall bei Wörth an der Isar, 1835

Der am 2. September 1787 in Geltolfing (Ortsteil von Aiterhofen) bei Straubing geborene Georg Buchner übernahm im Jahr 1807 das väterliche Anwesen in Geltolfing und heiratete. In Schulden geraten, sah er sich zehn Jahre später genötigt, den Besitz zu verkaufen. Von dem Rest des ihm verbliebenen Geldes schaffte er sich ein kleines Anwesen in Haindlfing (Ortsteil von Freising) an, das er jedoch auch bald wieder aufgeben musste. Nachdem er 1819 wegen Diebstahls mit einer zweijährigen Arbeitshausstrafe belegt worden war, brachte er sich nach seiner Entlassung, von seiner Ehefrau getrennt lebend, als Hausknecht durch.

Als solcher war er im Sommer 1835 bei einem Wirt in Regensburg beschäftigt. Am 10. Juli jenes Jahres begab er sich nach Landshut, angeblich, um ein Pferd für jemanden zu finden. Auf dem Rückweg machte er zwei Tage später – er hatte nach 6 Uhr morgens gerade ein außerhalb von Landshut an der Landstraße gelegenes Brauhaus verlassen – die Bekanntschaft des Bauern Lorenz Schachtner aus Pilberskofen (Ortsteil von Mamming bei Landau), der mit seinem Fuhrwerk unterwegs war. Buchner bat ihn, mitfahren zu dürfen, was dieser auch gestattete. Sie hatten gerade Ohu (Ortsteil von Essenbach) passiert, als Schachtner seinen Begleiter ersuchte, für ihn zu fahren, da er sich niederlegen und schlafen wolle. Als er leere Getreidesäcke auseinanderbreitete, um sich eine Schlafstätte herzurichten, bemerkte Buchner, dass der Bauer gefüllte Geldgurte bei sich hatte.

Vor Wörth an der Isar versetzte er zwischen 9 und 10 Uhr dem vor ihm auf dem Rücken liegenden schlafenden Schachtner mit seinem Messer einen kräftigen Stich in den Unterleib, sodass das Messer bis an das Heft in den Körper eindrang. Der Bauer fuhr in die Höhe und setzte sich zur Wehr, aber Buchner fügte ihm weitere Stichwunden zu, insgesamt 18, „bis sich Schachtner

Das 1948 aufgelöste Amtsgerichtsgefängnis, ehemalige Fronfeste, in Vilsbiburg, Stadtplatz 20.

endlich, zu jeder Gegenwehr unfähig, niedersetzte und um Schonung seines Lebens bat". Der Täter raubte die Geldgurte mit über 200 Gulden sowie die silberne Taschenuhr des Überfallenen und begab sich nach Regensburg zurück. Schachtner wurde etwa zwei Stunden nach der Tat auf seinem Wagen tot gefunden.

Erst einige Zeit später, am 26. April 1836, konnte Buchner in Freising festgenommen werden. Am 19. Oktober 1836 wurde er vom Appellationsgericht des Isarkreises des qualifizierten Mordes für schuldig befunden und zur Todesstrafe verurteilt. Vor der Hinrichtung sollte er eine halbe Stunde an den Pranger gestellt werden, diese Schärfung des Todesurteils lehnte das Oberappellationsgericht aber ab. Die Enthauptung mit dem Schwert wurde am 18. Februar 1837 in Vilsbiburg vollzogen.[2]

Landau an der Isar

Streit mit dem Schwiegersohn in Hütt

Der 70-jährige Söldner Georg Pfaffinger aus Hütt (Ortsteil von Eichendorf) war seinen Nachbarn als jähzorniger und hitziger Mann bekannt. Als seine Frau ihm einmal widersprach, soll er ihr „mit einem Stück Holz das Ohr entzwei geschlagen haben, so daß sie dann später an Blödsinn litt". Auch soll er auf einen Nachbarn, der eine Wasserfurche in seinen Acker gemacht hatte, mit einer Pistole angelegt haben, die aber glücklicherweise versagte.

Im Jahr 1823 übergab er sein Söldnergut dem Ehemann seiner Stieftochter, dem Schuster Vogginger, stellte aber einige finanzielle Bedingungen. Als sich sein Schwiegersohn dagegen wehrte, verklagte ihn Pfaffinger beim Ortsvorstand mit der Behauptung, übervorteilt worden zu sein. Der Streit mit dem Schwiegersohn ging weiter, und „so faßte er einen solch heftigen Groll gegen ihn, daß, wie er sich später selbst ausdrückte, ihn bei seinem Anblick der Zorn übermannte".

Als Vogginger am 8. Juli 1824 mit Arbeiten am Fenster seiner Schusterwerkstätte beschäftigt war, lud Pfaffinger seine Pistole „mit einer starken Ladung von Pfosten, und schoß sie in einer Entfernung von weniger als 6 Schuh aus der Werkstatt auf ihn ab. Der Schuß drang durch das Brustbein, zerschmetterte es mit mehreren Rippen, und zerstörte den linken Lungenflügel, so daß Vogginger nur noch die Worte: ‚Erschossen hat er mich' hervorbrachte, 30 Schritte gegen die Strasse zulief, und dann todt niederstürzte".[1]

Pfaffinger, der seine Tat mehrmals einräumte, wurde wegen Mordes zum Tode verurteilt und das Urteil am 13. Dezember 1824 in Landau vollstreckt.[2]

Griesbach

Untat an einem Revierjäger, 1825

Franz Seraph Auer wurde am 4. September 1806 „auf dem Straßergute am Enzenwege"[1] in der Pfarrei Weihmörting (Ortsteil des Marktes Rotthalmünster) geboren.[2] Er wollte zuerst Schneider werden, versuchte sich dann aber als Lehrjunge bei einem Jäger in der näheren Umgegend.[3] Da ihn dieser „wegen seines flüchtigen Wesens, dann wegen Unfolgsamkeit und Unverträglichkeit" nicht länger in der Lehre behielt, bewarb er sich bei dem Grafen von Taufkirchen in Kleeberg (Ruhstorf an der Rott). Nur durch Zureden seines Revierjägers Leopold Maas ließ sich der Graf zur Aufnahme Auers bewegen, da dieser seinem vorigen Dienstherrn ein Reh entwendet hatte. Ein Jahr und zwei Monate war Auer nun dem Revierjäger unterstellt. Während dieser Zeit gab er „einen verschlossenen, aber hitzigen Charakter zu erkennen. Auch

Scharfrichter Joseph Zankl (1787–1843), der 1827 die Hinrichtung in Griesbach vornahm.

begieng er hier an seinem Dienstherrn eine Veruntreuung durch Unterschlagung zweier Hasen".

Am Ende der Lehrzeit war Auer auf den Revierjäger Maas nicht gut zu sprechen, weil er ihm die Schuld gab, dass er den Lehrbrief nicht erhalten hatte. Nach eigenen Angaben wurde er von einem Militärangehörigen, der sich Hoffnung auf den Dienst

Grabstein Zankls auf dem Friedhof St. Peter in Straubing (Rückseite mit Richtschwert).

des Revierjägers gemacht habe, unter vielen Versprechungen überredet, Maas zu erschießen.

Bei einer Jagd am Sonntag, dem 11. Dezember 1825, sorgte Auer dafür, dass er eine Zeit lang mit Maas alleine war. Er führte ihn in Richtung einer Stelle im Wald, die „Steinbacher-Feile" genannt (in der Gegend von Thiersbach), wo angeblich Wilderer Schlingen gelegt hatten. Auf dem Weg dorthin spannte er seine Flinte und schoss dem sechs bis acht Schritte vorausgehenden Revierjäger in den Rücken. Dieser schrie, machte noch zwei Schritte und fiel zu Boden, worauf Auer einen zweiten Schuss auf ihn abgab. Er wendete nun den Toten auf den Rücken und nahm ihm einen goldenen Ring, eine Uhr und den Geldbeutel ab. Nachdem er die Leiche mit Waldmoos bedeckt hatte, band er den Hund des Ermordeten fest, damit er ihm nicht nachlaufen und den Verdacht auf ihn lenken könnte.

Der schon am nächsten Tag Verhaftete legte im Laufe der vom Landgericht Griesbach gegen ihn eingeleiteten Untersuchung „ein umständliches reumüthiges Geständniß" ab. Das Appellationsgericht für den Unterdonaukreis in Straubing verhängte am 27. September 1826 die Todesstrafe wegen qualifizierten Mordes. König Ludwig I. bestätigte den Schuldspruch am 30. Januar 1827, erließ Auer aber eine in dem Urteil vorgesehene Ausstellung am Pranger. Die Hinrichtung mit dem Schwert am 17. Februar 1827 in Griesbach oblag dem Scharfrichter Joseph Zankl aus Straubing.[4]

Burghausen

Qualifizierter Mord und Brandstiftung I. Grades, 1830

Der ledige Bauerssohn Simon Eder aus Gänsöd in der Gemeinde Erlbach (Kreis Altötting) erfuhr von seinem Bekannten Peter Weber aus „Seibach" (Seiböck? – Ortsteil von Erlbach), dass dessen Vater Bernhard über einiges Geld verfügte. Mit der Absicht,

Geschichtliche
Darstellung der Verbrechen,
wegen welchen
Simon Eder
zur
Todesstrafe
verurtheilt wurde.

Schematische Darstellung der Hinrichtung Eders, 1831.

sich dieses anzueignen, ging Eder am 4. April 1830 zum Anwesen der Familie Weber in „Seibach“. Da ihm jedoch der Gedanke kam, „daß Peter Weber und er immer gut miteinander gewesen“ waren, sah er einstweilen von seinem Plan ab.

Trotzdem ließ ihn dieser nicht mehr los, sodass er es am 10. April 1830 (Karsamstag) erneut versuchte. In der Scheune des Anwesens traf er auf Peter Weber, dem er anbot, bei der Arbeit zu helfen. Bei der nächsten sich bietenden Gelegenheit aber versetzte er ihm mit einem Strohmesser einen Hieb ins Genick, sodass Weber sofort zu Boden stürzte. Er gab ihm hierauf noch zwei Schläge auf den Kopf und zog den Erschlagenen in den hinteren Teil der Scheune.

Daraufhin begab er sich in die Wohnstube, wo er auch Bernhard Weber und seine Tochter Anna Maria Weber mit dem Strohmesser niederstreckte. Auf dem Dachboden brach er eine Truhe auf, als er aber Weber und seine Tochter schreien hörte, stieg er wieder herab und versetzte ihnen tödliche Schläge mit einer Axt. Er raubte etwa ein Dutzend Gulden und mehrere Kleidungsstücke. Aus Angst, dass jemand kommen könnte, unterließ er die Öffnung einer zweiten Truhe. Hierauf setzte er das Haus in Brand, um die Spuren seiner Tat zu verwischen.

Nachdem die medizinischen Untersuchungen ergeben hatten, dass Peter Weber eines gewaltsamen Todes gestorben war – die Leichen seines Vaters und seiner Schwester waren völlig verkohlt –, fiel der Verdacht der Täterschaft auf Eder, der schließlich die Tat einräumte. Außerdem gestand er, am 25. März 1826 bei Johann Spielberger aus Obereck (Erlbach), am 28. März 1826 bei Joseph Bachmaier aus Niederach (Erlbach), am 18. März 1827 bei Joseph Schmiedbauer aus Obereck und am 25. März 1827 bei Mathias Schreiner aus Endlkirchen (Erlbach) teils die Wohnhäuser, teils die Ökonomiegebäude in Brand gesteckt zu haben. Außerdem hatte er am 24. Januar 1828 einem Bauern im Landgerichtsbezirk Eggenfelden Schafe entwendet.

Das Appellationsgericht für den Unterdonaukreis erkannte ihn am 23. September 1831 des qualifizierten Mordes sowie der Brandstiftung I. Grades für schuldig und verurteilte ihn zum Tode.[1] Die Hinrichtung des 24-Jährigen am 30. Dezember 1831 in Burghausen verlief „unglücklich“, wie wir dem Artikel einer Münchner Zeitung entnehmen können: „Eine ungeheure Volksmenge fand sich bei dem Zuge vom Schloßberge herunter, wo die Eisenfrohnfeste ist, durch die Stadt, bei Verlesung des Urtheils am Rathhause vor das St. Johannes Thor hinaus nicht weit vom

Napoleons-Platze (wo er einst ausgeruht) ein. Desto unglücklicher fiel aber die unsichere Enthauptung durch das Schwert von dem Straubinger Scharfrichter aus. Nachdem er dreimal vergebens den Todesstreich geführt hatte, mußte der sogenannte Spitzwürfel [Knecht des Scharfrichters] den Kopf des armen Sünders noch vom Rumpfe abreißen. Es war ein Schauder erregender Anblick! Hoffentlich wird das k. Ober-Appellations-Gericht des Unter-Donau-Kreises nach den in diesen Blättern bereits bemerkten Unfällen obiges Subjekt von künftigen Exekutionen entfernt halten, wie dieses von jenem im Rezatkreise geschieht."[2]

Mitterfels

Dominikus Hahn, Lehrer in Konzell

Der am 7. Februar 1808 geborene Dominikus Hahn aus Konzell (Landkreis Straubing-Bogen) im früheren Landgerichtsbezirk Mitterfels erhielt 1842 die Schulmeisterstelle seines zwei Jahre vorher verstorbenen Vaters in Konzell. Mit einem Erbe von annähernd 8.000 Gulden ausgestattet, heiratete er im August 1843 die 25-jährige Wirtstochter Anna Maria Lutz aus Cham. Das hinderte ihn aber nicht, einen „verbotenen Umgang" mit seiner Magd, Magdalena Hahn aus Pfarrleuten, fortzusetzen, deren Vetter er war.

Zwischen ihr und der jungen Ehefrau, die als verträglich und liebenswürdig geschildert wurde, kam es bald zu Streit, wobei Magdalena Hahn den Lehrer auf ihre Seite zu ziehen wusste. Seine Frau war im Juni 1844 in anderen Umständen, als er „nach und nach sich einbildete, er könne mit ihr nicht mehr leben, und müsse sie daher um jeden Preis aus der Welt schaffen."[1]

Er teilte dieses Vorhaben seiner Magd und Base mit, die daraufhin auf sein Geheiß der Ehefrau einige Male Gift im Essen verabreichte, „aber vergebens, weil die Lehrerin [die Frau des Lehrers] in ihrem schwangeren Zustande es immer durch Erbrechen von sich gab".[2] Dominikus Hahn und der Magd gelang es nach langem Zureden, deren Bruder, den vorbestraften Sägeknecht Egidius (Egid) Hahn aus Pfarrleuten, für ihre Mordpläne zu gewinnen. Als die Ehefrau am 11. November 1844 alleine zu Hause im Schulhaus war, begab sich dieser zwischen 18 und 19 Uhr zu ihr, warf ihr wortlos einen Strick um den Hals, riss sie zu Boden und erdrosselte sie. Dann brachte er im Haus alles durcheinander und nahm einige Gegenstände an sich, um den Mord wie die Tat eines Räubers aussehen zu lassen.

Unter Verdacht geraten, wurden er, seine Schwester und Dominikus Hahn zwei Tage später verhaftet. Nachdem sie ein Geständnis abgelegt hatten, verurteilte sie das Appellationsgericht für Niederbayern am 3. Februar 1847 zur Todesstrafe, und zwar Egidius Hahn als „Vollbringer", Dominikus Hahn als „mittelbarer Urheber durch Auftrag und ausdrücklichen Rath" sowie Magdalena Hahn als „Miturheberin durch Complott wegen der Verbindung mit ihrem Vetter". Das Oberappellationsgericht bestätigte am 10. Juni 1847 das Urteil, erließ aber Dominikus und Magdalena Hahn mit Rücksicht auf ihren langwierigen Untersuchungsarrest eine im Urteil vorgesehene Schärfung der Todesstrafe. König Ludwig I. beließ es am 20. Juli 1847 bei der Todesstrafe für Dominikus Hahn, seine Mitverurteilten hingegen begnadigte er zu Kettenstrafen.[3]

Diese Entscheidung des Monarchen und eine Darstellung des Untersuchungsverlaufs las man Magdalena und Egidius Hahn am 9. August 1847 im „Landgerichts-Publikations-Saal" in Mitterfels in Gegenwart des Landgerichtspersonals und einer größeren Anzahl von Zuhörern fast drei Stunden lang vor. Anschließend wurden sie „eine Stunde auf den Pranger gestellt, und hierauf er über Mallerstorf nach München und sie über Straubing und Regensburg nach Amberg abgeführt". Am nächsten Tag war Dominikus Hahn an der Reihe: „Sein Urtheil, welches auf Todesstrafe lautet – er hat 10-jährige Zuchthausstrafe sich vorgestellt

– ward 9 Uhr Morgens bei offenen Thüren unter einem ungeheuren Zudrange von Menschen abgelesen."[4] Egidius Hahn starb in einem Münchner Zuchthaus (letztes Gesuch auf eine vorzeitige Entlassung im März 1887), seine Schwester nach 36 Jahren Kettenstrafe im Zuchthaus in Würzburg.[5]

Der Verlauf der Hinrichtung des Lehrers am 13. August 1847 in Mitterfels wurde von einem Geistlichen festgehalten: „Draußen zwischen dem Moosmüller und Höfling war seit den ältesten Zeiten die Richtstätte von Mitterfels. Die Hinrichtungsbühne ragte etwa drei Meter auf, damit alle Zuschauer den Vorgang gut sehen konnten. Tausende von Neugierigen waren gekommen, manche bis von Passau her [...] Willig ließ sich Hahn vom Scharfrichter in das graue Sterbehemd kleiden und mit dem Strange gürten. Willig nahm er die schwarze Schandtafel mit der Aufschrift ‚Des Mordes und Todesstrafe schuldig' auf die Brust. Mit dem Sterbekreuz in der Hand, ließ er sich vom Pfarrer Lautenbacher zum Sünderkarren führen. Vorne saß der Fuhrmann, dahinter, neben dem Henkersknecht, der Todeskandidat, ihm gegenüber der Pfarrer, der ihm Trost zusprach und von Zeit zu Zeit betete. Dann fuhr der Karren durch das wie ausgestorbene Dorf ins Freie, zum Richtplatz kurz vor Höfling. Dort wogte die erregte Menschenmenge, wich dem heranpolternden Wagen scheu aus und verstummte. In die lautlose Stille verlas der Protokollführer nochmals das Todesurtheil; der Exekutionskommissär zerbrach einen schwarzen Stab und warf ihn zu Boden. Hahn stieg vom Wagen, vom Geistlichen gestützt, und taumelte in den verhängten Verschlag unter der Hinrichtungsbühne. Dort wurden ihm die Augen verbunden, die Hände auf dem Rücken gefesselt und der Oberkörper entblößt. Nochmals erteilte Pfarrer Lautenbacher dem Verurteilten die Absolution. Dann schritt Hahn langsam und zitternd die wenigen Stufen der Treppe hinauf und ließ sich auf dem roten, mit Blümchen über und über bemalten Blutstuhl nieder. Der Henker (es war der von Eichstätt) stellte sich neben ihn, hemdärmlig, barhaupt, in seiner roten Weste; dahinter der

Geselle des Schergen in einer schwarzen Weste. Nun warnte der Geselle den Armen Sünder davor, die Schultern nach oben zu heben, da ihm sonst der Kopf an den Haaren hochgezerrt und mit einem unter dem Kinn befestigten Riemen gehalten werden müsse. Leise verspricht Hahn zu folgen. Der Geistliche fordert die Menge auf, drei Vaterunser zu beten; er selbst betet vor. Während des letzten Vaterunser führt der Scharfrichter zielende Lufthiebe gegen den Hals des Verurteilten. Bei den Worten ‚... und vergib uns unsere Schuld' saust das lange Henkerschwert im Kreisschwung und trennt mit einem sicheren Hieb das Haupt des Mörders vom Rumpf."[6]

Oberbayern

Rosenheim

Das 13-jährige Dienstmädchen Maria Braun

Am 31. Januar 1818 wurde in Rosenheim der 43-jährige Schneiderssohn Anton Jakob Brugger aus Klausen (Südtirol) mit dem Schwert hingerichtet. Brugger, der schon in früher Jugend nach Bayern kam, wollte sich im Juni 1816 ein Haus „auf dem Schloßberge" (Schloßberg: Ortsteil von Stephanskirchen) kaufen, um heiraten und sich als Tagelöhner ansässig machen zu können. Da ihm aber das hierzu nötige Geld fehlte, kam er auf den Gedanken, sich die Mittel auf illegalem Weg zu verschaffen. Sein Plan war, den Bauern Wolfgang Weyerer aus Kohlstatt (Ortsteil der Gemeinde Aschau) zu berauben.

Nachdem er schon am 24. Juni und 21. Juli 1816 seinen Plan nicht zur Ausführung hatte bringen können, begab er sich am Morgen des 25. Juli jenes Jahres erneut nach Kohlstatt und traf das 13-jährige Dienstmädchen Maria Braun allein auf dem Hof des Bauern an. Unter dem Vorwand, etwas kaufen zu wollen, überredete er es, ihn ins Haus zu lassen, wo er angeblich auf die Frau des Bauern warten wollte. Er ließ Maria ungestört einige häusliche Betätigungen verrichten, bis sie in die Küche ging, „wo man nach Lage des Hauses ihr Geschrey weniger vernehmen konnte". Als sie sich bückte, um Feuer im Herd zu machen, trat er plötzlich hinter sie, streckte sie durch einen Faustschlag nieder und stieß ihr, „ohne sich durch flehentliche Bitten zum Mitleid bewegen zu lassen", ein Taschenmesser in den Hals. Da er noch einige Lebenszeichen an ihr bemerkte, schnitt er ihr mit dem Messer den Bauch auf. Brugger durchsuchte nun das Haus, konnte aber nirgends Geld finden. Beim Verlassen des Hauses – er befürchtete, dass die Leute aus der Kirche zurückkehren könnten – kamen ihm einige Nachbarn, die aufgrund der Schreie Marias herbeigeeilt waren, entgegen, er konnte aber entkommen.

Er flüchtete nach Tirol und von dort ins Salzburgische, wo er verhaftet und am 10. März 1817 an das Landgericht Rosenheim ausgeliefert wurde. Das vom Appellationsgericht des Isarkreises über ihn verhängte Todesurteil wurde vom Oberappellationsgericht wie auch vom bayerischen Monarchen bestätigt.[1]

Landsberg am Lech

Den Verführungen der Bäuerin erlegen

Der ledige Schuhmachergeselle Ignatz Hacker, geboren in Stockach (Baden-Württemberg) und wohnhaft in Windach im damaligen Landgerichtsbezirk Landsberg, diente an verschiedenen Orten als Bauernknecht und Tagelöhner. Er wurde als gewalttätiger Mensch eingestuft, „der selten lange in einem Dienste blieb, und öfters müßig herumzog".

Im Jahr 1816 machte er Bekanntschaft mit dem sogenannten Dorferbauern Bartholomäus Fendt aus Geltendorf (Landkreis Landsberg am Lech) und seiner Frau Magdalena, bei denen er einige Wochen als Tagelöhner arbeitete. Frau Fendt, einem ausschweifenden Lebenswandel nicht abgeneigt, begann ein Verhältnis mit ihm und stachelte ihn an, ihren ungeliebten Mann umzubringen, der durch seine „Trägheit und Arbeitsscheue" das Vermögen der Familie verschleudert habe.

Hacker, der den Verführungen der Bäuerin erlag, versuchte vergeblich, an Gift zu gelangen. Auch der Plan, ihren Mann in Utting betrunken zu machen, „damit er unterwegs im Schnee liegen bliebe, und erfriere, und ein andermal, ihn am Tage nach Heiligen drey Könige 1817, wenn er des Nachts nach Hause

Stadtbild Landsberg am Lech vom Turm der Pfarrkirche aus gesehen, um 1929.

komme, hinter der Hausthüre zu erschießen, kam nicht zur Ausführung; das erstemal, weil kein Schnee fiel, und das zweitemal, weil Hacker freywillig davon abstand".

Am 3. Februar 1817 begab sich Hacker mit einem Gewehr versehen in das Fendt'sche Haus und versteckte sich in der Küchenkammer. Nachdem Herr Fendt am Abend des folgenden Tages zum Trinken verleitet worden war, schlief er gegen 22 Uhr auf einer Bank in der Stube ein. Hacker versteckte einige Habseligkeiten der Eheleute und fesselte die Bäuerin in ihrer Kammer, „damit die That Räubern zugeschrieben werden" sollte. Nach diesen Vorbereitungen trat er zwischen 23 und 24 Uhr in die Stube, wo der Bauer schlief, „stellte sich nahe an denselben, und drückte das Mordgewehr auf ihn los“. Fendt starb am 5. Februar, ohne etwas zur Täterschaft angegeben zu haben.

Noch am gleichen Tag wurde Hacker verhaftet und vom Landgericht Landsberg „zur Kriminal-Untersuchung gezogen“. Man wusste von seiner Beziehung zu Frau Fendt und hatte die von ihm versteckten Gegenstände gefunden. Außerdem war es sehr unwahrscheinlich, „daß gerade im ärmsten Hause des Dorfes sollte eingebrochen worden seyn“. Hacker legte im Laufe der Untersuchung ein Geständnis ab, worauf er am 9. September 1818 vom Appellationsgericht des Isarkreises in Gemäßheit des Art. 146 Teil I. des Strafgesetzbuches zum Tode durch das Schwert verurteilt wurde. Nachdem das Urteil am 28. November 1818 vom Oberappellationsgericht und am 15. Dezember 1818 vom bayerischen Monarchen bestätigt worden war, wurde die Todesstrafe am 31. Dezember 1818 in Landsberg am Lech vollstreckt.[1]

Zum weiteren Schicksal der Bäuerin weiß Heinrich Pflanz Folgendes zu berichten: „Das Weib gebar im Zuchthaus ein Kind und machte der Polizei während der Haft viel zu schaffen. Als sie einmal von einem berittenen Polizisten transportiert wurde, wusste sie diesem das Herz so weich zu machen, dass er Barmherzigkeit an ihr übte, sie statt seiner das Pferd besteigen ließ und ganz gerührt nebenher ging. Eine so günstige Gelegenheit konnte natürlich dem schlauen Weib nicht entgehen, sie sprengte davon und ließ die barmherzige Polizei nachschauen. Ende 1819 wurde sie aus dem Gefängnis entlassen und beanspruchte wieder das inzwischen verkaufte Anwesen in Geltendorf.“[2]

Bei der Richtstätte fand man 1939 ein vergrabenes Richtschwert, das dem Landsberger Museum übergeben wurde.[3]

München

Raubüberfall auf einen Bauernhof bei Trostberg, 1817

Zwei Soldaten des 8. Linien-Infanterieregimentes in Passau, die schon mehrmals wegen Desertion und Diebstahls belangt worden waren, beschlossen im Spätsommer 1817, zusammen zu desertieren. Es handelte sich um den 32-jährigen Johann Wimmbauer aus Indling (Ortsteil von Pocking) und Mathäus Zisker, allgemein

Das etwa 1890 entstandene Aquarell von Joseph Puschkin zeigt eine Hinrichtung auf dem Münchner Marsfeld um 1820. Blick über die Salzstraße (heute Arnulfstraße) auf die Innenstadt. Es könnte sich also um die Doppelhinrichtung Wimmbauer/Reisinger handeln. Die nächste Hinrichtung erfolgte 1836 „am Ende der Salzstrasse, in der Nähe vom Marsfelde auf der Anhöhe zwischen den Büchel- und Kandlerbräu-Kellern“ (Kandlerkeller im Vordergrund rechts).

Ziska genannt, aus dem Raum Trostberg. Sie teilten diesen Plan dem vorbestraften Tagelöhner Joseph Reisinger (vulgo Schaftrager), Sohn eines Maurers aus Hacklberg (Passau), sowie Thaddäus Kugler mit, der sich in Passau als Schiffsknecht aufhielt. Sie beschlossen, gemeinsame Sache zu machen.

Nachdem die vier Passau verlassen hatten, machte Ziska die anderen auf einen „Einödhof", den „Ortlerhof", bei Trostberg aufmerksam, der leicht zu bestehlen sein müsse. Dieser Vorschlag fand Zustimmung. Nach einem beschwerlichen Marsch kamen sie am 15. September 1817 gegen 22 Uhr in Trostberg an. Am nächsten Tag standen sie frühzeitig auf und postierten sich im Wald an einer Stelle, von wo sie den Einödhof gut beobachten konnten. Als sie morgens gegen halb sieben den Ortlerbauern Jakob Grafetstetter auf sein Feld fahren sahen, verabredeten sich Wimmbauer und Reisinger – angeblich auf Vorschlag Ziskas –, dass eine auf dem Hof wohnhafte Magd umgebracht werden müsste, weil sie den aus der Gegend stammenden Ziska wiedererkennen und alles verraten könnte.

Um 8 Uhr gingen sie auf den Hof. Kugler, der sich der Ermordung der Magd beharrlich widersetzt haben will, blieb an der Haustür stehen. Die anderen traten in die Wohnstube, wo sie die 75-jährige Bäuerin und ihre Magd, die 34-jährige Elisabeth Oberzollner, antrafen. Als diese ihnen etwas Brot gegeben hatte und auf den Flur gegangen war, folgte ihr Reisinger und fiel über sie her. Da sie sich kräftig wehrte, kam ihm Wimmbauer zu Hilfe, forderte von Reisinger ein Stilett und versetzte ihr damit mehrere Stiche in die linke Halsseite. Dann warfen sie die Magd die Kellertreppe hinunter. Sie gingen nun in den oberen Teil des Hauses und brachen mehrere Kisten auf, erbeuteten aber weit weniger Geld als erhofft.

Als Bauer Grafestetter gegen 10 Uhr zurückkehrte, fand er die Magd bewusstlos im Keller vor. Sie starb noch am gleichen Tag. Das Medizinalkomitee in München erklärte eine große Stichwunde am Hals „für absolut, eine am Nacken für relativ tödtlich, und die Erschütterung des Kopfes durch das Hinabwerfen über die Keller-Treppe ebenfalls für tödtlich".

Die gerichtliche Untersuchung gegen die vier nach und nach verhafteten Täter wurde dem Kreis- und Stadtgericht München übertragen. Kugler starb während des Untersuchungsarrestes.[1] Da an dem Verbrechen auch Soldaten beteiligt waren, setzte sich „sowohl das untersuchende, als das erkennende Gericht aus Militär- und Civilpersonen" zusammen.[2] Nachdem Wimmbauer und Reisinger die Tat eingestanden hatten, verurteilte sie das gemischte Gericht erster Instanz am 15. Dezember 1819 wegen qualifizierten Mordes zur Todesstrafe durch das Schwert, jedoch wegen „reumüthigen Bekenntnisses nach Art. 95. I. des Strafgesetzbuches ohne Schärfung".

Dieses Urteil wurde am 21. März 1820 durch ein gemischtes Gericht zweiter Instanz und von König Maximilian I. am 18. April 1820 bestätigt. Die Doppelhinrichtung erfolgte am 6. Mai 1820 in München.[3]

Zu Tode gequält

Im März 1816 verließ die am 27. April 1793 geborene Maria Anna Birnbaum ihre Vaterstadt Nürnberg, um in München in der Dachauer Straße Haushälterin beim Oberpostamtsrevisor Franz Xaver Unterstein zu werden, mit dem sie ein Verhältnis hatte. Sie übernahm nicht nur die Führung des Haushaltes, sondern auch die Erziehung seiner Tochter Elise und seines Sohnes Karl August. Birnbaum war selbst Mutter zweier in Nürnberg geborener unehelicher Kinder, die bei ihrem Vater lebten und um die sie sich nicht mehr kümmerte.

Unterstein hatte im Februar 1809 Karoline, geborene Deuter, aus Viechtach geheiratet, die am 2. Januar 1811 Elise und am 25. Januar 1813 Karl August zur Welt brachte. Nach einiger Zeit änderte sich das Verhalten Untersteins zu seiner Frau. Er unternahm oft Reisen und lernte dabei, wie seine Frau vermutete, Anna Birnbaum kennen. Die Eheprobleme führten Anfang des Jahres 1816 zur Trennung.

Mit dem Einzug Birnbaums in die Unterstein'sche Wohnung begann für ihre bis dahin völlig gesunden Pflegekinder ein Martyrium. Sie wurden von ihr auf psychopathische Art misshandelt und bekamen nicht genug zu essen. Die Haushälterin sorgte auch dafür, dass sie nicht mehr von ihrer Mutter besucht werden durften. Ihr wurde der Zutritt in die Wohnung untersagt. Nach einer längeren Abwesenheit von München sah die Mutter ihre Kinder erst 1821 wieder. Sie waren in einem sehr schlechten Zustand, wurden von der Polizeibehörde aber ihrem Vater – immerhin ein Staatsdiener – wieder mit der Auflage überlassen, sie ordentlich zu verpflegen.

Von nun an hielt Birnbaum die Kinder, die als gutmütig, folgsam und fleißig galten, in noch strengerem Gewahrsam. Dass sie mit ihrem Vater allein sein konnten oder überhaupt mit ihm kommunizierten, suchte sie möglichst zu vermeiden. Beklagten sie sich bei ihm, wurden sie von ihr doppelt bestraft. Mitunter mussten sie sich eine Viertelstunde und länger auf die Schneide eines Holzscheites knien. Beim Essen hatten sie an einem eigenen Tisch zu sitzen, „und zum Scheine wurden ihnen Speisen vorgesetzt, die sie nicht anrühren durften".[4]

Ebenso brachte die Haushälterin durch falsche Vorspiegelungen und Drohungen, aber auch durch Geschenke, ihre Mägde dazu, den Erzählungen der Kinder wenig Glauben beizumessen und die an ihnen – meist in Abwesenheit des Vaters – verübten Misshandlungen zu verschweigen. Einige Mägde gaben ihre Stelle auf, weil sie die Untaten der Haushälterin nicht mehr länger ertragen konnten. Der Sohn Karl August starb im Jahr 1825 an Brustwassersucht (Ansammlung von Flüssigkeit in der Brusthöhle), höchst wahrscheinlich infolge der ihm zugefügten Misshandlungen, die aber unentdeckt blieben.

Auch seine Schwester Elise wurde weiterhin mit Gerten, Ausklopfstöcken, Linealen und dergleichen malträtiert. Ihre

Bildnis Maria Anna Birnbaum in einer Veröffentlichung von 1836.

Wunden auf dem Rücken und Hintern konnten nicht heilen, weil die verkrusteten Stellen immer wieder aufgeschlagen wurden. Oft drückte die Haushälterin das Mädchen bäuchlings auf einen Stuhl nieder, während eine Magd ihm Hiebe auf den entblößten Körper versetzen musste. Hinzu kamen „starkes Stoßen mit Füßen, Niederwerfen auf den Boden und Schütteln bei den Haaren. – Schon im Jahr 1818 schlug Birnbaum dem Mädchen eine bedeutende Wunde mit einem genagelten Stiefelabsatze an dem Kopfe, wegen eines geringen Versehens.“[5] Einmal wurde Elise mit einem Lineal geschlagen, „Birnbaum fuhr ihr damit in den Mund, und zerriß ihr die Unterlippe am Mundwinkel, so daß dieselbe etwa einen Zoll lang herabhing“.[6]

Die körperlichen Übergriffe wurden begleitet von nach wie vor schlechter Ernährung, Verwahrlosung der Kleidung und Überforderung durch häusliche Arbeiten. Elises Unterkunft war ein feuchtes, gepflastertes und dunkles Kämmerchen. Ihre Matratze war durchfault und von Ungeziefer angefressen. Oft wurde ihr von der Haushälterin nicht einmal der Schlaf gegönnt. Sie musste dann ganze Nächte vor dem Bett auf dem kalten Pflaster zubringen, um am nächsten Morgen wieder zur Arbeit angetrieben zu werden. Wenn die Haushälterin das Haus verließ, sperrte sie Elise mitunter stundenlang auf dem Abtritt, dem Dachboden oder im Keller ein. Im Jahr 1822 hatte Elise durch häufiges Waschen und Putzen mit kaltem Wasser und Mangel an schützender Fußbekleidung erfrorene Hände und Füße, ohne dass ein Arzt gerufen worden wäre. In ihrem 16. Lebensjahr zeigte sich deutlich, dass sie im Wachstum und in der Entwicklung des Körpers stark zurückgeblieben war. Sie klagte fortwährend über Hunger und erregte deshalb in der Schule allgemeines Bedauern.

Am 25. Februar 1828 hängte die Haushälterin Elise mit einem Halstuch einige Minuten an einem Nagel auf, „so daß sie ganz roth wurde und den Mund aufriß, ohne mehr sprechen zu können." Anschließend fügte sie ihr mit einem Schürhaken eine klaffende Wunde über dem Auge zu.[7] Elises Füße befanden sich im Herbst 1829 in einem schlimmen Zustand. Im Februar 1831 hatte sie schon zwei oder drei Zehen verloren, „im Frühjahr faulte eine Zehe nach der andern weg, mehrere hingen nur noch an einem kleinen Häutchen, weßhalb Elise sie selbst abschnitt und wegwarf". Einem Arzt, der Ende 1830 gerufen worden war, weil Elise nach einer Misshandlung „ohnmächtig, starr und stumm" geworden war, wurden die Füße gar nicht gezeigt. Elise musste ihm nach vier Visiten sagen, dass es ihr besser gehe, worauf er auf Geheiß der Haushälterin auszubleiben hatte.[8]

Im Juni und Juli 1831 züchtigte sie Elise oft viermal in der Woche. Diese Misshandlungen griffen sie so an, dass sie kaum noch gehen konnte. In ihrem Hass sagte Birnbaum zu ihr: „Ich bringe dich noch um, ich setze den Kopf zum Pfande, daß du kein Jahr mehr lebst; denn du mußt hinwerden; wenn man dich einmal einscharrt, dann werde ich mit Freuden auf dein Grab springen, und dich mit lächelndem Munde verfluchen!“[9]

Am 10. Dezember 1831 war die Tochter so geschwächt, dass sie mit dem Tode rang. Deren Vater sagte die Haushälterin nichts davon. Sie begab sich vielmehr mit ihrer Magd auf den Markt, ohne sich weiter um die Kranke zu kümmern. Nach ihrer Rückkehr ließ sie deren Bett aus dem „elenden Kämmerchen“ in die Küche bringen und neu beziehen. Erst jetzt wurde der Arzt gerufen, der aber bei seiner Ankunft Elise tot antraf.

Sie war bereits in der Totenkapelle untergebracht und sollte am 12. Dezember beerdigt werden, als die Polizeidirektion München in einem anonymen Brief darauf aufmerksam gemacht wurde, dass Elise keines natürlichen Todes gestorben sein könnte. Nachdem dies auch dem Stadtgericht mitgeteilt worden war, fand am 13. Dezember 1831 eine Obduktion der Leiche statt. Man kam am Ende der medizinischen Untersuchung zu dem Ergebnis, „daß der Tod der Elise Unterstein durch Abzehrung als unbedingte Folge barbarischer Behandlung und an Aushungerung grenzender Nahrungsverkürzung, grausamer Anstrengung zu den schwersten Arbeiten, denen das jugendliche Alter und die Kräfte der Elise bei weitem nicht gewachsen waren, dann durch die alle Begriffe übersteigende Unreinlichkeit und das zahllose Ungeziefer, das die unglückliche Elise nach dem Befunde ihrer Bett- und Leibwäsche und übrigen Kleidungsstücke schon allein hätte aufzehren können, und endlich durch den kalten Brand an den Zehen beider Füsse, als Folge der empörendsten Vernachlässigung aller Hülfe, als absolut und ohne irgend eine Zwischenursache bewirkt worden sey“.[10]

Mit der Leiche konfrontiert, äußerte Birnbaum scheinbar gerührt, Elise „sey immer gesund gewesen, sie wisse gar nicht, wie sie in einen solchen erbärmlichen Zustand gekommen sey“.

Auch Unterstein gab an, seine Tochter nie in einer solchen Verfassung gesehen zu haben. Andererseits konnte ihm nicht verborgen geblieben sein, unter welch unwürdigen Bedingungen Elise gelebt hatte. Es „konnte und durfte ihm als Vater nicht entgehen, daß seine Kinder planmäßig allmählig ihrem Untergange entgegengeführt wurden, er sah die verhungerte Gestalt seiner Tochter, er wußte, wornach sie dringend verlangte, er sah ihre zerlumpten Kleider, er sah sie die härtesten Arbeiten verrichten, welche ihr in ihrem zarten Alter aufgebürdet wurden. Warum verlangte der Vater nicht seine Kinder um sich zu sehen? warum ließ er sie nicht an seinem Tische essen, warum erkundigte er sich nicht um die Krankheit seiner Tochter, deren abgezehrtes Wesen jedem Andern auffiel?“[11]

Einmal wandte er sich gegen die Haushälterin. Er warf sie zu Boden, schlug sie und rief, „indem er sich die Haare ausraufte: Ich bin der unglücklichste Vater, und du bist allein Schuld am meinem Unglücke.“ In einer Veröffentlichung von 1837 über den Fall heißt es über seine Beziehung zu ihr: „Ein unbegreifliches Geheimniß schien Unterstein an diese Furie zu fesseln.“[12] Nachdem man am 14. Dezember 1831 seine Wohnung in Augenschein genommen und die Haushälterin sowie eine Magd verhaftet hatte, wurde er am folgenden Tag zuhause tot aufgefunden. Er hatte vergeblich versucht, sich die Adern zu durchtrennen und sich dann an einem Türrahmen erhängt.

Am 24. Februar 1832 wurden die Untersuchungsakten dem Appellationsgericht für den Isarkreis vorgelegt, das entschied, dass Birnbaum wegen Mordverdachts der „Specialinquisition“ zu unterwerfen sei. Aus ihren zahlreichen Verhören, 69 an der Zahl, ging ihre mörderische Absicht eindeutig hervor. So äußerte sie: „Ich sah wohl ein, daß diese Züchtigungen der Gesundheit der Elise schaden mußten – es war mir gleichgültig, ob diese Strafen der Elise schadeten, oder ihr den Tod brachten – ich wollte die Elise leicht losbringen – ich unterließ aus Abneigung jedes rettende Mittel – ich verschonte die Elise weniger als die Magd,

Enthauptung der Verurteilten, 1836.

weil ich ihren Tod wünschte – um meinem Verdruß ein Ende zu machen, wollte ich die Elise zu Gott befördern."[13]

Nachdem im September 1833 ein umfangreiches Gutachten des königlichen Medizinalkomitees eingeholt worden war und Birnbaum 1834 ihre bis dahin abgelegten Geständnisse vergeblich widerrufen hatte, wurde sie durch Urteil des Appellationsgerichts vom 12. September 1835 wegen Mordes zur Todesstrafe durch Enthauptung mit dem Schwert verurteilt.

Am 9. November 1836 verkündete man ihr in der Münchener Fronfeste, dass das Urteil am 19. Juli 1836 vom Oberappellationsgericht und am 19. Oktober 1836 von König Ludwig I. bestätigt worden war.[14] Nachdem sie die ihr gesetzlich zustehende Gnadenfrist von drei mal 24 Stunden in Anspruch genommen hatte, nahm der Münchner Scharfrichter Martin Hörmann die Hinrichtung am 12. November 1836 in München „am Ende der

Salzstrasse, in der Nähe vom Marsfelde auf der Anhöhe zwischen den Büchel- und Kandlerbräu-Kellern" vor.[15]

Mord am Kanonikus des Stifts St. Kajetan, 1849

Der ledige Tuchmachergeselle Joseph Stopfer aus München musste, nachdem er ungefähr 20 Mal wegen Diebstahls polizeilich belangt worden war, 1838/39 eineinhalb Jahre im Zwangsarbeitshaus Kaisheim verbringen. 1841 wurde er wegen Diebstahls zu einer sechsjährigen Arbeitshausstrafe verurteilt.

Ende Februar 1849 lernte er den ledigen Goldschlägergesellen Ludwig Dantinger, geboren und wohnhaft in Giesing, kennen. Mit ihm spähte er in München die Wohnung des Theologieprofessors und Kanonikus Johann Baptist Schwarz aus, um ihn zu berauben. In seiner Jugend war Stopfer von ihm unterstützt worden.[16]

Der allgemein geachtete Professor, geboren am 29. November 1789 in Augsburg, erhielt 1812 die Priesterweihe. 1817 versetzte man ihn von Augsburg nach München, wo er als Lehrer/Professor und Bibliothekar am Gymnasium tätig war. Am 2. Februar 1838 wurde ihm im neu errichteten Kollegiatstift an der Theatiner-Hofkirche St. Kajetan die Stelle des Kanonikus verliehen.[17]

Am Morgen des 11. März 1849, einem Sonntag, brachen Stopfer und Dantinger durch ein Fenster neben der Haustür in die Wohnung des Professors in der Sonnenstraße 10 ein. Sie überraschten ihn in seinem Arbeitszimmer, warfen ihn zu Boden und ermordeten ihn, indem sie ihm die Kehle durchschnitten. Anschließend raubten sie verschiedene Wertgegenstände und ca. 30–40 Gulden an Bargeld. Die Gegenstände wurden später in ihrem Besitz entdeckt und von der Schwester und Haushälterin des Ermordeten, Josepha Schwarz, identifiziert.[18]

Das Appellationsgericht Oberbayerns in Freising erhob Ende Dezember 1849 Klage gegen die beiden mutmaßlichen Täter,

Die Theatinerkirche im Jahre 1828 (davor Gasthaus zum Bauerngirgl).

worauf sie sich „unter ungewöhnlichem Zudrange des Publikums“ vor dem Schwurgericht für Oberbayern in München verantworten mussten. Der Prozess begann genau am Jahrestag des Verbrechens, am 11. März 1850. Der 29-jährige Stopfer, „eine kleine, magere, zusammengeschrumpfte Figur mit einer gewissen unaussprechlichen Physiognomie“, war „beredt, wie noch Keiner vor ihm“ auf der Anklagebank, aber die „künstlerische Dialektik“, mit der er alle Einwürfe vonseiten des Präsidenten und Staatsanwaltes zu entkräften suchte, erregte „lebhaften Unwillen“ im Publikum. Gegen ihn sprachen eine ganze Reihe von Zeugenaussagen und die Tatsache, dass er in der Münchener Fronfeste Mitgefangenen gegenüber einiges über die Tat mitgeteilt hatte. Am 14. März wurden er und Dantinger des Mordes für schuldig erkannt und zum Tode verurteilt.[19]

Die Nichtigkeitsbeschwerde der beiden Verurteilten wies der oberste Gerichtshof in München am 12. April 1850 ab. König Maximilian II. änderte die über Dantinger verhängte Todesstrafe, der zur Zeit des Verbrechens erst 19 Jahre alt und vorher noch nie strafrechtlich verfolgt worden war, in eine Kettenstrafe um, lehnte aber eine Begnadigung Stopfers ab.[20]

Die öffentliche Hinrichtung des Verurteilten, der kurz zuvor noch ein Geständnis abgelegt hatte, nahm der Augsburger Scharfrichter Franz Anton Leimer (1794–1852) am Morgen des 18. Mai 1850 in München vor. Er brauchte zwei Hiebe, um den Kopf vom Rumpf zu trennen. Dieser Umstand und eine lange andauernde Vorbereitung unter dem Schafott machten einen „unangenehmen Eindruck auf die Menge".[21] Nach der Enthauptung wurde „vorschriftsmäßig von einem Gehilfen des Scharfrichters der Kopf des Stopfers auf allen 4 Seiten des Schaffots dem Volke vorgezeigt", worauf Kooperator Sallinger eine Rede hielt, die gedruckt wurde und in allen Buchhandlungen zu haben war.[22]

Die Neugierde der Anwesenden führte dazu, dass während der Exekution „ein am Kandlerkeller befindliches Gerüst, welches mit Zuschauenden überfüllt war, zusammenbrach und zwei Männer schwer verletzt wurden. Der Eine brach sich ein Bein und einen Arm, der Andere das eine Bein zweimal. Auch soll ein Kind im Gedränge erdrückt worden seyn."[23]

Raubmord auf dem Karlsplatz, 1852

Am Morgen des 10. Februar 1852 gegen 7.30 Uhr kehrte der Metzgerknecht Georg Treiber aus München im dortigen „Wirthshause zum kleinen Löwengarten" am Karlsplatz ein und trank zwei oder drei Gläser Bier. Er war in Geldnöten und fühlte sich obendrein durch einen gegen ihn gerichtlich erhobenen Alimentationsanspruch seiner ehemaligen Geliebten, der Bauerstochter Rosina Killer aus Germering, bedrängt. Bald nach 8 Uhr begab er sich

Frühere Richtstätten in München. Links: Der Stadtgalgen auf dem Galgenberg, 1790; rechts: „Köpfstätt" mit dem Rad beim Salzstadel an der Dachauer- und eingangs der Salzstraße.

in den Zigarrenladen von Karoline Reeb, Witwe eines Zigarrenfabrikanten, auf dem Karlsplatz 7 „im Rondell vor dem Karlsthor" und traf dort deren 18-jährigen Sohn Ludwig Reeb an, der das Verkaufsgeschäft zu führen pflegte.[24]

Beim Kauf einer Zigarre sei er plötzlich auf den Gedanken gekommen, so gab Treiber später an, die Uhr des Verkäufers zu stehlen, um seinen Geldverpflichtungen nachkommen zu können: „Im nächsten Augenblicke", so Treiber, „stürzte ich mich auf den Reeb und riß die Uhr aus der Gilettasche, daß das Kettchen brach, worauf Reeb mich an der Joppe packte. Ich drohte ihm mit meinem Schnappmesser, das ich öffnete, aber Reeb hatte mich nicht ausgelassen und ich stieß nun einigemal das Messer nach ihm, ohne daß ich sagen könnte wohin; jedoch ist gleich Blut geflossen und Reeb zu Boden gesunken. Als Reeb so dort lag, nahm ich demselben das lederne Geldtäschchen noch, zündete schnell meine Cigarre an und verließ rauchend den Laden."[25]

Als später Leute in das Geschäft kamen, fanden sie Ludwig Reeb in einer großen Blutlache tot am Boden liegend vor. Seine Leiche wies 13 Stichwunden auf, die sich über Gesicht, Kopf, Hals, Rückenwirbelbein und beide Hände ausbreiteten: „Es muß ein erbitterter Kampf, ein Kampf auf Leben und Tod gewesen seyn, dem Reeb nicht gewachsen war und jämmerlich hingeschlachtet, unterliegen mußte. Die Stiche waren von sicherer Hand geführt." Außer der Uhr und dem Portemonnaie war auch Geld aus dem Laden entwendet worden.[26]

Trotz der sorgfältigsten Nachforschungen leitete erst ein nach acht Tagen an den Gendarmeriebrigadier Feuchter gelangter anonymer Brief eines Lohnkutscherknechts die Spur auf Georg Treiber, der um die fragliche Zeit einige Male beim Reeb'schen Laden gesehen worden war, wobei er herumschaute, als ob er jemanden suche. Am 21. Februar wurde er verhaftet. Sein Leumund war nicht der beste. In den Jahren 1848 bis 1850 war er sechsmal wegen Sittlichkeitsdelikten und Gewalttätigkeiten polizeilich belangt worden, und im Frühjahr 1851 hatte er während eines in Traunstein ausgebrochenen Großbrandes seinen damaligen Dienstherrn bestohlen.

Seinen Mithäftlingen in der Fronfeste machte er über seine Tat verschiedene Mitteilungen und versuchte, durch Briefe an seine Eltern und Geschwister falsche Zeugen zu gewinnen. Die Briefe wurden jedoch abgefangen, „so verborgen sie auch hätten befördert werden sollen, nämlich in einem Laib Brod und in dem Haarzopf eines Mädchens, das die Frohnveste verließ". Im Gefängnis hatte er einer Zeugin gesagt, für fünf Gulden und eine Uhr „bringe er gleich wieder einen um, es reue ihn nur das Guldenstück, das ihm herausgefallen sei – ein solches wurde auch in der Blutlacke aufgefunden – das hätte ein Biergeld für 10 Maaß gegeben, womit er sich hätte lustig machen können".[27] Die Verdachtsgründe gegen Treiber verdichteten sich, sodass er am 11. und 12. März 1852 die Tat einräumte. Er wiederholte das Geständnis bei seinem Prozess vor dem Münchner Schwurgericht, das am 27. Juli 1852 die Todesstrafe wegen Raubes IV. Grades über ihn verhängte.[28]

Das Justizministerium hatte angeordnet, dass alle vor die bayerischen Schwurgerichte verwiesenen Angeklagten nicht mehr zu Fuß vom Gefängnis zum Gerichtsgebäude und zurück gebracht werden sollten, sondern in einem Wagen. Diese Verfügung fand bei Treiber bereits ihre Anwendung.[29]

Der geplante Weg, auf dem man ihn am Morgen des 9. September 1852 in einem Wagenzug zur Richtstätte fahren wollte, war folgender: „Von der Frohnveste aus über den Anger, durch das Dultgäßchen in die Sendlinger- und Rosengasse, an der Hauptwache vorüber, durch die Weinstrasse, Schäfflergasse und Löwengrube vor das Stadtgerichtsgebäude, wo die altherkömmliche Ceremonie des Stabbrechens stattzufinden hat. Hierauf geht der Zug durch die Neuhausergasse zum Karlsthore hinaus durch die Schützen- und Salzstrasse nach dem Marsfelde, wo das Schaffot sich befindet."[30]

Die von Scharfrichter Lorenz Scheller (jun.) vollzogene Hinrichtung fand in Anwesenheit von „ungeheuren Menschenmassen" statt, die nicht nur aus München und Umgebung, sondern auch aus entfernteren Gegenden herbeigeströmt waren, „namentlich hat auch die Eisenbahn ein namhaftes Contingent geliefert".[31] Die Richtstätte war von einem Bataillon des 2. Infanterieregiments umstellt. Auch bei der Hinrichtung Treibers war ein zweiter Schwerthieb vonnöten, um den Kopf vom Rumpf zu trennen: „Die Nothwendigkeit eines zweiten Hiebes entsprang aus dem Umstande, daß der Delinquent, unmittelbar vor dem ersten Hiebe, den Kopf auf die Brust herunter sinken ließ."[32]

Schwester- und Brudermord in München und Aying, 1852/53

Der 23-jährige, schon früher durch Diebstähle aufgefallene Metzgerknecht Anton Bachmaier, gebürtig aus Landshut, war in München beim Metzgermeister Neumaier beschäftigt. Da er bei seinem „unmoralischen Lebenswandel“ große Ausgaben hatte und auch die Zahlung von Alimenten anstand, fasste er den Entschluss, sich gewalttätigerweise Geld zu verschaffen.

Mit einem Holzbeil versehen, begab er sich am Abend des 18. Januar 1853 zu seiner in München in der unteren Amalienstraße 30 wohnenden Schwester Rosina Mayer, der 33 Jahre alten Witwe eines Bierwirtes, bei der er bis 21 Uhr blieb. Ihre Dienstmagd, die 49-jährige Therese Durschl, begleitete ihn, mit einem dreijährigen Kind der Schwester auf dem Arm, hinaus. Als sie im Begriff war, im Flur die Haustür aufzusperren, versetzte Bachmaier ihr mit dem bis dahin unter seiner Kleidung versteckten Beil einen Schlag auf den Kopf, sodass sie sofort mit dem Kind zu Boden stürzte. Rosina Mayer, die zu Bett gehen wollte und schon ausgekleidet war, hörte, wie die Magd schrie und das Kind weinte. Als ihr Bruder nun in ihr Schlafzimmer kam und sie aufforderte, Licht zu machen, flüchtete sie angsterfüllt im bloßen Hemd durch ihr Schlafzimmerfenster auf die Straße. Sie eilte hilferufend auf die gegenüberliegende Wohnung ihres Schwagers zu, wurde aber von ihrem Bruder eingeholt und mit dem Beil mitten auf der Straße zu Boden gestreckt und lebensgefährlich verwundet. Kurz vor ihrem Tod, der elf Tage nach der Tat eintrat, wollte sie ihren Bruder noch sehen, um ihm zu verzeihen, was man aber nicht gestattete.

Bachmaier gestand nach seiner am 19. Januar 1853 erfolgten Verhaftung, dass er seine Schwester und ihre Magd habe ermorden wollen, um sich des Geldes seiner Schwester zu bemächtigen. Er wurde vor das Schwurgericht in München verwiesen, und

– nachdem das gegen ihn am 28. Mai 1853 ausgesprochene Todesurteil vom obersten Gerichtshof als nichtig aufgehoben worden war – in einer neuerlichen Verhandlung vor dem Schwurgericht am 20. August 1853 wegen Mordes an seiner Schwester „in Concurrenz mit dem Raube IV. Grades an der Therese Durschl“ erneut zur Todesstrafe verurteilt.[33]

Zu deren Zustand hieß es am 20. August 1853: „Therese Durschl ist auch heute noch in Lebensgefahr und ist jedenfalls, wenn sie auch noch eine Zeit am Leben bleibt, gelähmt und vollkommen arbeitsunfähig.“[34]

Inzwischen hatte der Münchner Gerichtshof in der dritten ordentlichen Schwurgerichtsperiode des Jahres 1853 im August ein weiteres Todesurteil ausgesprochen. Es betraf den 29-jährigen, ledigen Schmiedegesellen Johann Busch aus Aying, etwa 25 Kilometer südöstlich von München gelegen.

Dem Urteil lag ebenfalls ein Familiendrama zugrunde. Busch hatte sich nicht damit einverstanden gezeigt, dass seinem neun Jahre älteren Bruder Joachim Busch, der zwei uneheliche Kinder hatte, das väterliche Schmiedeanwesen in Aying übergeben werden sollte. Nachdem im September 1852 ein Versuch gescheitert war, sich bei einem Krämer in Aibling Mäusegift zu verschaffen, schüttete Johann einige Wochen später seinem Bruder „eine ziemliche Quantität Vitriol“ in den Branntwein, den dieser aber ausbrach. Als Joachim diesen Vorfall seinen Schwestern Victoria und Regina erzählte und dabei äußerte, dass es wahrscheinlich Johann war, der ihm diesen „Streich“ gespielt habe, gerieten beide Brüder in Streit. Joachim wollte die fragliche Branntweinflasche haben, sein Bruder gab sie aber nicht her: „Bei dem Geraufe, das um den Besitz derselben entstand, verschüttete Johann etwas von dem Branntwein, der auf die Kleider seiner Schwester fiel und die von demselben ganz zerfressen wurden. Johann wusch hierauf, um jeden Verdacht von sich zu wenden, die Flasche ganz rein aus und stellte sie auf den Platz, auf dem sie früher stand.“[35]

Am 29. November 1852 war Joachim mit seinem Vater wegen der Überschreibung, die am 2. Dezember erfolgen sollte, beim Rentamt Aibling. In der Nacht zum 30. November, als alle schon schliefen, begab sich Johann mit einer dreizackigen Mistkralle versehen in die Schlafkammer, die er mit seinem Bruder teilte. Er legte sich noch eine Zeit lang nieder, sprang dann auf und versetzte seinem schlafenden Bruder mit der Mistkralle eine Reihe von Schlägen. Dann lief er aus dem Haus und rief aus der Nachbarschaft Hilfe herbei. Er gab vor, dass Diebe eingebrochen seien, die seinen Bruder misshandelt und ihm selbst Geld entwendet hätten. Joachim, der seinen Bruder in der Dunkelheit nicht erkannt hatte, erlag am 26. Dezember 1852 seinen Verletzungen. Sein bereits wenige Tage nach der Tat verhafteter Bruder wurde am 13. August 1853 wegen qualifizierten Mordes zum Tode verurteilt.[36]

Den beiden „Geschwister-Mördern“ Bachmaier und Busch verkündete man am 26. September 1853 in der Münchner Fronfeste die Bestätigung des Todesurteils durch den König. Nachdem sie die dreitägige Gnadenfrist in Anspruch genommen hatten, wurden sie am 29. September (zuerst Bachmaier, dann Busch) von Scharfrichter Lorenz Scheller (jun.) auf dem Münchner Richtplatz in Anwesenheit Tausender Zuschauer mit dem Schwert hingerichtet.[37]

Muttermord in Schattenhofen (Moosach), 1852

Die Bäuerin des Huberhofes in Schattenhofen (Moosach) im damaligen Landgerichtsbezirk Ebersberg, die Witwe Maria Engelhard, war 1853 ein „rüstiges Weib von 50 Jahren, die zwar als nicht sehr fromm bezeichnet wird, weil sie keine Freundin vom vielen Kirchengehen war, bewirthschaftete aber ihr Anwesen sehr thätig“.[38] Ihr ältester Sohn Jakob Engelhard, geboren im Mai 1832, hatte wie jedes seiner drei Geschwister ein Vermögen von mindestens 1.700 Gulden zu erwarten, „war aber in der Gemeinde, wie nach dem Urtheile seiner Mutter, ein roher, unsittlicher Bursche, der gern in Wirthshäusern saß, zechte, spielte und überhaupt viel Geld verthat". Auch hatte er ein Liebesverhältnis mit einer Dienstmagd, Anna Koller aus Grasbrunn, die ein Kind von ihm erwartete.[39]

Der Abhängigkeit von seiner Mutter überdrüssig, wollte er sie 1852 bewegen, ihm den Hof zu übergeben oder ihm zumindest seinen Vermögensanteil auszuzahlen, worauf sie aber nicht einging. Im Gegenteil drohte sie ihm, den Besitz dem jüngeren Sohn Georg zu überlassen, wenn er sich nicht bessere. So kam er auf den Gedanken, sich als wahrscheinlicher Erbe den Hof auf andere Weise zu verschaffen.

Am 17. Oktober 1852 begab er sich nach Oberpframmern zu der 73-jährigen Ursula Staudinger, gewöhnlich „Fliegenurschel" genannt, die „aus Arsenik ein die Fliegen tödtendes Wasser zu bereiten und dieses zu verkaufen pflegte". Ihr kaufte er 4–5 Loth (alte Maßeinheit) weißes Arsenik ab und prägte ihr ein, nichts davon verlauten zu lassen.

Vom 18. bis 31. Oktober 1852 kamen nun auf dem Huberhof eine Reihe von Erkrankungen vor. In der ersten Woche waren die Bäuerin, ihr jüngerer Sohn und der Dienstknecht Kaspar Baumann betroffen. Die Krankheitserscheinungen waren im Wesentlichen Mattigkeit, Kopfschmerz, Brechreiz und brennender Durst.

Am 22. Oktober fuhr Jakob Engelhard nach dem Mittagessen mit einer Holzfuhre zum Wirt Brandstätter nach Haidhausen, wo er ziemlich spät eintraf und übernachtete. Im Wirtshaus erzählte er, dass seine Mutter todkrank sei und er sie kaum mehr lebend antreffen werde. Sein Benehmen entsprach dem aber keineswegs. Er betrank sich, spielte und kehrte erst am anderen Tag gegen Abend nach Hause zurück. Später leugnete er die Äußerungen über seine Mutter.

Obwohl sich diese in der Nacht vom 25. auf den 26. Oktober ziemlich stark erbrochen hatte, stand sie morgens auf und aß mit den anderen Hausbewohnern um 6 Uhr die Frühsuppe. An diesem Tag erkrankten fast alle Hofbewohner, nur die Brüder Jakob und Georg Engelhard blieben verschont. Ein Hund, dem der Rest der Suppe vorgesetzt worden war, verendete in kürzester Zeit.

Am nächsten Tag begab sich Jakob Engelhard zum Bader (Wundarzt) Bernauer nach Zorneding, um Medizin zu holen. Er selbst ließ sich ein Brechmittel geben, da er auch krank zu sein vorgab. Bernauer besuchte anderntags selbst die Kranken. Er hielt deren Beschwerden für eine Art Brechruhr, da seine Fragen, ob sie etwas Schlechtes gegessen hätten, verneint wurden. Schon damals versuchte Jakob Engelhard das Gerücht zu verbreiten, es müsse etwas in den Brunnen geworfen worden sein. Dem schenkte aber niemand Glauben, da die Bäuerin keinerlei Feinde hatte.

Nach dem Abendessen am 30. Oktober wurde sie erneut von Brechreiz befallen, und auch die wenige Tage zuvor eingestellte Pflegerin Huber fühlte sich sehr unwohl. Am Sonntag, dem 31. Oktober, morgens um 8 Uhr ging Jakob Engelhard erneut zu Bernauer, um Medizin zu besorgen, verschwieg aber den schlechten Gesundheitszustand seiner Mutter. Statt sich mit der Arznei direkt nach Hause zu begeben, besuchte er seine Geliebte. Als er gegen 16 Uhr nach Hause kam, war seine Mutter bereits tot.

Nicht lange nach ihrer Beerdigung wurde „auf das allgemeine Gerücht einer Vergiftung hin“ die Leiche wieder ausgegraben und untersucht – sie wies im Magen und in den Gedärmen Arsenik auf. Jakob Engelhard, bei dem man noch eine kleine Menge des Giftes fand, wurde am 3. November 1852 verhaftet und musste sich am 27. und 28. Oktober 1853 vor dem Münchner Schwurgericht verantworten, das ihn wegen „qualifizirten, mit Vorbedacht beschlossenen, und mit Ueberlegung ausgeführten Mordes“ mit der Todesstrafe belegte.[40]

Seine Hinrichtung mit dem Schwert nahm Scharfrichter Scheller am Morgen des 19. Dezember 1853 in München vor: „Waren auch sehr viele Neugierige – und wie gewöhnlich eine große Anzahl weiblichen Geschlechtes – zusammengeströmt, so war der Zulauf doch bei weitem nicht so groß als bei den letzteren Hinrichtungen. Die Geschwisterte und Verwandten des Hingerichteten (6 Personen) kamen aus ihrer Heimath hierher und besuchten gestern Abend den Delinquenten."[41]

Umstellung auf die Guillotine, 1854

Am 29. September 1853 beendeten der 22-jährige Sattlermeister Joseph Lindermayer aus Eurasburg (Gemeinde im bayerisch-schwäbischen Landkreis Aichach-Friedberg) und sein drei Jahre jüngerer Geselle Christian Hussendörfer bei einem Bauern in Holzburg (Ortsteil der Gemeinde Ried bei Mering) eine sechstägige Arbeit. Nachdem sie noch in einem Wirtshaus in Holzburg eingekehrt waren, traten sie gegen 22 Uhr den Rückweg ins benachbarte Eurasburg an. Unterwegs ermordete Hussendörfer seinen Meister mit einem Messer und einem Prügel und raubte ihm den in Holzburg erhaltenen Lohn. Er ging dabei auf sehr brutale Weise vor: „Der Anblick war gräßlich, der Sattler Lindermayer lag todt in seinem Blute mit 36 Stich- und Quetschwunden bedeckt. Kein Glied des Körpers war verschont geblieben und unter den Verwundungen waren mehrere, die allein schon nothwendig den Tod zur Folge haben."

In der ersten ordentlichen Schwurgerichtsperiode für Oberbayern wurde der aus Mittelfranken (Syburg im Landgerichtsbezirk Greding) stammende Hussendörfer vom Münchner Gerichtshof am 20. März 1854 wegen Mordes zum Tode verurteilt.[42]

Nachdem ihm am 8. Mai 1854 die Bestätigung des Todesurteils publiziert worden war, fand seine Hinrichtung am 11. Mai 1854 statt. Es war vor dem Inkrafttreten der Verordnung vom 4. August 1854 die letzte in München und in Bayern überhaupt, die mit dem Schwert vollzogen wurde – sie misslang gründlich: „Scharfrichter Schellerer [Lorenz Scheller jun.] war bei dieser Hinrichtung unglücklich, sehr unglücklich, er mußte sieben Hiebe

Die missglückte Hinrichtung Hussendörfers war der Anlass zur Einführung der Guillotine.

führen, bis der Kopf vom Rumpfe getrennt war. Ursache dieses so sehr bedauerlichen Ereignisses mag der Umstand seyn, daß der Armensünderstuhl dießmal anders gestellt war, sohin auch Schellerer eine andere als die bisher gewohnte Stellung hatte. Tief ergriffen kehrte die neugierige Menge nach der Stadt zurück. Scharfrichter Schellerer wurde von einer Abtheilung Kürassiere nach der Stadt zurück eskortiert. Derselbe hat zwar, wie bekannt, seine traurige Pflicht bisher immer mit der erforderlichen Geschicklichkeit vollzogen, aber der heutige Fall beweist wieder, wie sehr gerechtfertigt die Einführung des Fallschwertes wäre, dessen man sich in neuerer Zeit in Sachsen und Württemberg zur Vollstreckung der Todesstrafe bedient. – Von verläßiger Seite wird uns versichert, daß, nach ärztlichen Aeußerungen, schon der erste auf den Hingerichteten geführte Hieb absolut tödtlich gewesen sei, da derselbe das Rückenmark durchdrang. Die Gerüchte, daß der Unglückliche Weherufe ausgestoßen habe u. dgl., werden als völlig unwahr bezeichnet.“[43]

Nach Evans räumte Scheller ein, so betrunken gewesen zu sein, dass er zwei Köpfe gesehen und so nicht gewusst habe, welcher der wirkliche gewesen sei. Die Leute drohten sich trotz der Präsenz der Gendarmerie an ihm zu vergreifen, er bekam aber Unterstützung von einem auf dem Schafott anwesenden Offiziellen.[44]

Es war keineswegs sicher, so meinte der Münchner Professor Dr. Hofmann in einem Beitrag zur Einführung des Fallschwerts in Bayern, dass der erste Hieb Hussendörfer getötet habe. Es musste seines Erachtens eine völlig offene, „der Wissenschaft unbeantwortete Frage bleiben, ob Hussendörfer beim ersten oder zweiten misslungenen Hiebe durch Gehirn- und Rückenmarkserschütterung fulminant getödtet oder doch wenigstens seines Bewusstseins beraubt wurde“.

Als Mitglied einer Kommission prüfte Hofmann die württembergische Fallschwertmaschine, um daraus Schlüsse für den Bau der bayerischen Guillotine zu ziehen, die man 1854 in der Maschinenfabrik Mannhardt in München anfertigte. Am 13. Januar 1855 wurde sie in der Münchner Anatomie an einer Leiche getestet und am 27. Januar 1855 in Augsburg zum ersten Mal eingesetzt.[45]

Die ersten Hinrichtungen mit der Guillotine fanden in München und ganz Bayern am 19. August 1854 statt, als der 30-jährige Weber Lampert Denkl aus Bichl (Ortsteil von Taufkirchen), die 35-jährige Bäuerin Maria Aschmaier aus Weinberg bei Steinkirchen (Ortsteile von Obertaufkirchen) im damaligen Landgerichtsbezirk Haag und der 31-jährige Soldat Georg Markreiter aus Lenggries (damaliger Landgerichtsbezirk Tölz) von Scharfrichter Scheller enthauptet wurden.

Aschmaier und Denkl wurden nicht mehr durch die Stadt zum Stadtgerichtsgebäude gebracht, sondern die nochmalige Publikation des Urteils mit nachfolgendem Stabbrechen fand direkt vor der Münchner Fronfeste auf einer mit rotem Tuch behängten Bühne statt. Dabei verlas man auch die „Geschichtliche Darstellung“ ihrer Verbrechen. Sie wurden dann „auf dem nächsten Wege und im Trabe“ durch das Angertor zur Richtstätte „am Marsfelde (beim Knorr-Keller)“ gefahren, wo sich trotz der frühen Morgenstunde bereits eine große Volksmenge eingefunden hatte. Der zuerst hingerichtete Denkl war „ganz und gar gebrochen und wurde mehr todt als lebendig auf das Schaffot gebracht“. Maria Aschmeier schien vor ihrer Hinrichtung etwas gefasster zu sein und wandte kein Auge von dem Kruzifix in ihren Händen. Der Wagen, auf dem sie sich befand, war so postiert worden, dass sie die Guillotinierung Denkls nicht unmittelbar miterleben musste.

Kurz vor 6 Uhr kam der von der Militärbehörde abgeurteilte Markreiter, mit einer grauen Kutte bekleidet, unter dem Zuspruch zweier Geistlicher an der Richtstätte an. Er war vom Münchner Militärgefängnis ebenfalls in starkem Trab dorthin gefahren worden. Alle drei Hinrichtungen gingen rasch vorüber, „jedoch dauerte die Zubereitung länger, als dieß bisher bei Hinrichtungen mit dem Schwerte der Fall war. Auch die letzte Vorbereitung der Delinquenten unter dem Schaffote in der sogen. Armensünderkammer dauerte etwas lange. Viele Zuschauer begaben sich schon nach der ersten Hinrichtung in die Stadt zurück. Zwei Soldaten des aufgestellten Infanterie-Bataillons wurden von Uebelkeiten befallen und in einem Krankenwagen der Sanitäts-Compagnie sogleich in das Militärspital gebracht.“[46]

Die Köpfe wurden nicht, wie sonst üblich, der Menge vorgezeigt. Sie fielen in einen Korb und wurden mit den Rümpfen in bereitstehende Särge gelegt, die man später auf dem Friedhof beisetzte. Die Guillotine gelangte nach der Dreifachhinrichtung nach Straubing. Die neue Hinrichtungsmethode fand in München meistenteils Zustimmung. In der Presse hieß es: „Diese rasche und sichere Hinrichtungsart fand ungetheilt den Vorzug vor der früheren Todesart durch das freigeführte Schwert.“[47]

Das Verbrechen, das zu den Hinrichtungen von Denkl und Aschmaier führte, hatte sich im Oktober 1853 auf dem Weinberger Hof zugetragen. Die außerehelich geborene Maria Aschmaier lebte dort mit ihrem Mann Peter Aschmaier, 45 Jahre alt, und ihren Eltern Elisabeth und Martin (Stiefvater) Holzheier zusammen. Die Ehe mit ihrem Mann, den sie im Frühjahr 1853 auf Zureden ihres Stiefvaters geheiratet hatte, verlief unglücklich. Sie fasste eine derartige Abneigung gegen ihn, „daß sie den Zustand, an ihn durch die Bande der Ehe gekettet zu seyn als einen unerträglichen um so mehr betrachtete, als auch die Stiefeltern mit ihr dahin übereinstimmten, daß mit dem Peter nicht zu leben sei".[48]

Verwandte machten sie auf zwei „Lumpen" aufmerksam, die ihren Mann gegen Bezahlung aus der Welt schaffen könnten. Es handelte sich um Michael Kammerer aus Wambach (Ortsteil von Taufkirchen) und den später exekutierten Denkl. Die Holzheiers und ihre Tochter beauftragten die beiden, den Ehemann zu ermorden. Nachdem am 4. September 1853 ein Versuch Denkls, ihn zu erschießen, misslungen war, versteckten sich Denkl und Kammerer am 3. Oktober im Stall. Als Aschmaier abends aus einem Nachbarort zurückkehrte, verwundete ihn Denkl durch einen Schuss aus seiner mit einer Kugel und Schrot geladenen Flinte am linken Arm und am Unterleib. Die beiden verfolgten nun den in Richtung des Hauses Flüchtenden und schlugen mit der Flinte und einem Stock auf ihn ein. Aschmaier verteidigte sich mit einem Holzknüppel, den er bei sich hatte, und zertrümmerte das Gewehr. Er versuchte, ins Haus zu kommen, aber Frau Holzheier und ihre Tochter hatten die Türen und Fenster verschlossen. Sie hörten, wie er rief: „aus ist es! thut mir auf! erschlagen thun sie mich!", aber sie reagierten nicht. Denkl schlug ihn mit dem eisernen Lauf der Flinte nieder und brachte ihm tödliche Kopfverletzungen bei. Für den Auftragsmord erhielten sie 18 Kronentaler. Der Stiefvater, der bei der Tat nicht zugegen sein wollte, war nachmittags auf eine Hochzeit nach Gaßlhub gegangen.

Links der am 19. August 1854 in München mit der Guillotine hingerichtete Lampert Denkl. Kammerer wurde begnadigt.

Nachdem sich die Beteiligten im Laufe der Ermittlungen in Widersprüche verwickelt und teilweise die Tat eingestanden hatten, wurden Maria Aschmaier und ihre Eltern am 10. Juni 1854 wegen „intellectueller Urheberschaft" sowie Denkl und Kammerer wegen „physischer Urheberschaft zu einem qualificirten Morde" vom Münchner Schwurgericht zum Tode verurteilt. König Maximilian II. wandelte am 14. August 1854 die über Kammerer und die Holzheiers verhängte Todesstrafe auf dem Wege der Begnadigung in eine Kettenstrafe um.[49]

Der dritte Hingerichtete, Georg Markreiter, außerehelicher Sohn einer Tagelöhnerin aus Lenggries, war in früheren Zeiten bei einigen Bauern in Dienste getreten und arbeitete „zeitweise fleißig, liebte aber zu sehr Spiel und Trunk, wodurch er seinen Erwerb, sowie einen einstmals in der Lotterie gemachten Gewinnst von einigen hundert Gulden leichtsinnig vergeudete".

Im Jahr 1843 kam er durch Konskription in ein Infanterieregiment, wo er sich „in Folge seines Hanges zur ungebundenen Lebensweise und zum Zechen" mehrfach Bestrafungen zuzog. Nachdem er Anfang 1849 als abgestrafter Deserteur zur Erneuerung der sechsjährigen Dienstzeit verpflichtet worden war, entwich er am 17. Mai 1853 erneut aus dem Regiment und tat sich mit dem gleichfalls fahnenflüchtigen Soldaten Gabler zusammen. Beide wollten nach Amerika oder in die Türkei auswandern und sich die Mittel hierzu durch Raub oder Diebstahl verschaffen.

Am 25. Mai 1853 schlichen sie sich in die Scheune des Bauern Johann März in Jachenau (Landkreis Bad Tölz-Wolfratshausen) ein, den Markreiter als vermögenden Mann kannte, und übernachteten dort. Anderen Morgens (Fronleichnam) überfielen sie März, der alleine zu Hause war, da seine Kinder und Dienstboten den Gottesdienst besuchten, und forderten sein Geld. Als er sich weigerte und zur Wehr setzte, „ward sein Tod beschlossen". Sie stießen ihn in den Keller, brachten ihm mehrere Schnitt- und Stichwunden bei und schlugen mit einer Axt auf ihn ein, bis er tot war. Von einer Pistole machten sie keinen Gebrauch, um Lärm zu vermeiden. Dann raubten sie Geld und andere Gegenstände im Wert von über 200 Gulden.

Sie flüchteten nach Tirol und in die Steiermark, wo man Markreiter in Pettau (heute Slowenien) aufgriff und nach München auslieferte. Er räumte die Tat ein und wurde nach den Bestimmungen des bayerischen Strafgesetzbuches wegen qualifizierten Mordes sowohl kriegsgerichtlich als auch durch oberstrichterliches Urteil des General-Auditoriats vom 1. Juli 1854 zur Todesstrafe verurteilt. Am 8. August 1854 bestätigte König Maximilian II. das Urteil.[50]

Markreiters Komplize Gabler soll einer Meldung des Bayerischen Landboten zufolge 1856 in Ungarn, wo er „sein Leben durch neue Verbrechen gegen das Eigenthum fortzubringen suchte", festgenommen und einem dortigen Gericht zugeführt worden sein.[51]

Sterbegebete in der Frauenkirche

In Evenhausen (Ortsteil von Amerang) im damaligen Landgerichtsbezirk Wasserburg bewohnten Katharina und Andreas Rieder lange Zeit den Einödhof Lacken und galten als ziemlich vermögende Leute, die immer „eine hübsche Summe daliegen hätten". Obwohl schon sehr bejahrt, der Mann war 90 und seine Frau 60 Jahre alt, bewirtschafteten sie ihr Anwesen beinahe ohne fremde Unterstützung.

Am Mittag des 8. März 1854 kam ein Fremder dorthin und erkundigte sich nach dem Weg nach Pfaffing. Am folgenden Tag gegen 17 Uhr kam er wieder und klopfte am Fenster, da die Haustür bereits verschlossen war. Er bat die Bäuerin, ihm etwas zum Verbinden seiner wunden Füße zu geben. Nicht lange nach Betreten des Hauses stürzte er mit den Worten „Jetzt gibts Krieg!" auf sie los und versetzte ihr mit einem langen Messer elf Stiche in den Rücken, den Kopf und die Arme. Als er nun durch den Flur zur Scheune ging, wo der Bauer beschäftigt war, schrie Frau Rieder laut um Hilfe, worauf er ohne Beute die Flucht ergriff, da in der Nähe arbeitende Personen herbeieilten. Sie verfolgten ihn querfeldein durch den tiefen Schnee, konnten seiner aber nicht habhaft werden. Die schwer verwundete Bäuerin starb am 7. April 1854.

Zuvor waren ihr vergeblich mehrere Verdächtige vorgeführt worden, bis es dem 74-jährigen Gemeindediener und Flurwächter Anton Zech aus Rott am Inn am 24. März 1854 gelang, den steckbrieflich Gesuchten in Arbing dingfest zu machen. Es handelte sich um den 27-jährigen vorbestraften Sebastian Langguth aus Großkarolinenfeld, den die Bäuerin eindeutig als Täter wiedererkannte. Er hatte sich schon längere Zeit in der Gegend herumgetrieben, um eine passende Gelegenheit zu einem Diebstahl abzuwarten.

Die Münchner Frauenkirche um 1910.

Am 21. Mai 1855 hatte er sich vor dem Münchner Schwurgericht zu verantworten, das ihn wegen Raubes IV. Grades zur Todesstrafe verurteilte. Hierauf gestand er einen weiteren Raubmord, den er am 8. September 1853 „in der Einöde Altensee", ebenfalls im Landgerichtsbezirk Wasserburg, an Anna Probst, der Frau eines Tagelöhners, begangen habe. Die eingeleitete Untersuchung wurde aber wegen nicht hinreichender Verdachtsgründe eingestellt.[52]

Nachdem ihm am 4. Juli 1855 die Bestätigung des Urteils publiziert worden war, bereitete sich Langguth „mit einer außerordentlichen Reue und Ergebung" auf den Tod vor. Er schlief „auf bloßen Brettern, um Buße zu thun für seine verübten Verbrechen". Am 5. Juli nahm sein Bruder Wilhelm Langguth, der ebenfalls in der Fronfeste in Haft war und auf seinen Schwurgerichtsprozess wartete, von ihm Abschied.[53]

Am Tag der Hinrichtung, dem 7. Juli 1855, hatte sich in früher Morgenstunde eine große Menschenmenge auf dem Richtplatz eingefunden, und das „zarte Geschlecht war, wie gewöhnlich bei derlei Gelegenheiten (besonders aus der arbeitenden Klasse), sehr zahlreich anwesend".[54] Die Enthauptung ging rasch und fast geräuschlos vonstatten. Dabei wurde die von der Firma Mannhardt neu gefertigte und mehrfach verbesserte Guillotine zum ersten Mal in München eingesetzt. Bei den vorherigen dortigen Hinrichtungen war die aus Stuttgart entliehene Guillotine verwendet worden. Während der Hinrichtung wurden in der Frauenkirche die Sterbegebete „für den armen Sünder" abgehalten.[55]

In der Mangfall ertränkt, Rosenheim 1855

In der 16. Verhandlung der vierten Schwurgerichtsperiode für Oberbayern stand am 13. Dezember 1855 der ledige Zimmermann und Salinenarbeiter Kaspar Kreitelhuber aus Rosenheim unter Mordanklage vor dem Münchner Schwurgericht.

Er hatte mit drei verschiedenen Frauen drei Kinder gezeugt, von denen das letzte bald nach der Geburt starb. Durch seinen verschwenderischen Lebenswandel konnte er den Alimentationszahlungen für seinen am 14. Juli 1850 geborenen Sohn Franz Xaver und seine 1853 geborene Tochter Anna nur schwer nachkommen. Der Umstand, dass er Ende des Jahres 1854 wegen Raubverdachts zwei Monate in der Fronfeste Wasserburg in Untersuchungshaft saß, machte seine Lage nicht besser. Seinen Sohn, der bis dahin bei einem Bauern in Großholzhausen (Raubling) untergebracht war, nahm er am 7. Juni 1855 aus finanziellen Gründen wieder zu sich.

Nachdem ihn Annas Mutter auf Zahlung ausstehender Alimente verklagt hatte, erhielt Kreitelhuber am 28. Juni 1855 eine Aufforderung des Landgerichts Rosenheim, das Geld binnen 14 Tagen zu zahlen. Am Tag nach Erhalt dieser Fristsetzung war Franz Xaver plötzlich verschwunden. Sebastian Bliemetsrieder, Mühlknecht in der Rosenheimer Mittermühle, traf am Morgen des 30. Juni zwischen 4 und 5 Uhr an der Mündung des Kaltenbachs in die Mangfall auf Kreitelhuber, der angab, nach seinem Kind zu suchen. Da dem Mühlknecht das Verhalten Kreitelhubers auffiel und er von seinem schlechten Ruf erfuhr, begab er sich am 2. Juli erneut zu der Mündung, wo er die vergrabene und mit Grasstücken bedeckte Leiche des Kindes fand.[56]

Den Geständnissen Kreitelhubers zufolge war er am 29. Juni 1855 auf den Gedanken gekommen, das Kind umzubringen, um sich der Alimentationspflicht zu entledigen. Er habe „zu dem Buben gesagt, er solle mit ihm gehen, was dieser auch sogleich that, weil er ihn liebte. Nun ging er mit diesem zur Mangfall und badete sich, rief den Buben zu sich an's Wasser, zog ihn hinein und hielt ihn eine kleine Weile unter's Wasser". Dann legte er ihn in eine von ihm tags zuvor ausgehobene Grube und bedeckte ihn mit „Wasenstücken". Einer Zeugin gegenüber äußerte er, „das Kind habe noch etwas gelebt, als er es in das Grab legte. Als er den Wasen über die Leiche gelegt und dann darauf getreten sei, habe es einen Kracher gethan".[57] An anderer Stelle heißt es, er sei „so arg auf die Wasenstücke gesprungen, daß die Hirnschale des darunter gelegenen Knaben gekracht habe".[58] Ein Gerichtsmediziner konnte aber keine entsprechenden Hinweise auf eine solche Verletzung finden. Man ging davon aus, dass Ertrinken die Todesursache war. Die Geschworenen sprachen Kreitelhuber nach kurzer Beratung des „doppelt qualifizirten Mordes, mit Vorbedacht beschlossen und mit Ueberlegung ausgeführt", schuldig, worauf ihn der Gerichtshof zur Todesstrafe verurteilte.[59]

Er wurde am 7. April 1856 um 6 Uhr nach nochmaliger Verkündigung des Todesurteils „von der Frohnveste ab in Schritt und unter der gewöhnlichen Eskorte nach dem Richtplatze gefahren", wo er unter der Guillotine starb: „Ziemlich viel Neugierige hatten sich ohngeachtet der frühen Morgenstunde bei diesem traurigen Schauspiel, welches um 6½ Uhr schon vorüber war, eingefunden."[60]

Auftragsmord am Ehemann, Altomünster 1852

Die aus Winden im damaligen Landgerichtsbezirk Dachau stammende Anna Maria Huber heiratete im November 1849 ihren ersten Mann, den verwitweten Michael Reindl, Bauer des Ulmerhofes in Oberzeitlbach (Ortsteil von Altomünster). Sie brachte ein dreijähriges Mädchen mit in die Ehe. Der Witwer, der ihr durch Unterhändler zur Verehelichung empfohlen worden war und den sie vorher gar nicht gekannt hatte, war „als brav und rechtschaffen allgemein geachtet". Die Verbindung beruhte allerdings nicht auf gegenseitiger Zuneigung, „denn die junge Frau, welche bald die Herrschaft an sich riß und ihren Ehemann möglichst karg hielt, zeigte schon bald nach ihrer Verheirathung einen entschiedenen Widerwillen gegen ihren Mann. Sie ließ ihn gar oft nicht in die Schlafkammer, so daß er in der Wohnstube auf einem

Strohsacke schlafen mußte, und zeigte auch sonst auf jede Art ihre Abneigung."[61]

Als um Weihnachten 1851 der beurlaubte Soldat Joseph Nadler aus Blumenthal (Aichach) als Knecht auf dem Ulmerhof in Dienst trat, ging sie ein Verhältnis mit ihm ein. Reindl verlangte Ende des Jahres 1852 dessen Entlassung, worüber ein heftiger Streit mit seiner Frau entbrannte. Schon vorher hatte sie einen Schmiedegesellen dazu zu bewegen versucht, ihren Ehemann auf dem Weg zum Rentamt Aichach zu erschlagen. Außer dem Geld, das Reindl mit sich führen würde, sollte der Geselle 50 Gulden dafür erhalten, er ging aber nicht darauf ein. Schließlich gelang es ihr, Nadler zur Ausführung ihres Mordplans zu gewinnen. Sie versprach ihm Geld und sicherte ihm zu, ihn später heiraten zu wollen.

Am Sonntag, dem 12. Dezember 1852, überredete sie ihren Mann zu einer gemeinsamen Wallfahrt nach Geiselwies. Als sie abends auf dem Heimweg durch den Schallenberger Wald zwischen Plixenried und Oberzeitlbach kamen, überfielen Nadler und sein Stiefbruder Xaver Weishaar aus Blumenthal, die im Wald auf der Lauer gelegen hatten, den Ehemann. Nadler versetzte ihm mit einem Prügel solche Schläge auf den Kopf, dass die Hirnschale zerbrach und Reindl augenblicklich tot war. Seine Frau gab bei ihrer Heimkunft an, sie seien von drei Männern überfallen worden, die ihren Mann erschlagen und ihren Schmuck geraubt hätten.

Nadler und Weishaar, die in der Nähe des Tatortes gesehen worden waren und in Oberzeitlbach allgemein als die Täter galten, wurden zwar am 19. Dezember 1852 verhaftet, nach sechs Wochen aus Mangel an Beweisen aber wieder freilassen. Sie arbeiteten anschließend in verschiedenen benachbarten Ortschaften.

Nachdem die Witwe Reindl ihr Gut verkauft hatte, heiratete sie im August 1853 den Bauern Johann Pickl vom Koppenhof in Altomünster. Sie wurde allerdings von der Vergangenheit wieder eingeholt, denn Nadler und sein Stiefbruder pochten in Briefen auf die Bezahlung ihrer Mordtat. Die Vermittlerin dieser Briefe, Maria Anna Lochner aus Sielenbach, teilte anderen Leuten einiges über den Inhalt der Briefe mit, sodass die polizeilichen Ermittlungen erneut aufgenommen wurden.

Nach ihrer Festnahme Ende 1855 wurden Frau Pickl „wegen Verbrechens des qualifizirten Mordes als mittelbare Urheberin" und der 24-jährige Weishaar wegen desselben Verbrechens „als Miturheber im Komplotte" durch Urteil des Münchner Schwurgerichtshofes vom 12. Juli 1856 zur Todesstrafe verurteilt. Nadler übergab man der zuständigen Militärbehörde, worauf ihn ein Kriegsgericht in Augsburg am 12. Dezember 1856 – genau vier Jahre nach der Tat – ebenfalls mit der Todesstrafe belegte. König Maximilian II. begnadigte Weishaar am 6. März 1857 zur Kettenstrafe, bestätigte aber die über Frau Pickl und Nadler verhängten Todesurteile. Dies wurde der Verurteilten am 18. März 1857 in der Münchner Fronfeste verkündet.[62]

Nachdem sie von ihrer Tochter einen rührenden Abschied genommen hatte, wurde die 38-Jährige am 21. März 1857 durch Scharfrichter Scheller in München guillotiniert. Die Hinrichtung „zog eine bei weitem größere Zahl Neugieriger an, als dieß bei den letztern öffentlichen Hinrichtungen der Fall war." Die Verurteilte war bis zum letzten Augenblick gefasst, „bestieg rüstig das Schaffot und betete, schon auf das verhängnißvolle Brett gelegt, noch mit lauter Stimme".[63]

Nadler wurde am 27. März 1857 im Alter von 27 Jahren in Augsburg – ebenfalls durch Scharfrichter Scheller – im Beisein einer großen Menschenmenge mit der Guillotine hingerichtet. Nachdem ihm vor dem Militärgefängnis am Jakobertor nochmals das Urteil verlesen und der Stab gebrochen worden war, „setzte sich der Zug unter Kavallerieeskorte um die Stadt herum nach dem kleinen Exerzierplatze in Bewegung, woselbst das Schaffot aufgeschlagen war. Kurz vor halb 8 Uhr fiel das Haupt des Unglücklichen, der noch in den letzten Tagen ein reumüthiges Geständniß seines Verbrechens abgelegt hatte."[64]

Mord an einem Gefängnisaufseher

Im Februar 1857 zählte die Strafanstalt in München-Au insgesamt 690 Häftlinge. In der fünften Abteilung befanden sich 60 von ihnen, meistens Kapitalverbrecher, „welche der Mehrzahl nach rohe und unbeugsame Charaktere“ aufwiesen.[65]

Auch Franz Lettl aus Hartkirchen (Ortsteil des Marktes Eichendorf) im früheren Landgerichtsbezirk Landau und der ledige Geschirrhändler Sebastian Niedermaier aus Rimbach (nördlich von Bad Kötzting) waren in jener Abteilung untergebracht und konnten auf eine beachtliche verbrecherische Karriere zurückblicken. Lettl war am 8. Juni 1855 vom Schwurgericht von Niederbayern wegen eines am 17. September 1854 begangenen Totschlags zu einer Zuchthausstrafe auf unbestimmte Zeit verurteilt und am 18. Juni 1855 in die Strafanstalt eingeliefert worden.

Bereits seit März 1853 büßte dort Niedermaier seine Strafe ab. Er war vom gleichen Schwurgericht am 26. Februar 1853 wegen eines Ende des Jahres 1850 verübten Raubes III. Grades ebenfalls zu einer Zuchthausstrafe auf unbestimmte Zeit verurteilt worden. Als er im Mai 1853 im Gefängnis erkrankte, legte er ein Geständnis ab. Demzufolge hatte er am 25. September 1847 in der Nähe von Stetten (bei Falkenberg, nördlich von Eggenfelden) den Bauern Simon Gruber aus Stetten erschlagen und ausgeraubt. In einem Wirtshaus in Falkenberg hatte Niedermaier einem Gespräch entnommen, dass Gruber aufgrund eines Getreideverkaufs Geld erhalten hatte, und war ihm auf dem Heimweg gefolgt, ehe er ihn mit einem Zaunpfahl niederschlug. Das niederbayerische Schwurgericht verurteilte ihn daraufhin am 18. Juli 1854 wegen Raubes IV. Grades in Verbindung mit einem von ihm Ende Januar 1851 begangenen Raub III. Grades zur Todesstrafe, die am 12. September 1854 vom bayerischen Monarchen in eine Kettenstrafe umgewandelt wurde.[66]

Lettl und Niedermaier hegten eine starke Abneigung gegen einen Mithäftling, die „so ziemlich allgemein bekannte Persönlichkeit des Räubers" Michael Heigl aus Beckendorf (Ortsteil von Bad Kötzting). Dieser kam am 22. September 1854 in die Strafanstalt, nachdem ein wegen zwei Verbrechen des Raubes IV. Grades über ihn verhängtes Todesurteil des Schwurgerichtshofes von Niederbayern auf dem Wege der Begnadigung in eine Kettenstrafe umgewandelt worden war.

Heigl, der ein sehr bewegtes Leben geführt hatte, zeichnete sich in der Strafanstalt durch gutes Betragen aus. Er gewann das Vertrauen der Gefängnisverwaltung, die ihm auf seine Bitte hin die in der Abteilung frei gewordene Aufpasserstelle zuteilte. Die Aufpasser waren als Stellvertreter der angestellten Aufseher angehalten, alles anzuzeigen, was nicht der Hausordnung entsprach. So war es beispielsweise nicht erlaubt, während der Arbeit zu reden oder sich umzuschauen. Durch ihre privilegierte Stellung machten sich die Aufpasser bei ihren Mitgefangenen, die ihnen unbedingten Gehorsam entgegenbringen mussten, allerdings nicht sehr beliebt.

Als Lettl und Niedermaier am Morgen des 5. Januar 1857 vor ihrer gemeinsamen Zelle („Keuche") standen und Heigl an ihnen vorbeiging, gab Niedermaier eine zu seiner Fesselung gehörende eiserne Kugel, die er mit Glasscherben von der Kette abgefeilt hatte, seinem Komplizen Lettl, der Heigl damit zu Boden streckte. Während Lettl ihm noch weitere Schläge mit der Kugel auf den Kopf versetzte, fielen auch Niedermaier und einige andere Sträflinge über Heigl her und prügelten auf ihn ein, wozu sie auch ihre Holzschuhe verwendeten. Der 38-Jährige starb noch am gleichen Tag.[67]

Niedermaier gab später zu der Tat an: „Ich habe [...] sechs Wochen unter der Aufsicht des Heigl gearbeitet und wurde 6 bis 8 mal aus Wohldienerei und Gehässigkeit angezeigt, und deßhalb mehrmals unschuldig bestraft, das letztemal mit Verweis und Entziehung des Schnupftabaks, was mir sehr schwer fiel und wehe that. Lettl klagte mir oft vor, und zwei Tage vor der That machten ich, Lettl, Maillinger und Diem aus, den Heigl bei der nächsten Gelegenheit durchhauen zu wollen und so zu schlagen, daß er in das Spital komme, denselben aber zu tödten, wurde nicht verabredet. Der erste Vorschlag ging von Lettl aus und dieser habe auch einen Stein gesucht, was wir andere jedoch nicht billigten, weil dieser leicht vor der Verübung der That entdeckt werden könnte. Diem gab hierauf den Rath, eine Kugel von der Kette abzulösen und ich ließ mich herbei, meine Kugel loszumachen."[68]

Das Münchner Schwurgericht verurteilte den 26-jährigen Lettl und den 34 Jahre alten Niedermaier am 14. Februar 1857 wegen Mordes zum Tode. Nachdem der oberste Gerichtshof und König Maximilian II. das Urteil bestätigt hatten, fand die Hinrichtung der beiden Verurteilten am 18. April 1857 in München statt. Lettl kam zuerst auf das Schafott, während Niedermaier in der Nähe der Salzstädel auf dem Wagen blieb, bis die Exekution Lettls vollzogen war.[69]

Die „Spreißl'sche Räuberbande" vor Gericht

In der Zeit vom September 1854 bis Mitte Mai 1855 wurden in den Landgerichtsbezirken Aibling, Tegernsee und Miesbach von einer Gruppe „verwegener Burschen" mehrere Diebstähle und Raubüberfälle verübt, bei denen sich die ledigen Dienstknechte Joseph Engelsberger und Balthasar Zachenbacher am meisten hervortaten.

Engelsberger – nach seinem außerehelichen Vater auch „Mayergünther" (oder „Spreißl") genannt – wurde 1828 in Hundham (Gemeindeteil von Fischbachau) geboren. Ebenso wie sein Altersgenosse Zachenbacher, geboren in Furth im damaligen Landgerichtsbezirk München rechts der Isar, kam er schon früh mit dem Gesetz in Konflikt. Engelsberger musste demzufolge eine längere Arbeitshausstrafe in Kaisheim verbüßen, Zachenbacher einen einjährigen Festungsarrest und eine Zwangsarbeitshausstrafe in Ebrach.

Am Ostermontag, dem 9. April 1855, drangen die beiden zusammen mit dem Dienstknecht Jakob Pöltl morgens während der Messe gewaltsam in das Haus der 82-jährigen Witwe Rosine Nutzinger in Weyarn (Kreis Miesbach) ein. Einer von ihnen fesselte die Witwe, die sich alleine zuhause befunden hatte, legte sie in einem Nebenzimmer auf ein Bett und warf Polster und schweres Bettzeug auf sie, „daß sie darunter wie begraben lag". Im oberen Stockwerk des Hauses brachen die Eindringlinge nun verschiedene Behälter auf und entwendeten Bargeld und andere Gegenstände. Als nach etwa einer Stunde der Sohn der Witwe zurückkehrte, war diese dem Ersticken nahe. Ihre Fesseln saßen so fest, dass die Hände und Füße sehr angeschwollen waren.

Die drei Täter waren so dreist, acht Tage später wieder in Weyarn zu erscheinen. Diesmal hatten sie es auf das Anwesen des Bauern Nikolaus Estner abgesehen. Sie trafen dessen ledige Schwester Anna Estner allein an, fesselten sie, verbanden ihr die Augen und brachten sie unsanft in den Keller, ehe sie das Haus ausraubten. Nach einer halben Stunde wurde Frau Estner, die von den Tätern kopfüber an die Kellerwand gelehnt worden war, aus ihrer misslichen Lage befreit.

Mit dem Tagelöhner Andreas Pongratz aus München und Konrad Wimmer aus Großhöhenrain machten Engelsberger und Zachenbacher einen Raub beim Bauern Obermüller in Sarreit (Waakirchen) aus. Am Nachmittag des 3. Mai 1855 überwältigten sie die 57-jährige Bäuerin Maria Obermüller und raubten etwa 100 Gulden und andere Gegenstände. Die Bäuerin starb zwei Tage später an den Folgen der ihr zugefügten Schläge.

In der Sitzung des Münchner Schwurgerichts vom 4. bis 15. März 1858, vor dem sich neun Mitglieder der „Spreißl'schen Räuberbande" zu verantworten hatten, wurden Pongratz, Wimmer, Pöltl, Engelsberger und Zachenbacher wegen dieser und weiterer Verbrechen zur Todesstrafe verurteilt. Die Verlesung der Anklageschrift hatte mehrere Stunden gedauert. König Maximilian II. begnadigte am 12. August 1858 Pongratz, Wimmer und

Pöltl zur Kettenstrafe. Engelsberger und Zachenbacher wurden am 19. August 1858 von Scharfrichter Lorenz Scheller (jun.) in München hingerichtet.[70]

Bluttat im Englischen Garten, 1858

Am Morgen des 2. Oktober 1858 fanden Arbeiter nahe bei Freimann (Münchner Stadtteil) im Schwabinger Bach, der den Englischen Garten durchfließt, eine weibliche Leiche. Die Hände waren auf dem Rücken gefesselt und der Kopf wies eine große Anzahl von Quetschungen auf. Bei der Leiche handelte es sich um die 23-jährige Agnes Schöppl, die bei ihrer Mutter in der Hirschau in München gewohnt und mit ihr als Wäscherin gearbeitet hatte.

In den Verdacht der Täterschaft geriet ihr Freund, der Sattlergeselle Franz Zann aus München, der am Abend des 28. September mit ihr bei einem Bierwirt in der Königinstraße gesehen worden war. Er wurde am Tag nach dem Auffinden der Leiche festgenommen und legte schon beim ersten Verhör ein umfassendes Geständnis ab.

Der 31-Jährige, der von 1849 bis 1855 Soldat im 1. Infanterieregiment war, erhielt zwar einen guten militärischen Abschied, galt aber schon zu jener Zeit als verschlossener Charakter. Seit September 1857 war er nicht mehr in seinem Beruf als Sattlergeselle tätig, sondern als Tagelöhner im Bauwesen. Nach Aussage der Mutter der Getöteten war er „ein roher Mensch, der namentlich im trunkenen Zustande sehr eifersüchtig gewesen sei, was zu vielen Streitigkeiten geführt habe." Vier Wochen vor dem Tod der Tochter habe er dieser einen Heiratsantrag gemacht, sie aber habe das Verhältnis abbrechen wollen, worüber er wütend geworden sei und sie auf Schritt und Tritt verfolgt habe.[71]

Wie aus seinem Prozess vor dem Münchner Schwurgericht am 28. März 1859 hervorging, war Zann am Abend der Tat – wie so oft – in finanzieller Verlegenheit gewesen und hatte die 23-Jährige in der Bierwirtschaft um Geld gebeten. Als sie ihm nur wenig gab, reifte in ihm „der schon seit längerer Zeit im Stillen gehegte Entschluß, die Agnes Schöppl umzubringen, um sich ihrer zu entledigen und sich ihres Geldes zu bemächtigen".[72] Er nahm vor dem Wirtshaus einen „platten Stein von der Größe zweier Mannsfäuste" an sich und versteckte ihn unter der Kleidung. Angeblich um einen Spaziergang machen zu wollen, führte er seine Freundin in den Englischen Garten. Hier, so der Angeklagte, „habe er seinen Arm um ihren Hals gelegt, sie nochmals um Geld angegangen, und als sie solches wiederholt verweigert, ihr endlich mit dem Steine mehrere feste Schläge auf den Kopf versetzt, welche sie ‚taumlich' machten".[73]

Dann nahm er den Geldbeutel der Bewusstlosen an sich, in dem nur wenig Barschaft war, fesselte sie mit ihrem Taschentuch und warf sie noch lebend „in den ziemlich tiefen und reissend fließenden Kanal", den Schwabinger Bach, in dem sie ertrank. Ein Gerichtsarzt gab sein Gutachten dahin ab, „daß ferner vorher eine kräftige, den Widerstand ausschließende Vergewaltigung stattgefunden haben müsse". Das Urteil des Gerichtshofes lautete auf Todesstrafe wegen doppelt qualifizierten Mordes.[74]

Nach Bestätigung des Urteils durch König Maximilian II. am 9. Juni 1859 nahm Scharfrichter Scheller am Morgen des 18. Juni die Vollstreckung des Todesurteils mit der Guillotine „unter den herkömmlichen sich leider nur zu oft wiederholenden und noch immer öffentlich vorkommenden Förmlichkeiten" in München vor. Der Leichnam des Hingerichteten wurde in die Anatomie gebracht.[75]

Letzte öffentliche Hinrichtung in München, 1861

Der 33-jährige Franz Klaushammer aus Loh (Ortsteil von Ramersberg südlich von Wasserburg) begab sich am Freitag, dem 24. Mai

1861, von Wildenholzen (Bruck), wo er zu jener Zeit als Knecht arbeitete, nach München, um eine Gelegenheit zu einem Raub abzupassen. Er schaute sich die von der Schranne (Getreidemarkt) kommenden Fuhrwerke an und traf auf den älteren Bauern Simon Auer aus Sankt Paul (Erding). Unter dem Vorwand, in Erding einen Ochsen holen zu müssen, schloss sich Klaushammer am nächsten Tag dem hilfsbereiten Bauern auf dessen Heimweg an.

Er setzte sich auf den hinteren Teil des Wagens, sodass ihm Auer, der die Pferde leitete, den Rücken zukehrte. Zwischen Pliening und Niederneuching, wo die Gegend einsamer wurde, warf Klaushammer dem Bauern eine Schlinge um den Hals und erdrosselte ihn. Hierauf durchsuchte er seine Taschen und raubte etwa elf Gulden.

Man leitete eine gerichtliche Untersuchung gegen ihn ein, worauf er am 13. September 1861 vom Münchner Schwurgericht wegen qualifizierten Mordes zur Todesstrafe verurteilt wurde. Am 4. Oktober 1861 unternahm er einen Fluchtversuch aus der Fronfeste, indem er auf einer von Handwerkern verwendeten Leiter über die Gefängnismauer kletterte, wurde aber schnell wieder gefasst.

Nach der Bestätigung des Urteils durch König Maximilian II. am 30. Oktober 1861 hatten sich am Tag der Hinrichtung, dem 9. November 1861, wieder viele Neugierige vor der Fronfeste, auf dem Weg zum Richtplatz (Marsfeld) und dort selbst eingefunden. Es war das letzte Mal, dass sich den Zuschauern dieses traurige Schauspiel bot, denn die Guillotinierung Klaushammers durch Scharfrichter Scheller war die letzte öffentliche Hinrichtung in München.[76]

Seit der im Jahr 1849 erfolgten Einführung der Schwurgerichte – ab diesem Zeitpunkt fanden die Exekutionen nicht mehr wie vorher am Sitz des Untersuchungsgerichts, sondern an dem des Schwurgerichtshofes statt – wurden bis dahin (einschließlich Klaushammer) 32 Personen öffentlich in München hingerichtet, darunter zwei Frauen (Maria Aschmaier, 1854, und Anna Maria Pickl, 1857). Seit 1815 waren es 37 Personen.[77]

Die Exekution Klaushammers war nicht nur die letzte öffentliche Hinrichtung in München, sondern auch über längere Zeit die letzte Exekution in München überhaupt, denn 14 Jahre lang kam dort die Guillotine nicht mehr zum Einsatz. Ein Grund dafür war, dass im neuen Strafgesetzbuch von 1862 die Todesstrafe für weitaus weniger Delikte verankert wurde, als dies im Feuerbach'schen Strafgesetzbuch von 1813 der Fall war. Aufgehoben wurde die Todesstrafe bei der Vergiftung von Brunnen, Weiden usw., bei Notzucht III. Grades, für bestimmte Raubfälle (Art. 233), für Anführer von Räuberbanden, für Brandstiftung (Art. 247), für das Sprengen von Pulverminen und für Meineid von Zeugen, die dadurch ein Todesurteil herbeiführten. Mit der Todesstrafe bedroht blieben in dem neuen Strafgesetzbuch Hoch- und Landesverrat, Majestätsbeleidigung in den schwersten Fällen und nicht politisch motivierte Delikte wie Mord (Art. 228), Raub mit erfolgtem Tode des Beraubten (Art. 302) sowie Missbrauch der Amtsgewalt zum Vollzug einer nicht rechtskräftigen Todesstrafe: „Die Reduzierung der Todesstrafe im Gesetz deuteten die Gegner der Todesstrafe als Beweis für die abnehmende Bedeutung der Todesstrafe im Rahmen bayerischer Kriminalpolitik."[78]

Nach dem längeren Hinrichtungsmoratorium war es der 28-jährige Steinbrecher Michele Battistella aus der italienischen Provinz Udine, der am 20. Dezember 1875 in München nach Inanspruchnahme der dreitägigen Gnadenfrist hingerichtet wurde. Die Exekution nahm Scharfrichter Scheller auf dem rückwärtigen Hof der Angerfronfeste vor, die durch eine Abteilung Kürassiere und Infanterie abgesperrt war.

Schlag acht Uhr morgens traten der Exekutionskommissar, der Erste Staatsanwalt und ein Gerichtspraktikant in die Zelle Battistellas und verkündeten ihm, dass er den letzten Gang anzutreten habe. Hierauf wurde er gefesselt und von sechs Gendarmen auf den mittleren Hof geführt, wo sich die nochmalige

Verlesung des Urteils und die Stabbrechung anschlossen. Außer der Gerichtskommission, Ärzten, Geistlichen und Vertretern der Presse waren nur einige zugelassene Zuschauer und 24 vom Bürgermeister ausgewählte Urkundspersonen anwesend.

Nun wurde Battistella Scharfrichter Scheller und seinen beiden Gehilfen übergeben und von diesem leise ermahnt, „sich auf dem Brette ruhig zu halten und ja den Hals nicht einzuziehen". Erst als ihm die Augen verbunden worden waren, öffnete sich ein Vorhang, der die Guillotine verhüllt hatte. Das Armesünderglöckchen ertönte vom Turm der Fronfeste herab. Nach wenigen Schritten über einen Gang wurde Battistella auf dem Fallschwertbrett angeschnallt und unter das Messer geschoben, „welches auch augenblicklich mit dumpfem Schlage fiel."[79]

Zwei auf dem Schafott kniende Geistliche beteten laut ein Vaterunser, in das die Anwesenden einstimmten. Der Rumpf lag regungslos auf der Bank und „das ausströmende Blut verlor sich in der reichlich aufgestreuten Sägkleie. Zwei Sesselträger hoben den Stumpf von der Bank in den Sarg, worauf der Scharfrichter dem in einen Lederkorb gefallenen Kopf des Battistella die Augenbinde abnahm und der Knecht das mit Blut überströmte Haupt, welches scharf unter dem Kinn abgeschnitten war, an den Haaren faßte und im Kreise herumzeigte. Die Augen waren geschlossen, der Mund weit geöffnet. Nachdem der Kopf zu dem Rumpfe gelegt war, wurde der Sarg geschlossen und letzterer in einen bereitstehenden Wagen verbracht, der den Leichnam in raschem Laufe nach der Anatomie überführte."[80]

In einer Münchner Zeitung beklagte man, dass es nach so langer Zeit wieder zu einer Hinrichtung in der Stadt gekommen war: „Unsere im Stillen gehegte Hoffnung, daß noch in letzter Stunde die königl. Gnade das blutige Schauspiel von München abwenden werde, hat sich demnach als eitel erwiesen. Nachdem die bayerische Kammer der Abgeordneten sich einst, nach der berühmt gewordenen Rede des Abg. Behringer [Abgeordneter Wilhelm von Behringer, 1820–1902] beinahe einstimmig und in feierlichster Weise gegen die Todesstrafe ausgesprochen hat, hielten wir es für geradezu unmöglich, daß ein freisinniger Justizminister, den noch dazu das Vertrauen liberaler Wähler in die Kammer der Abgeordneten entsendet hat, es unterlassen werde, seinen ganzen Einfluß geltend zu machen, um einen Akt zu verhindern, den die Humanität eines ganzen Jahrhunderts mißbilligt. Es dürfte demgemäß an der Zeit sein, die Frage der Abschaffung der Todesstrafe, die bekanntlich eine (lediglich aus Zweckmäßigkeitsgründen vertagte) Forderung des Programms der liberalen Partei in Bayern ist, wieder auf die Tagesordnung zu setzen."[81]

Die „Augsburger Abendzeitung" lieferte folgende mögliche Begründung für die Nicht-Begnadigung: „Hoffentlich hat diese Hinrichtung den praktischen Erfolg, daß sich jene Wenigen unter den Tausenden von Italienern, welche alljährlich nach Oberbayern kommen und da als Ziegelarbeiter arbeiten und Anlagen von dem Schlage Battistellas und seines Genossen Manzocco haben, ein Beispiel daran nehmen, was sie schließlich erwartet, und aus diesem Grunde mag schließlich auch die Begnadigung allerhöchsten Orts verweigert worden sein."[82]

Die Hinrichtung Battistellas ging auf ein Verbrechen zurück, das er in der Nacht vom 20. auf den 21. Dezember 1874 zusammen mit seinem Landsmann Johann Manzocco, 24 Jahre alt, verübt hatte. Battistella hatte eine Zeit lang bei den betagten Bauersleuten Anna und Josef Humpl in Unterleiten (Ortsteil von Dietramszell nördlich von Bad Tölz) als Knecht gearbeitet. In der Hoffnung, dort reiche Beute machen zu können, begab er sich in jener Nacht mit seinem Komplizen zum etwas abgelegenen Haus der Eheleute. Während Battistella den Bauern im Stall durch mehrere Messerstiche ermordete, überwältigte Manzocco im Haus Frau Humpl durch Schnitte, Stiche, Schläge und Tritte. Die in ihrem Blut liegende Bäuerin war aber nicht tot und hörte, wie die Täter im oberen Stockwerk alles durchsuchten. Sie fanden aber nur einige Schmucksachen – eine Summe von 62 Gulden, „in Lumpen verborgen, entging ihren gierigen Blicken".

Wieder in der Wohnstube angelangt, versetzte Battistella mit dem Rufe: „Das Luder lebt ja noch!" der Frau nochmals vier Stiche und einen Fußtritt. Sie blieb drei Tage in ihrer verzweifelten Situation im Haus liegen, ehe sie am vierten Tag vor die Türe kriechen und um Hilfe rufen konnte. Die Bäuerin, die 43 Stiche aufwies und an den Händen gelähmt blieb, gab Battistella als Täter an, der zudem sein Messer am Tatort zurückgelassen hatte.

Das Münchner Schwurgericht verurteilte ihn am 7. Oktober 1875 wegen Raubmordes und Manzocco wegen Raubmordversuches zum Tode.[83] Während der oberste Gerichtshof das über Battistella verhängte Urteil bestätigte, gab er der von Manzocco eingelegten Nichtigkeitsbeschwerde statt und verwies die Sache zur nochmaligen Verhandlung an das Münchner Schwurgericht zurück. Dieses verurteilte Manzocco Mitte Dezember 1875 zu lebenslänglicher Zuchthausstrafe.[84]

„Das Schaffot habe ich jetzt erreicht"

Am 9. Oktober 1876 wurden der 26-jährige Metzgergeselle Valentin Gläsgen aus Friedenheim (München) und der gleichaltrige Tagelöhner Johann Ruf aus München in der Fronfeste durch Scharfrichter Scheller guillotiniert. Während des Abtransports der Leiche des zuerst hingerichteten Gläsgen in die Anatomie wurde „der blutige Apparat [die Guillotine] mit Sägespänen bestreut und ein neues Beil eingezogen, da das gebrauchte etwas stumpf geworden war".[85]

Nachdem der Wagen wieder von der Anatomie zurückgekehrt war, ertönte das Armesünderglöckchen aufs Neue und kündigte das Ende des zweiten Verurteilten Johann Ruf an, der sich aber heftig wehrte, wie eine Münchner Zeitung berichtete: „Die Furcht vor dem Tode hatte ihm fast vollständig die Sinne verwirrt, so daß er bei der letzten Verkündigung des Urtheils wie wahnsinnig um sich blickte. Willig ließ er sich zur Bank führen,

Der hingerichtete Raubmörder Gläsgen.

mit emporgehobenem Haupte die Sterbegebete laut betend; als ihn jedoch der Scharfrichter an die Bank selbst schnallen wollte, spreizte er sich mit den Armen, so daß es der ganzen Kraft der Gehilfen bedurfte, um die Riemen fest anzuziehen. Als die Bank umgelegt war, weigerte sich Ruf mit aller Gewalt, seinen Kopf in den eisernen Ring zu legen, und hatten sowohl der Scharfrichter als die Gehilfen große Mühe, den Körper in die richtige Lage zu bringen. Der Widerstand des Delinquenten war in wenigen Sekunden durch das Beil gebrochen. Um 1/2 8 Uhr war das schauerliche Drama beendigt. Möge es das letzte dieser Art für Bayern sein."[86]

Gläsgen war am 7. Juli 1876 vom Münchner Schwurgericht wegen Raubmordes zum Tode verurteilt worden, nachdem er am 28. Dezember 1875 morgens gegen 5 Uhr auf der Forstenriederstraße nahe bei Sendling den Bauernsohn Lorenz Kaspar aus Hausen erschlagen und ausgeraubt hatte. Obwohl die Straße schon um die frühe Morgenstunde stark befahren war, hatte niemand die Tat bemerkt. Kaspar, der gegen 2 Uhr nachts vom Gehöft seines Vaters mit einem mit Holz beladenen Fuhrwerk in Richtung München aufgebrochen war, wurde mit einem Scheit seines eigenen Holzes niedergeschlagen. Gläsgen nahm nicht nur die aus etwa 17 Gulden bestehende Barschaft, eine silberne Uhr und andere Gegenstände seines Opfers an sich, sondern auch das Fuhrwerk. Er wurde später beim Verkauf eines der beiden Pferde verhaftet.[87]

Der Hinrichtung Rufs lag eine längere Vorgeschichte zugrunde. Als er 1869 im Bezirksgerichtsgefängnis Nürnberg eine wegen Diebstahls verhängte fünfmonatige Haftstrafe verbüßte, sei er dort, wie er angab, „so gemartert worden, daß er verzweifelt sei und den Entschluß gefaßt habe, sobald er frei werde, gleich Jemanden zu erschlagen".[88]

Noch am Tag seiner Entlassung, am 29. Oktober 1869, fuhr er mit dem Zug nach München. Im Bahnhof nahm er ein Stück Kalk mit, das er zerstieß und mit weißem Pfeffer vermischte. Dann erwarb er einen Maurerhammer und ließ einen Stiel anbringen. Am nächsten Tag begab er sich zu der Witwe Anna Maria Nauterer in der Pfluggasse 1, von der er gehört hatte, dass sie Geld habe. Er bot der 72-Jährigen, die noch als „Versetzerin" (Pfandleiherin) tätig war, ein Kleidungsstück zum Kauf an, um in ihre Wohnung zu gelangen. Bei nächster Gelegenheit warf er ihr das Kalk- und Pfeffergemisch in die Augen und versetzte ihr mehrere Schläge mit dem Hammer. Sie starb einige Tage später.

Die Beute, die weit geringer ausfiel als erwartet, benutzte er zum Kauf einer neuen Montur und zum Besuch einiger Wirtschaften, ehe er am nächsten Tag durch zwei Detektivbeamte verhaftet wurde. Er hatte den Hammer am Tatort zurückgelassen und wurde von dem Schäffler (Küfer) wiedererkannt, der ihm den Stiel angebracht hatte.

Am 22. April 1870 verurteilte das Münchner Schwurgericht den damals 19-Jährigen wegen Raubmordes zu lebenslänglicher

Zuchthausstrafe, da aufgrund seines Alters die Todesstrafe nicht zulässig war. Er hatte vielleicht deshalb ein auf Raubmord hinauslaufendes Geständnis abgelegt, um, wie die Presse mutmaßte, „statt zu lebenslänglicher Zuchthausstrafe, die bei seiner Jugend vielleicht 40 bis 50 Jahre und vielleicht noch länger dauern könne, lieber zum Tode verurtheilt zu werden". Als ihn der Gerichtspräsident am Schluss des Beweisverfahrens fragte, ob er noch etwas beizufügen habe, antwortete Ruf, „daß wenn er nicht zum Tode verurtheilt würde, er standhaft darauf bedacht sein werde, sich selbst das Leben zu nehmen".[89]

Der Verurteilte entwickelte sich im Laufe der Jahre im Münchner Gefängnis alles andere als vorbildlich: „Er war in der ganzen Anstalt der Unbändigste und konnte nur durch die strengsten Ordnungsstrafen zur Noth im Zaume gehalten werden."[90]

Als der Aufseher Ludwig Waller am Morgen des 4. Februar 1876 das Essgeschirr aus Rufs Zelle holte, nutzte dieser eine Gelegenheit, um den Aufseher zu überwältigen. Mit einer massiven Schere schlug und stach er auf ihn ein. Als andere Aufseher herbeieilten, äußerte Ruf: „Tut mir nichts, ich thue auch nichts mehr, mein Ziel, das Schaffot habe ich jetzt erreicht!" Nachdem der Aufseher am 10. Februar 1876 seinen Verletzungen erlegen war, wurde Ruf am 10. Juli 1876 vom Schwurgericht zum Tode verurteilt.[91]

Tod der „Steffelbäuerin", Wartenberg 1881

Vor dem Münchner Schwurgericht stand am 10. Dezember 1881 der 25-jährige Dienstknecht Castulus Rami aus Burghausen (Ortsteil von Kirchdorf an der Amper, bei Freising). Er war geständig, am Morgen des 17. Oktober 1881 in Hinterauerbach (Wartenberg, südlich von Moosburg) die 41 Jahre alte Steffelbäuerin (Bäuerin vom Steffelhof) Anna Huber erstochen zu haben, während die anderen Hofbewohner in der Kirche waren. Sie wurde mit Wunden am Hals, am Kiefer, an den Schläfen, an der

Porträt von Castulus Rami.

Brust und am Unterleib aufgefunden. Rami hatte während der Erntezeit einige Tage bei ihrem Mann gearbeitet. Seine Beute bestand aus rund 70 Mark, Schmuck und anderen Gegenständen. Nach der Tat zechte er im „Urbanbräu" in Freising „und that sich bei einem Gansviertel gütlich". Das Urteil des Gerichtshofes lautete auf Todesstrafe wegen Raubmordes.[92]

Im großen Verhörsaal der Angerfronfeste wurde Rami am 27. Februar 1882 verkündet, dass König Ludwig II. eine Woche zuvor das Todesurteil bestätigt hatte. Nach Gewährung der Gnadenfrist fand die Hinrichtung am Morgen des 1. März 1882 „bei beschränkter Oeffentlichkeit" statt. Als Scharfrichter fungierte zum ersten Mal der an die Stelle Schellers getretene Joseph Kißlinger, früherer Scharfrichtergehilfe in Würzburg.[93]

Um 7 Uhr wurde der Verurteilte aus seiner Zelle auf den inneren Hof geführt, wo er an der Ecke eines weißgedeckten Tisches sitzend nochmals das Todesurteil vernahm. Hierauf wurde er den beiden Nachrichtergehilfen übergeben, von denen ihm einer das hintere Haupthaar abschnitt, während ihm der andere das „Armensündergewand", eine aus grauer Wachsleinwand gefertigte Kutte, anlegte. Nachdem ihm die Augen verbunden worden waren, schritt er von zwei Geistlichen und Gefängniswärtern begleitet unter dem Geläute des Sterbeglöckchens durch einen kurzen Gang auf den äußeren Hof, wo in einem mit dunklen Tüchern umhangenen Raum die Guillotine aufgerichtet war. Der Hinrichtung wohnten etwa 30 Personen bei (zwölf Urkundspersonen), während sich vor der Fronfeste viele Neugierige versammelt hatten.[94]

Die Leiche wurde in die Anatomie gebracht, wo man eine Reihe von Versuchen anstellte: „Vorerst wurde das Hirn elektrisirt, bei welchem Experiment das bleiche Gesicht des Justifizirten schauerliche Grimassen schnitt."[95]

Raubmord am Bürgermeister von Brunnthal, 1882

Der Bürgermeister und Bauer Anton Gilgenrainer aus Brunnthal fuhr am 20. April 1882 nachts um 2 Uhr mit einer Ladung Fichtenholz von Brunnthal in Richtung München los. Er hatte 170 Mark Distriktsumlagen bei sich, die er an das Rentamt abliefern wollte. Gegen 5 Uhr wurde sein Fuhrwerk blutbespritzt und ohne Lenker angetroffen. Bei der eingeleiteten Suche fand man im Perlacher Forst, eine Stunde von Perlach entfernt, nahe der von München nach Rosenheim führenden Staatsstraße, unter einer Tanne den grässlich entstellten Leichnam des Bürgermeisters. Durch wuchtige Hiebe mit einem scharfen Instrument war der

Kopf völlig zerschmettert. Bei dem Getöteten fanden sich nur noch wenige Pfennige vor, sodass offenbar ein Raubmord vorlag. Der Täter hatte, wie die Untersuchung ergab, sein Opfer gegen 3 Uhr auf dem Wagen überfallen, verwundet und dann an den Beinen in den Wald geschleppt. Das Instrument, mit dem der Mord verübt worden war, eine scharfe Pflugsäge, wurde im Perlacher Forst gefunden – es klebten noch Haare des Getöteten daran.

Der Verdacht der Täterschaft richtete sich gegen den Dienstknecht und Bauernsohn Johann Adam Reißmann, gebürtig aus Rimpar bei Würzburg und wohnhaft in Feldkirchen. Es war aufgefallen, dass er plötzlich große Ausgaben machte, obwohl er vorher kaum Geld besessen hatte. Er hatte in der Gegend von Brunnthal gearbeitet und kannte den Bürgermeister und sein Fuhrwerk. Am Tag der Tat war kurz vor Gilgenrainer ein Dienstknecht in den Perlacher Forst gefahren, dem ein junger Mann aufgefallen war, der Reißmann sehr ähnlich sah. Sehr belastend für ihn waren auch an seiner Kleidung festgestellte Spuren von Blut und Gehirn, die er „kurzweg als Bratensauce und Bierflecken“ abtat. Ein bei ihm gefundener Beutel wurde als Eigentum des getöteten Bürgermeisters identifiziert.

Wie sich in seinem Prozess vor dem Münchner Schwurgericht bestätigte, hatte Reißmann seine Tat in allen Einzelheiten einem Zellengenossen erzählt. Der Gerichtshof verurteilte den 21-Jährigen am 24. Oktober 1882 nach zweitägiger Sitzung wegen Raubmordes zum Tode.[96] Das Justizministerium sah sich nicht veranlasst, ein Gnadengesuch Reißmanns „dem Könige befürwortend vorzulegen“. Der Verurteilte benahm sich in jenen Tagen im November 1882 „äußerst frech“. So rief er aus seinem Zellenfenster herunter: „Nur hereinspaziert! Jetzt ist die Fütterung von Raubmördern!“[97]

Als ihm die durch den König erfolgte Bestätigung des Urteils verkündet wurde, war er anfangs resigniert, wünschte dann aber einen längeren Aufschub der Hinrichtung als den gesetzlich gewährten (24 Stunden), was ihm aber verwehrt wurde. Er

Die Enthauptung Reißmanns in der Fronfeste, 1883.

äußerte, er habe sich ein solches Ende selbst vorhersagen können, „denn seine Sache war zu schlimm und auch zu weit gerathen". Immerhin ließ er es sich in seinen beiden letzten Tagen in der „Armesünderzelle" gut schmecken. Der von ihm vorgelegte Speisezettel lautete: „In der Frühe: Kaffee, um 9 Uhr Vormittags: Geselchtes mit Kraut; Mittags: Schweinebraten, Kartoffelsalat und eine Flasche Wein; Nachmittags: Geselchtes mit Kraut und 1 Maß Bier, Abends: Schweinebraten und 1 Maß Bier, außerdem 12 Cigarren und eine Portion ‚Schmalzler'" (Schnupftabak).[98]

Nachdem er am Tag der Hinrichtung, dem 4. Januar 1883, morgens um 3 Uhr von einem ihn betreuenden Geistlichen geweckt worden war, wünschte er sich eine Flasche Wein, trank sie aus und sagte: „So, nun sollt ihr sehen, wie stramm der Reißmann zum Schaffot geht!“[99] Die Guillotinierung nahm Scharfrichter Kißlinger auf „dem hintersten, mit schwarzem Tuch verkleideten Höfchen der Angerfrohnfeste“ vor.[100]

Gewalttat in Hohenofen (Rosenheim), 1883

In der Nacht vom 17. auf den 18. Januar 1883 brannte es auf dem etwas abseits gelegenen Anwesen der Wirtschaft Schmidt in Hohenofen (Ortsteil von Rosenheim). Als Nachbarn herbeieilten, um Hilfe zu leisten, bot sich ihnen ein entsetzlicher Anblick dar. Im Gastzimmer lag der Wirt Johann Schmidt in einer Blutlache tot am Boden. Zwei offensichtlich mit sehr sicherer

Die beiden Verurteilten in einer Darstellung der „Neuen freien Volks-Zeitung“.

Hand geführte Kreuzhiebe mit einer Axt hatten den Hinterkopf zertrümmert, sodass Gehirnteile mit Blut vermengt im Zimmer verstreut herumlagen. Ein Zeuge verglich die Szenerie mit dem Aussehen eines Schlachthauses. Im oberen Stockwerk waren mehrere Schränke und Kästen aufgebrochen und 50 bis 60 Mark, vier Wachsstöcke und eine Taschenuhr geraubt worden. Eine unscheinbare Truhe, die viel Geld enthielt, war unbeachtet geblieben. Das von den Tätern gelegte Feuer zerstörte einige Bereiche des Anwesens, der Großteil konnte aber gerettet werden. Als man sich wenig später auf die Suche nach der vermissten Wirtin Maria Schmidt machte, entdeckte man etwa 40 Schritt vom Wirtshaus entfernt ihre Leiche in der Nähe eines Nachbarhauses. Sie war ebenfalls durch Axthiebe erschlagen und zudem durch Messerstiche verwundet worden.

Noch in der Nacht verfolgte der Kolbermoorer Gendarmeriekommandant mit einigen Begleitern eine Fußspur, die im Schnee von der Leiche der Frau weg zur Straße und weiter zur Bernrieder'schen Ziegelei in Kolbermoor führte. Dort war sie zur Schlafkammer eines in der Ziegelei beschäftigten Arbeiters nachzuverfolgen. Es handelte sich um den aus Haidhausen stammenden ledigen Fuhrknecht und Weber Wilhelm Strohhofer, der aus dem Bett geholt wurde. Bei einer sofort vorgenommenen Durchsuchung des Zimmers fanden sich frische Blutspuren an seinen Stiefeln und einige der geraubten Gegenstände.

Nicht nur er wurde unverzüglich verhaftet, sondern auch sein „steter Gefährte" Jakob Faßl, Hauszimmermann der Bernrieder'schen Ziegelei. Er war fünffacher Vater und lebte mit seiner Familie in einem eigenen Haus in Kolbermoor. Er und Strohhofer waren „notorische Stammgäste" bei den Wirtsleuten Schmidt gewesen. Die Schuhe, die Faßl in jener Nacht getragen hatte, passten genau zu einem Abdruck am Tatort. Dort wurde auch seine Axt sichergestellt, die er stets bei sich trug. Das Verbrechen war eine Zeit lang unter der Bezeichnung „Der Mord in Hohenofen" das Tagesgespräch in ganz Oberbayern.

Nach erfolgter Voruntersuchung erregte auch der Prozess vor dem Münchner Schwurgericht am 12. und 13. Juni 1883 großes Aufsehen. Auf dem Gerichtstisch befanden sich zwei Zigarrenkistchen mit den Überresten der Hirnschädel der Ermordeten: „Der Schädel der Frau war in 27 Stücke zerschlagen und wurde mit Tischlerleim zusammengestellt. Der Schädel des Mannes, in 15 Stücke zerschlagen, ließ sich nicht mehr leimen."[101]

In seiner Vernehmung durch den Gerichtspräsidenten versuchte der 28-jährige Strohhofer, die Tat seinem vier Jahre älteren Mitangeklagten anzulasten. Dieser allein habe die Wirtsleute erschlagen sowie das Haus ausgeraubt und angezündet. Faßl hingegen behauptete, gar nicht in Hohenofen gewesen zu sein. Die Gestalt der Kopfwunden des Wirtes ließ die Ärzte darauf schließen, „daß hier die Hand eines Zimmermanns in Thätigkeit war". Die Anklage nahm an, dass Faßl den Wirt erschlagen und Strohhofer gleichzeitig die Wirtin niedergestochen habe. Als sie aus ihrer Ohnmacht erwacht und aus dem Haus geflüchtet sei, habe Strohhofer sie eingeholt und – eventuell zusammen mit Faßl – mittels einer zweiten Axt erschlagen. Nach der Anhörung von 29 Zeugen und vier Sachverständigen sahen die Geschworenen die beiden Angeklagten des Mordes, Raubes und der Brandstiftung für schuldig an, worauf der Gerichtshof sie zum Tode und 15 Jahren Zuchthaus verurteilte (die Haftstrafe entfiel durch die Vollstreckung des Todesurteils).[102]

Nachdem eine Begnadigung durch König Ludwig II. ausgeblieben war, nahm Scharfrichter Kißlinger am Morgen des 26. September 1883 die Guillotinierung der beiden Verurteilten an gewohnter Stelle in der Angerfronfeste vor. Diese war eine Stunde vor der Hinrichtung von Gendarmerie umstellt worden. Schon um 5 Uhr hatten sich Hunderte von Menschen in den benachbarten Straßen eingefunden. Eine Stunde später war die Menge bereits auf 2.000 bis 3.000 Köpfe angewachsen. Auch an der Anatomie, wohin die beiden Leichen gefahren wurden, hatte sich eine große Menschenmenge angesammelt.[103]

Der Mittenwalder „Hebammentoni"

Vor dem Schwurgerichtshof am Landgericht München I stand am 5. Februar 1885 der am 30. April 1864 in Mittenwald geborene, ledige Geigenbauer Anton Hornsteiner, der in Mittenwald auch unter dem Namen „Hebammentoni" (seine Mutter war Hebamme) bekannt war. Er war „ein arbeitsscheuer, allgemein gefürchteter Mensch, der stets mit einem haarscharfen Messer bewaffnet war". Die Verhandlung enthüllte, so war in der Presse zu lesen, „ein anwiderndes Bild von Rohheit und Verkommenheit".[104]

Hornsteiner hatte seiner Geliebten, einer Wirtstochter, versprochen, sie an einem Sonntag im September 1884 zum Tanz zu führen. Er hatte dazu aber keine Mittel, und alle Bemühungen, sich Geld zu leihen, blieben vergeblich. So versuchte er es – wie so oft – mit Wildern. Er schoss auf ein Tier, traf aber nicht richtig, sodass es entkam. Hierauf beschloss er, sich auf andere Art zu bereichern.

Am Nachmittag des 20. September 1884 gegen 17 Uhr legte er sich auf der Poststraße zwischen Partenkirchen und Mittenwald auf die Lauer. Bald kam der ihm gut bekannte Christoph Wörnle aus Mittenwald, ebenfalls ein Geigenbauer, vorbei. Hornsteiner grüßte ihn freundlich und schloss sich ihm an. Als er erfuhr, dass sein Begleiter den Erlös aus dem Verkauf einer Kuh bei sich führte, stieß er ihm unversehens ein Messer in den Unterleib. Der Angegriffene setzte sich zur Wehr und fiel mit Hornsteiner zu Boden. Dieser zerfetzte nun förmlich sein Opfer mit einer Vielzahl von Messerstichen an Kopf, Unterleib, Armen und Rücken, sodass Wörnle sofort starb. Der Täter nahm ihm den Geldbeutel ab, der 183 Mark und den Ehering des Ermordeten enthielt. Dann zog er den Leichnam in den Straßengraben. Der Ermordete, der „einzige Ernährer seiner Familie", hinterließ eine schwangere Frau nebst drei kleinen Kindern.

Der auf dem Brett der Guillotine angeschnallte Hornsteiner.

Am nächsten Tag vergnügte sich Hornsteiner auf dem Jahrmarkt in Mittenwald. Dort kaufte er seiner Geliebten ein Kopftuch und gab ziemlich viel Geld aus, obwohl jeder wusste, dass er wenig verdiente. Ein Postkondukteur, der auf dem Bock des Pferdeomnibusses von Partenkirchen nach Mittenwald saß und die Poststraße passierte, bemerkte den Leichnam im Straßengraben und erstattete Anzeige. Schon anderntags wurde Hornsteiner verhaftet und mit der Leiche konfrontiert. Er leugnete, schrie und weinte, kniete neben der Leiche nieder und rief: „Christoph stehe auf und gieb Zeugschaft, daß ich unschuldig bin, Du mußt es thun und mich vom Verdacht reinigen."[105]

Hornsteiner wollte gar nicht am Ort des Verbrechens gewesen sein, ein Zeuge hatte ihn aber dort gesehen. Nun legte er ein unumwundenes Geständnis ab und gab den Ort an, wo er das gestohlene Geld und das Messer versteckt hatte. Von den 183 Mark hatte er 23 Mark ausgegeben.[106]

Da er in der Schwurgerichtsverhandlung sein Geständnis wiederholte, ließ er seinem Verteidiger nicht viel Spielraum. Die Geschworenen bejahten die Schuldfrage ohne mildernde Umstände, worauf der Gerichtshof die Todesstrafe über den Angeklagten aussprach.

Der Raubmord verursachte in der Mittenwalder Gegend ein ungeheures Aufsehen, zumal „in den letzten 100 Jahren keine ähnliche That vorgekommen war". König Ludwig II., „der ja bekanntlich mit Vorliebe die schönen Berge von Mittenwald, Garmisch und Partenkirchen besucht, ließ sich wiederholt Bericht über das Vorkommniß erstatten" und entschied sich am 10. April 1885, von einer Begnadigung Hornsteiners Abstand zu nehmen.[107]

Am 13. April 1885 erschien der Erste Staatsanwalt mit einem Landgerichtssekretär und einem Gerichtsarzt in der im zweiten Stockwerk der Fronfeste befindlichen Delinquentenzelle, um Hornsteiner anzukündigen, dass das schwurgerichtliche Urteil an ihm zu vollstrecken sei. Der Verurteilte erbat sich die 24-stündige Gnadenfrist. Der Münchner Bevölkerung teilte man durch Anschläge am Landgerichtsgebäude in der Augustinerstraße den Termin der Hinrichtung mit, die am 15. April gegen 7 Uhr durch Scharfrichter Kißlinger vollzogen wurde.[108]

Der Champagner floss in Strömen

Seit geraumer Zeit trugen sich der Küfer Friedrich Fischer aus Nürtingen (Baden-Württemberg) und der Schuhflicker Max Stich aus Milbertshofen mit dem Gedanken, den wohlhabenden

Privatier Michael Bader aus Bogenhausen (Stadtbezirk von München, damals noch ein Nachbarort Münchens) umzubringen und zu berauben. Die Initiative dazu ging von dem Tagelöhner Johann Bauer aus Antelsdorf aus, den Stich und Fischer im Zuchthaus in Ebrach kennengelernt hatten. Bauer, seiner Blattern-Narben wegen „der getüpfelte Hans" genannt, kannte die Lebensumstände Baders, da er 1880 bei ihm als Heumäher und 1881 in einer nahe gelegenen Ziegelei als Tagelöhner beschäftigt war. Er wusste, dass der betagte Privatier, der allein am äußersten Ende von Bogenhausen wohnte und ein Vermögen von nahezu 300.000 Mark besaß, seine Wertgegenstände in einem eisernen Kassenschrank verwahrte. Bauer selbst wollte die Tat nicht ausführen, da er „als sicherheitsgefährlich zu bekannt" war und wahrscheinlich sofort den Verdacht der Behörden auf sich gelenkt hätte. In den Mordplan eingeweiht waren auch der Tagelöhner Johann Hirn aus Diebersried und der Tischlergeselle August König aus München, mit denen schon einige gemeinsame Raubzüge unternommen worden waren.

Als Bader am Abend des 1. Dezember 1885 von einem Bogenhausener Gasthaus heimkehrte, wurde er von Fischer und Stich vor dem Haus niedergeschlagen. Stich kniete sich auf ihn, stopfte ihm ein Taschentuch in den Mund und versetzte ihm mehrere Hammerschläge auf den Kopf. Als er noch Lebenszeichen von sich gab, schnitt ihm Stich mit dem Messer seines Opfers die Kehle durch. Im Haus durchsuchten sie alles, öffneten mit Bader abgenommenen Schlüsseln den Kassenschrank und raubten ihn aus. Einen Teil des Diebesgutes versteckte Stich in einem Stall, um es seinem Komplizen vorzuenthalten und später abzuholen. Dann begaben sie sich in Stichs Wohnung in der unteren Gartenstraße und teilten die Beute unter sich auf.[109] In der Berichterstattung über das Verbrechen gab man den Ratschlag, größere Geldsummen und Wertpapiere nicht im Haus aufzubewahren, sondern eine Bank damit zu betrauen. Auf die Ermittlung der Täter wurde eine Belohnung von 1.000 Mark ausgesetzt.[110]

Bei einem Freund deponierte Stich einen Koffer, der später gefunden wurde. Er beinhaltete außer „Couponsbogen die Uhr und ein Fernrohr des Ermordeten, ein Taschentuch, 9.100 Mark in Banknoten, 1.200 Mark in Gold, fällige Coupons ab 1. Januar 1886 zu 140 Mark und Obligationen im Werthe von 110.000 Mark, sowie eine große Anzahl alter Münzen". Insgesamt betrug die Beute etwa 150.000 Mark.[111]

Als Fischer am Tag nach der Tat bei dem als Hehler fungierenden König in Schwabing war, nutzte dieser eine Gelegenheit, um dem 26-jährigen Fischer, dem „Dümmsten und Jüngsten", einen Teil der Beute zu stehlen. Fischer bemerkte dies, worauf König erklärte, „er wolle das Geld blos verwahren, damit man an Niemandem einen verdächtigen Besitz bemerken möchte". König, der auf diese Weise 10.000 Mark an sich brachte, benutzte das Geld, um seine Wohnung elegant einzurichten und seine Geliebte, die Prostituierte Maria Streicher, neu auszustaffieren. Als diese später in die polizeilichen Ermittlungen miteinbezogen wurde, ertränkte sie sich in der Isar.

Fischer reiste nach Stuttgart ab. Mit „lüderlichen Dirnen" feierte er dort Orgien, und der Champagner floss in Strömen. Einer

Die zum Tode verurteilten Stich (links) und Fischer.

Prostituierten machte er Andeutungen über das in München verübte Verbrechen. Sein aufwendiger Lebensstil führte dazu, dass die Polizei auf ihn aufmerksam wurde und ihn und seine Komplizen verhaftete.

Das Münchner Schwurgericht verurteilte Fischer und Stich am 29. Mai 1886 nach Anhörung von 23 Zeugen zur Todesstrafe. Bauer erhielt neun Jahre, König viereinhalb und Hirn fünfeinhalb Jahre Zuchthaus. König starb nicht viel später im Zuchthaus Kaisheim.[112] Nachdem Prinzregent Luitpold am 28. Juli 1886 die Todesurteile bestätigt hatte, nahm Scharfrichter Kißlinger die Doppelhinrichtung mit der Guillotine am 4. August 1886 in der Angerfronfeste vor. Fischer und Stich hatten von der Gnadenfrist keinen Gebrauch gemacht.[113]

Ermordung eines Gendarmen in München, 1886

In der Nacht vom 1. auf den 2. Oktober 1886 gegen 2 Uhr wurde der patrouillierende Münchner Gendarm Mathias Behringer in der Kaufingerstraße auf einen Verdächtigen aufmerksam gemacht, der es offenbar auf einen Einbruch in einem der dortigen Kaufläden abgesehen hatte. Als der Gendarm ihn kontrollierte und abführen wollte, zog der Mann plötzlich einen amerikanischen Revolver und gab aus unmittelbarer Nähe zwei Schüsse auf die rechte Gesichtshälfte des Gendarmen ab, der bewusstlos zusammenbrach und nach neun Stunden im Garnisonslazarett starb.

Nachdem der unbekannte Täter entkommen war, wurde am 14. Oktober des gleichen Jahres in einer Restauration in Passau unter heftigster Gegenwehr ein Mann verhaftet, den eine Kellnerin anhand eines Steckbriefes wiedererkannt hatte. Er gab seinen Namen mit Hermann an, in Wirklichkeit handelte es sich aber um Joseph Placak aus Glosau (Bezirkshauptmannschaft Taus) in Böhmen. Bei seiner Festnahme fand man bei ihm mehrere

Tausend Mark, 50 Dollar in Gold und Papier, eine goldene Uhr und drei goldene Ringe. Außerdem hatte er zwei Revolver, ein doppelläufiges Gewehr, einen eisernen Hammer, 19 Feilen, einen Bohrer und vier Schlüssel dabei.

Im Laufe der Ermittlungen erhärtete sich der Verdacht, dass er den Gendarmenmord in München zu verantworten hatte. Unter dieser Anklage sowie unter der des räuberischen Diebstahls (bei einem Bankier in Passau im September 1886) und des Widerstandes gegen die Staatsgewalt stand er im Juni 1887 vor dem Schwurgericht am Landgericht München I. Wie die Anklageschrift verdeutlichte, hatte der international tätige Angeklagte, der auch die Namen Sebesta, Frank und Ruzika führte, ein bewegtes Leben hinter sich.

Zuerst wurde der im März 1849 geborene Placak 1864 vom Bezirksgericht Neugedein wegen Diebstahls- und Selbstmordversuchs zu zehn Rutenstreichen verurteilt, im Juli 1869 vom Kreisgericht Pilsen wegen Diebstahls und Besitzes verbotener Waffen zu zehn Monaten schweren Kerkers. Am 5. Oktober 1870 beim 35. österreichischen Infanterieregiment eingereiht, desertierte er schon drei Tage später, was ihm seitens des Garnisonsgerichts Budweis sechs Monate Kerker einbrachte. Nach einem Einbruch in Lischau Anfang 1873 folgten eine Reihe von Verhaftungen, doch Placak gelang immer wieder die Flucht. Im Juli 1876 entwich er mit einem anderen Sträfling durch einen Kanal aus dem Festungsstrafhaus Theresienstadt, nachdem er ein Jahr zuvor vom dortigen Kriegsgericht wegen Diebstahls und Desertion zu sieben Jahren schweren Kerkers verurteilt worden war. Von Theresienstadt begab er sich nach Bremen, wo er die Überfahrt nach Amerika antrat. Er verwendete dazu Geld von früheren Diebstählen, das er beim Bahnhof in Theresienstadt vergraben hatte. In Amerika wollte er als Metzger und Bierwirt gearbeitet haben, der Polizei in Chicago war er als Pferdedieb bekannt. Ein Prozess in Chicago wegen tätlichen Angriffs und Pferdediebstahls platzte, weil der Hauptzeuge nicht erschien.

Nachdem er im Juni 1878 wieder aus Amerika zurückgekehrt war, begab sich Placak in die Schweiz. In Unterstrass (Zürich) wurde er wegen verdächtigen Geldbesitzes – er hatte rund 2.700 Francs in einem Ledergurt um die Brust – verhaftet und wegen Gebrauchs eines falschen Ausweispapieres zu einer Gefängnisstrafe verurteilt. Vom Kriegsgericht Theresienstadt wegen verschiedener Vergehen zu Garnisonsarrest verurteilt, konnte er Anfang 1884 zum zweiten Mal aus der Festung ausbrechen und erneut nach Amerika gehen. In New York betrieb er angeblich eine Wirtschaft, ehe er zurückkehrte und unter falschem Namen in Österreich mit einer Böhmin zusammenlebte.[114]

Bei seiner Verhandlung stritt Placak die ihm zur Last gelegten Verbrechen ab. Er wollte zur fraglichen Zeit gar nicht in München und Passau gewesen sein, es gab aber mehrere Zeugen, die ihn dort gesehen hatten – er war durch seinen kräftigen Schnurrbart und seinen Schmuck aufgefallen. Die Gerichtsmediziner legten dar, dass eines der im Kopf des ermordeten Gendarmen gefundenen Projektile aus dem größeren der bei dem Angeklagten sichergestellten Revolver stammte. Nach zweitägiger Verhandlung bejahten die Geschworenen die an sie gestellten Schuldfragen, worauf der Gerichtshof den Angeklagten am 18. Juni 1887 zum Tode und neuneinhalb Jahren Zuchthaus verurteilte. Beim Abführen aus dem Gerichtssaal brach das Publikum in laute Verwünschungen gegen ihn aus.[115]

Nachdem das Reichsgericht in Leipzig eine von Placak eingereichte Revision verworfen und Prinzregent Luitpold das Urteil am 21. November 1887 bestätigt hatte, vollzog Scharfrichter Kißlinger am 26. November 1887 die Hinrichtung in der Angerfronfeste. Auf dem Weg zum Schafott stieß Placak Beschimpfungen aus, worauf der Staatsanwalt die Tambours einen Wirbel schlagen ließ.[116]

Die über 5.000 Mark, die bei der Verhaftung Placaks sichergestellt wurden, vermehrten sich noch um weitere etwa 30.000 Mark, die in seine Kleidung eingenäht waren. Vor seiner

Hinrichtung setzte er ein Testament auf, in dem er vor allem die von ihm bestohlenen Personen und ein uneheliches Kind von ihm bedachte.[117]

Mord im Zuchthaus

Ein Zuhälter als Doppelmörder

Unter Mordanklage standen am 21. März 1892 zwei „dem in München leider sehr stark vertretenen Zuhälterthum angehörige Burschen“ vor dem dortigen Schwurgericht, wie die Presse berichtete. Es handelte sich um den 21-jährigen Malergehilfen Johann Schindler und den drei Jahre älteren Metzgergehilfen Paul Abel, beide aus München. Sie waren „echte Vertreter jenes sicherheitsgefährlichen und arbeitsscheuen Gelichters“.[118]

Die beiden häufig vorbestraften Zuhälter, damals „Louis“ genannt, hatten der Anklageschrift zufolge in der Nacht vom 4. auf den 5. November 1891 gegen 24 Uhr auf der Münchner Kohleninsel (Museumsinsel) unweit des Muffatwehres einen gerade aus dem Gefängnis entlassenen Bekannten, den Tagelöhner und Zuhälter Georg Würstle aus Westernach (Ortsteil von Mindelheim), niedergeschlagen, zum Flussbett der Isar gezerrt und durch zehn Messerstiche in den Hals umgebracht. Abel hatte Würstle festgehalten, während Schindler die Stiche führte.

Die drei waren vorher in einem Wirtshaus gewesen, wo es zu einem Streit gekommen war. In betrunkenem Zustand stieß Würstle Schimpfparolen aus, mit denen er auch Schindler angriff. Dieser wiederum war auf Rache aus, weil seiner Ansicht nach Würstle daran schuld war, dass Anfang des Jahres eine sechsmonatige Gefängnisstrafe wegen Körperverletzung gegen ihn ausgesprochen worden war. Würstles Rausch an jenem Abend war so schlimm, dass er unter den Tisch fiel. Als ihn Schindler und Abel gegen 23 Uhr mitnahmen, brachten sie ihn nicht zur

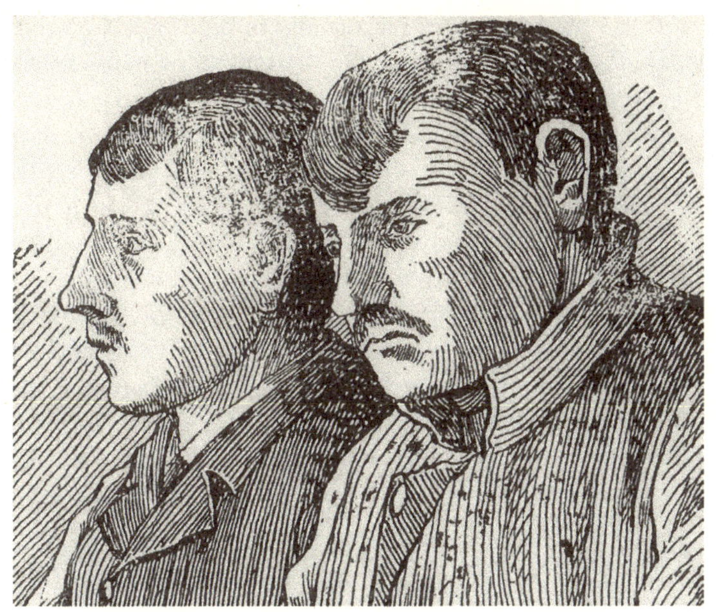

Schindler und Abel vor ihrem Prozess vom März 1892.

Schwanthalerhöhe, wo er eigentlich hinwollte, sondern zur Isar. Würstle, dessen Rausch etwas nachließ, ahnte nichts Gutes, lief davon und versteckte sich in einem Gebüsch. Hier entdeckten ihn aber seine Widersacher und überwältigten ihn mit Knüppeln, die sie aufgelesen hatten. Dem Toten nahmen sie das wenige Geld, das er dabei hatte, und seinen Schnupftabak ab.

In seinem Verhör vor dem Gerichtshof bestritt Abel, an der Tötung Würstles beteiligt gewesen zu sein. Er habe ihn zwar geschlagen, sei aber mehrere Schritte entfernt gewesen, als Schindler zugestochen habe. Dieser räumte den Gebrauch des Messers ein, will aber in Notwehr gehandelt haben. Ein Bekannter und früherer Diebeskumpan der beiden gab als einer von 13 Zeugen an, dass ihm die Angeklagten kurz nach der Tatzeit in der Auenstraße begegnet seien und Abel zu ihm gesagt habe: „Jetzt lebt der Würstle auch nicht mehr."[119]

In beredter Weise versuchten die beiden Verteidiger der Beschuldigten, die Anklage auf Mord zu entkräften, indem sie die Überlegung bei der Tat bestritten und sie als Totschlag darstellten. Nach anderthalbstündiger Beratung bejahten die Geschworenen bei Schindler die Frage nach Mord, bei Abel nach Hilfeleistung. Schindler wurde demzufolge zum Tode (und dauernden Ehrverlust), Abel zu einer Gesamtstrafe von 15 Jahren Zuchthaus, zehn Jahren Ehrverlust und Stellung unter Polizeiaufsicht verurteilt.[120]

Am 8. Juni 1892 änderte Prinzregent Luitpold die Todesstrafe Schindlers auf dem Weg der Begnadigung in eine lebenslängliche Zuchthausstrafe um. Nachdem er am 12. Juni jenes Jahres in das Münchner Gefängnis in der Au eingeliefert und in seiner Zelle mit Spinnarbeiten beschäftigt worden war, bat er einen Aufseher, ihm jemanden zu schicken, der das Spinnrad in Ordnung bringen

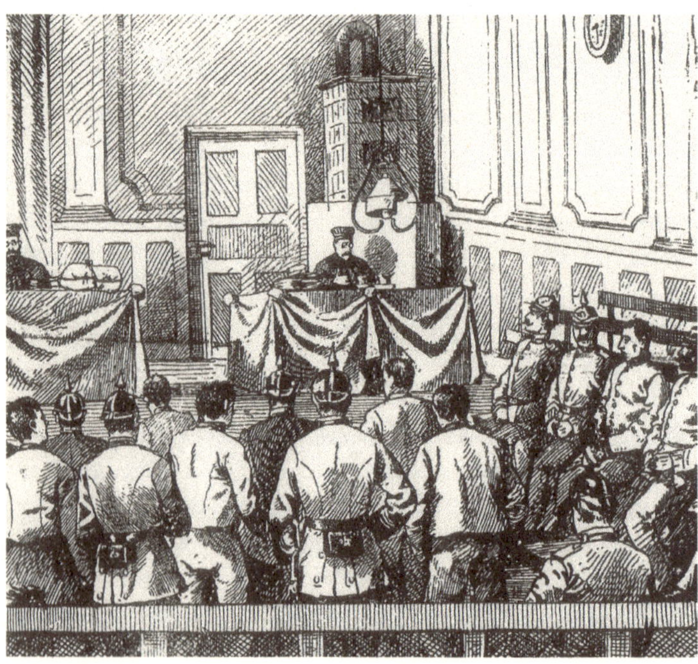

Schindler vor dem oberbayerischen Schwurgericht, Oktober 1892.

sollte. Die Wahl fiel auf den als friedfertig geltenden Häftling Mathias Ertl aus Scheibenberg. Als beide am 17. Juni 1892 mit dem Spinnrad beschäftigt waren, entriss Schindler seinem Mithäftling plötzlich eine Schere und versetzte ihm damit mehr als 20 Stiche. Er stieß sie ihm mit solcher Gewalt in die Brust, dass die Lunge durchbohrt und die krumm gebogene Schere nur mit Mühe herausgezogen werden konnte.

So musste sich Schindler am 3. Oktober 1892 erneut vor dem Schwurgericht verantworten. Er gab an, von Ertl im Streit angegriffen worden zu sein. Dagegen sprach, dass dieser vor seinem Tod glaubhaft zu Protokoll gegeben hatte, dass es keinen Streit gegeben, sondern dass Schindler ohne Anlass zugestochen habe.

Ein Zellennachbar Schindlers hörte in der Nacht vor der Tat, wie dieser in seiner Zelle auf und ab ging und sagte: „Bluthimmelherrgott, todt muß er werden, er wird schon todt, er muß hin werden!" Ein anderer Zeuge nahm wahr, dass Schindler beim Kirchgang äußerte: „Verrecken muß mir doch noch einer, so ein Hund!" Einem Pater, der ihm zuredete zu beten, antwortete Schindler: „Das kann ich nicht versprechen."[121]

Das Urteil des Gerichtshofes lautete erneut auf Todesstrafe. Da diesmal keine Gnade gewährt wurde, fand die Guillotinierung Schindlers am 16. November 1892 in der Angerfronfeste statt.[122]

Erste Hinrichtung im Gefängnis Stadelheim, 1895

Das Münchner Strafgefängnis Stadelheim wurde am 1. Oktober 1894 eröffnet. 50 Jahre lang, bis April 1945, vollzog man hier die Todesstrafe. Die erste Hinrichtung fand am Morgen des 26. April 1895 statt, als der 32-jährige Strumpfwirker Otto Giersberg aus Köln unter der Guillotine sein Leben ließ.[123]

In einer Verhörzelle des Zuchthauses in der Au verkündete ihm der Erste Staatsanwalt die Bestätigung des Todesurteils durch den Prinzregenten vom 22. April 1895. Giersberg hörte die

Das neue Staatsgefängnis Stadelheim, 1895.

Verkündigung ruhig und gefasst an, machte von der 24-stündigen Gnadenfrist Gebrauch und unterschrieb das Protokoll mit fester Hand. Dann wurde er zum neuen Vollstreckungsgefängnis Stadelheim gebracht, wo sich zwei Kapuzinerpater um ihn kümmerten.[124]

Zu dem Hinrichtungsakt waren außer der Staatskommission nur die Urkundspersonen, Geschworene, Vertreter der Presse und eine Anzahl mit Einlasskarten versehener Herren aus dem Zivil- und Militärstand zugelassen. Kurz vor 6.45 Uhr wurden sie in den für die Hinrichtung bestimmten ummauerten inneren Hof geführt. Hier war durch schwarze Tücher verdeckt ein Raum abgesperrt, innerhalb dessen sich der Sühneakt vollzog. Das Schafott war an der westlichen Seite des Gefängnisses angebaut worden, und zwar so, dass der sogenannte Armesündertisch mit Stuhl dicht neben der aus dem Gefängnis zum Schafott führenden Tür stand, aus der der Delinquent auf das in gleicher Höhe mit der Tür befindliche Schafottgerüst treten musste. Der andere Teil des Schafotts befand sich an der Südseite des Gebäudes. Hier war die Guillotine aufgerichtet worden, die der Verurteilte nicht sehen konnte, da sie durch die Ecke des Gebäudes verdeckt war.

Otto Giersberg.

Nachdem sich die Urkundspersonen und die übrigen Zugelassenen um das Schafott versammelt hatten, trat fünf Minuten vor 7 Uhr die Gerichtskommission aus der Tür des Gefängnisses auf das Schafott, auf dem sich schon vorher der Scharfrichter neben der Guillotine aufgestellt hatte. Um 7 Uhr wurde Giersberg, der ein kleines Kreuz in den gefalteten Händen hielt und mit den Kapuzinerpatern betete, auf das Schafott geführt. Nachdem er auf dem vor dem Armesündertisch stehenden Stuhl Platz genommen hatte, wurde ihm das Urteil noch einmal verlesen. Danach traten die Gehilfen des Scharfrichters auf ihn zu, verbanden ihm die Augen, entfernten den schwarzen Kragen, der seinen Nacken bedeckte, und banden ihm die Hände auf den Rücken. Unter den Klängen des Armesünderglöckchens und den letzten Gebeten der Pater wurde der Delinquent zur Guillotine geführt. Sein Kopf fiel in vor der Guillotine aufgehäufte Sägespäne. Den Leichnam brachte man in das Sezierzimmer des Gefängnisses.[125]

Schon als 24-Jähriger hatte Giersberg am 9. November 1888 vor dem oberbayerischen Schwurgericht in München gestanden. Er hatte am 25. Juli 1888 bei Puchheim (Kreis Fürstenfeldbruck)

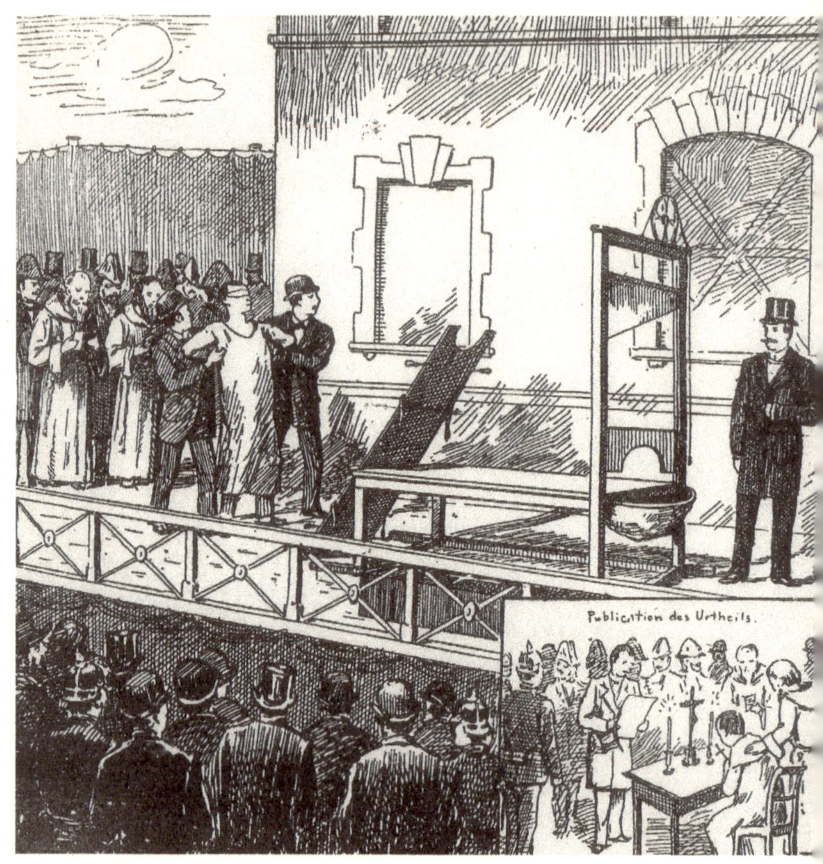

Hinrichtung Giersbergs in Stadelheim. Unten rechts: Der Erste Staatsanwalt verkündet die Bestätigung des Todesurteils durch den Prinzregenten.

die zehnjährige Anna Sanktjohanser aus Alling, Tochter eines Tagelöhners, zu vergewaltigen versucht. Als ihm dies nicht gelang, versetzte er dem Mädchen mehrere Messerstiche. Bevor es am nächsten Tag seinen Verletzungen erlag, konnte es den Täter beschreiben, was zu seiner Ergreifung führte. Giersberg wurde wegen Mordes zum Tod und wegen des Vergewaltigungsversuchs zu acht Jahren Zuchthaus verurteilt, im Januar 1889 aber vom Prinzregenten zu lebenslänglicher Zuchthausstrafe begnadigt.[126]

Der Verurteilte saß schon einige Jahre im Zuchthaus in der Au, als es zu einem folgenschweren Zwischenfall kam. Ein Mithäftling Giersbergs, der wegen Totschlags zu zwölf Jahren Zuchthaus verurteilte Josef Probst, pflegte wiederholt seine Mitgefangenen wegen Verstößen gegen die Hausordnung zu denunzieren. Giersberg, der ebenfalls Opfer einer solchen Anzeige wurde, sann auf Rache. Mit einem anderen Häftling in seiner Abteilung, dem 1894 wegen mehrfacher schwerer Körperverletzung zu 15 Jahren Zuchthaus verurteilten Braugehilfen Heinrich Meier aus Neukirchen am Inn, vereinbarte er am Nachmittag des 10. Januar 1895, Probst in der Nacht „einmal gehörig durchzuhauen".

Giersberg gelang es, sich in einem unbewachten Augenblick ein Beil zu besorgen, das er im Schlafsaal im Strohsack seines Bettes versteckte. Gegen 1 Uhr schlichen sie sich zur Lagerstätte ihres Opfers. Meier, der mit einer dicken Holzlatte bewaffnet war, fragte hierbei Giersberg, was er zum Zuschlagen habe, worauf er antwortete: „Ich habe schon etwas, daß man ihm nicht zu weh thun kann."

Auf ein Zeichen warf Giersberg dem schlafenden Probst ein Kleidungsstück auf den Kopf und begann, mit dem Beil auf ihn einzuschlagen. Meier stand auf der anderen Seite des Bettes und „bearbeitete das Gesäß und die Füße des Probst mit der Latte, bis letztere abbrach". Als es im Schlafsaal lebendig wurde, liefen sie zu ihren Betten und versteckten das Beil und die Latte. Probst, dessen Schädel völlig zertrümmert war, starb nach wenigen Minuten.

Am 9. März 1895 mussten sich Giersberg und Meier vor dem Münchner Schwurgericht verantworten. Sie wurden ebenso wie elf andere Sträflinge, die als Zeugen fungierten, mit dem „bekannten grünen Wagen" (Gerichtswagen) vom Zuchthaus zum Gerichtsgebäude gebracht. Giersberg gestand die Tat im Wesentlichen ein und gab zu, in Tötungsabsicht gehandelt zu haben. Meier wies eine solche Absicht von sich. Ihm sei es nur darum gegangen, Probst zu verprügeln, „um ihm das Denunziren zu vertreiben“. Das Urteil lautete für Giersberg wegen Mordes auf Todesstrafe und für Meier wegen Körperverletzung auf ein Jahr Gefängnis.[127]

Die Hinrichtung Giersbergs war die zweite des neuen Scharfrichters Franz Xaver Reichhart – die erste hatte er am 2. Mai 1894 in Amberg an Anton Spichtinger vollzogen.[128]

Ermordung mit einer Schusterahle, 1897

Im Gasthaus des Wirtes Schimmel in München kam es in der Nacht vom 12. auf den 13. März 1887 zu einer Schlägerei zwischen dem Metzger Josef Impery aus Waging und dem Spenglergehilfen Johann Riedl. Ein Bekannter Imperys, der ledige Tapezierer Jakob Stadele, geboren im Februar 1861 in Regensburg und zuletzt wohnhaft in Barbing (Landkreis Regensburg), mischte sich plötzlich ohne die geringste Veranlassung ein und versetzte Riedl von rückwärts einen Messerstich in die linke Halsseite, worauf der Getroffene nach wenigen Minuten starb. Als ein Schuhmacher hinzukam, um Riedl zu helfen, versuchte Stadele, auch diesen zu erstechen. Die Geschworenen des oberbayerischen Schwurgerichts bejahten am 15. Juni 1887 bei Stadele die Frage auf Totschlag und verneinten jene auf Totschlagsversuch. Er wurde zu 14 Jahren Zuchthaus verurteilt, Impery wegen Teilnahme an einer Schlägerei zu neun Monaten Gefängnis.[129]

Nachdem Stadele am 22. Juni 1887 in das Zuchthaus in der Au eingeliefert worden war, zeigte er sich auch hier als „ungemein roher und verwegener Mensch“, sodass des Öfteren Disziplinarstrafen gegen ihn ausgesprochen wurden. Am 4. November 1888 unternahm er mit dem wegen Mordes zum Tode verurteilten, zu lebenslänglichem Zuchthaus begnadigten Josef Winterer einen Ausbruchsversuch. Stadele riss mit einer Schere das Sitzbrett

Sträfling Jakob Stadele.

Der ermordete Aufseher Bindl.

eines Aborts ab, worauf sich beide im Abortschlauch hinunterließen und in ein unten vorbeifließendes Gewässer gelangten. Da es ihnen nicht gelang, ein Gitter mit einer Feile zu durchtrennen, mussten sie zum Anstaltshof zurückkehren, wo sie festgenommen wurden.[130]

Nach einer längeren Einzelhaft übergab man Stadele Ende des Jahres 1896 einer Arbeiterabteilung für Schuh- und Schäftemacher mit 28 Sträflingen, in der der Werkführer Berchtenbreiter die Aufsicht und der 28-jährige Aufseher Johann Bindl den Ablösedienst hatte.

Als am Morgen des 14. Januar 1897 gegen 7 Uhr die Sträflinge im Arbeitssaal ihre Morgensuppe zu sich nahmen, ergriff der auf seinem Schusterstuhl sitzende Stadele plötzlich eine scharf geschliffene Schusterahle, sprang auf Bindl zu und versetzte ihm einen Stich in die Brust. Es kam zu einem Kampf, bei dem Stadele noch acht weitere Stiche gegen den Aufseher führte, der kurz darauf seinen Verletzungen erlag. Wie ein Lauffeuer verbreitete sich die Nachricht von der Bluttat in der Stadt.

In seiner Verhandlung am 5. April 1897 vor dem Münchner Schwurgericht gab Stadele an, durch fortgesetzte „Chikanen“ des Aufsehers in solche Wut geraten zu sein, dass er nicht mehr Herr seiner Sinne gewesen sei. Bei der Vernehmung des Fotografen Menzel, der im Auftrag des Staatsanwaltes Aufnahmen der Leiche und des Tatortes gemacht hatte, kam es zwischen dem Verteidiger Stadeles und dem Staatsanwalt zu einer Meinungsverschiedenheit, weil der Verteidiger nicht wollte, dass die Aufnahmen den Geschworenen gezeigt werden. Der Gerichtshof schloss sich dieser Ansicht an. Nach der Anhörung von 25 Zeugen, darunter 17 Sträflinge, wurde die Todesstrafe wegen Mordes über den Angeklagten verhängt.[131]

Die Guillotinierung des Verurteilten nahm Scharfrichter Reichhart am 16. Juli 1897 in Stadelheim vor.[132]

Übeltat auf einem Bauernhof des Klosters Dietramszell, 1897

Der 30-jährige Dienstknecht Joseph Wammensberger aus Forstenried (München) war 1897 auf dem sogenannten Klosterhof beschäftigt, einem dem Salesianerinnenkloster in Dietramszell gehörigen Bauernhof, etwa zehn Minuten von Dietramszell entfernt. Mit ihm stand dort auch die 24-jährige Magd Maria Zech in Dienst. Sie war „ein fleißiges und frommes Mädchen, bekam wegen ihres schmucken Aeußeren viele Liebesanträge“, wies jedoch alle Bewerber, darunter auch Wammensberger, ab, weil sie ins Kloster eintreten wollte. Wammensberger stellte ihr dennoch stets von Neuem nach, sodass ihm einmal mit Entlassung gedroht wurde.

Am 31. Oktober 1897, einem Sonntag, war die Magd allein als Aufsicht auf dem Klosterhof, während die anderen Dienstboten den Hauptgottesdienst in Dietramszell besuchten. Ihr Bruder, der ebenfalls als Dienstknecht auf dem Hof arbeitete, kehrte gegen 11 Uhr vom Gottesdienst zurück, auf sein Klopfen wurde ihm

Der am 4. Juni 1898 hingerichtete Wammensberger.

aber nicht geöffnet. Als er durch ein Fenster ins Haus einstieg, fand er seine Schwester tot am Treppengeländer aufgehängt. Ein Selbstmord, an den sowieso niemand glaubte, konnte endgültig ausgeschlossen werden, als sich bei näherer Untersuchung herausstellte, dass die Magd missbraucht worden war. Es fand sich ferner die vom Heuboden in das Haus führende eiserne Tür offen, und der Strick, an dem die Tote aufgehängt war, wurde bereits seit drei Wochen vermisst.

Der Verdacht fiel auf Wammensberger, der an diesem Tag vom Besuch des Gottesdienstes entbunden worden war und die Erlaubnis bekommen hatte, in Holzkirchen den Jahrmarkt zu besuchen. Er wurde noch am gleichen Tag verhaftet. Nachdem ihm der Nachweis eines Alibis völlig missglückt war, gab er beim ersten Verhör an, durch die eiserne Tür vom Heuboden aus eingestiegen zu sein und die Magd überfallen, erwürgt und aufgehängt zu haben. Er sei durch „das abweisende Benehmen der Zech gereizt gewesen" und habe schon längere Zeit daran gedacht, sich an ihr zu rächen. In den übrigen Verhören machte er andere Angaben.

Vor dem Schwurgericht am Landgericht München I wollte er am 21. Februar 1898 unter Tränen glauben machen, von der Ermordeten selbst eingelassen worden zu sein. Dies hielten die Zeugen jedoch für ausgeschlossen, da die Ermordete oft genug ihre Furcht vor dem Angeklagten zum Ausdruck gebracht hatte. Aus dem Sektionsbefund ging hervor, dass die Vergewaltigung vor Eintritt des Todes erfolgt war. Das Urteil des Gerichtshofes lautete auf Todesstrafe wegen Mordes.[133]

Als Wammensberger die „Allerhöchste Verfügung" des Prinzregenten vorgelesen wurde, laut der eine Begnadigung nicht gewährt worden war, hörte er dies „in vollster Ruhe" an. Er schien sich schon seit Wochen mit dem Gedanken vertraut gemacht zu haben, dass er in Anbetracht seiner schweren Tat eine Begnadigung nicht zu erwarten habe.[134]

Die Hinrichtung des Verurteilten nahm Scharfrichter Reichhart am Morgen des 4. Juni 1898 in Stadelheim vor: „Das Schaffot war wieder im südöstlichen Gefängnißhof errichtet und im weiten Kreise durch eine schwarze Tuchverkleidung abgeschlossen. Gegen halb 7 Uhr ließ der Vollstreckungskommissär nochmal eine Prüfung der Guillotine auf ihr Funktioniren vornehmen."[135]

Das Ende eines „verpfuschten Lebens"

Der 1879 in Niederalteich (Landkreis Deggendorf) geborene Johann Baptist Straßer, dessen Vater 1881 starb, erlernte in Hengersberg bei seinem Stiefvater das Zinngießereihandwerk. Als er Streit mit ihm bekam, ging er 1897 auf Wanderschaft, die ihn nach München, Schweinfurt, Leipzig und Bamberg führte. Den größten Teil seines väterlichen Erbes in Höhe von 4.000 Mark, das er 1900 mit seiner Volljährigkeit antrat, verlor er durch unredliche Machenschaften eines Münchner Unterhändlers, der ihn zu Investitionen verleitete, die ihm selbst am meisten nutzten.

Auf seiner weiteren Wanderschaft nach Italien, Österreich und in die slawischen Länder musste Straßer des Öfteren wegen Bettelns und Landstreicherei ins Gefängnis, später auch in ein Arbeitshaus. Nach Hengersberg zurückgekehrt, wollte er sich für einen Prozess um sein Erbe ein Armenrechtszeugnis ausstellen lassen, das ihm aber von der Gemeinde verwehrt wurde. So musste er sich mit einer Abfindungszahlung des Unterhändlers zufriedengeben.

Nach einer weiteren Irrfahrt durch Südeuropa (Mailand, Verona, Rom, Udine und Triest) kam Straßer verbittert und in der Absicht nach München zurück, „durch eine Aufsehen erregende Mordtat seinem verpfuschten Leben ein Ende zu bereiten“. In Triest hatte er sich eine Browningpistole „modernster Konstruktion“ gekauft. Bei seinen Gängen durch die Stadt kam er öfter an der Preußischen Gesandtschaft in der Prinzregentenstraße vorbei und sah den dortigen Militärattaché Major Oskar von Lewinski (geb. am 12. Mai 1873 in Schwerin) ein- und ausgehen. Auf diesen richtete er sein Augenmerk.[136]

Am 13. Mai 1913 setzte sich Straßer auf eine Bank an der Prinzregent-Luitpold-Terrasse und wartete auf den Major, dessen Angewohnheiten er mittlerweile kannte. Als sich dieser kurz nach 13 Uhr auf seinem Heimweg zu seiner Familie in die Möhlstraße von der Prinzregentenbrücke her näherte, folgte ihm Straßer und schoss beim Friedensdenkmal mit seiner Browningpistole auf ihn. Der in nächster Nähe patrouillierende Oberwachtmeister Christian Bohlender wollte dem Getroffenen zu Hilfe kommen, doch Straßer streckte ihn mit seiner Waffe nieder. Der Major erlag auf dem Transport in die Klinik seinen Verletzungen, während Bohlender sofort tot war. Straßer wurde am Tatort von Arbeitern überwältigt und von herbeigeeilten Schutzleuten verhaftet.

Der 1897 eingeweihte Justizpalast in München.

Als Motiv der Tat dachte man an einen politischen Mord oder einen Komplott, doch die „sehr unklaren und verworrenen Angaben Straßers gingen dahin, daß ihm das Leben nicht mehr lebenswert erschien und darum habe er beschlossen sich zu töten, doch zuvor habe er noch aus Aerger über die herrschenden Mißstände eine höhere Persönlichkeit erschossen. Bohlender sei dummerweise in die Geschichte mit hineingekommen, ebenso wenig sei ihm ja auch an der Person des Majors gelegen gewesen. [...] Nach seiner politischen Ansicht befragt, gab er an ein Monarchist zu sein, doch sei noch viel am heutigen Staate auszusetzen. Keineswegs gehöre er aber der Sozialdemokratie an, noch sei er Anhänger der Republik oder des Anarchismus."[137]

Bei der Verhandlung vor dem Schwurgericht trug der Staatsanwalt darauf an, in beiden Fällen die Frage auf Mord zu bejahen, da Straßer sowohl bei Lewinski als auch bei Bohlender „mit Vorsatz und Ueberlegung" gehandelt habe. Die Sachverständigen erklärten, „daß eine psychische Erkrankung irgendwelcher Art bei dem Angeklagten nicht anzunehmen sei. Das Motiv seiner Tat sei nur in dem Haß gegen die sozial Besserstehenden und in dem Aerger über sein verfehltes Leben zu suchen." Der

Gerichtshof verurteilte den Angeklagten am 3. Juli 1913 zweimal zum Tode.[138]

Als seine Revision vom Reichsgericht zurückgewiesen worden war, wurde Straßer aus dem Untersuchungsgefängnis Neudeck nach Stadelheim gebracht. Wohl in der Meinung, dass er begnadigt werden würde, verhielt er sich dort widerspenstig. Als ihm aber mitgeteilt wurde, dass sein Begnadigungsgesuch abschlägig beschieden worden war, „brach er zusammen und erklärte sich bereit, geistlichen Zuspruch entgegenzunehmen".[139]

Die Exekution des Verurteilten nahm Scharfrichter Reichhart am Morgen des 25. September 1913 in Stadelheim vor. Seine von den Verwandten beanspruchte, „ausgekaufte" Leiche wurde in einem „Automobilleichenwagen" zum östlichen Friedhof gebracht. Niemand außer den Beteiligten wusste von der Beerdigung. Erst durch das Läuten der Friedhofsglocke zu ungewöhnlicher Stunde wurde man in der Umgebung des Friedhofes darauf aufmerksam.[140]

Liste der Hinrichtungen in München

1	1820, 6. Mai	Wimmbauer, Johann
2	1820, 6. Mai	Reisinger, Joseph
3	1836, 12. Nov.	Birnbaum, Maria Anna
4	1850, 18. Mai	Stopfer, Joseph
5	1852, 9. Sept.	Treiber, Georg
6	1853, 14. Juli	Ostermaier, Michael
7	1853, 29. Sept.	Bachmaier, Anton
8	1853, 29. Sept.	Busch, Johann
9	1853, 19. Dez.	Engelhard, Jakob
10	1854, 26. Jan.	Sailer, Martin
11	1854, 11. Mai	Hussendörfer, Christian
12	1854, 19. Aug.	Denkl, Lampert
13	1854, 19. Aug.	Aschmaier, Maria

14	1854, 19. Aug.	Markreiter, Georg (KrG)
15	1854, 25. Sept.	Wallner, Sebastian
16	1855, 7. Juli	Langguth, Sebastian
17	1855, 31. Okt.	Erbschwendner, Georg
18	1856, 28. Jan.	Gschwendter, Georg
19	1856, 7. April	Kreitelhuber, Kaspar
20	1856, 29. Sept.	Seitz, Johann
21	1856, 25. Okt.	Graf, Joseph
22	1857, 31. Jan.	Kefer, Peter
23	1857, 21. März	Pickl, Anna Maria
24	1857, 18. April	Niedermaier, Sebastian
25	1857, 18. April	Lettl, Franz
26	1858, 8. Febr.	Hiebel, Lorenz
27	1858, 19. Aug.	Engelsberger, Josef
28	1858, 19. Aug.	Zachenbacher, Balthasar
29	1858, 13. Nov.	Krieger, Johann
30	1858, 4. Dez.	Lang, Karl
31	1859, 18. Juni	Zann, Franz
32	1860, 28. Jan.	Fäßl, Andreas
33	1860, 25. Febr.	Aigner, Max
34	1860, 25. Febr.	Klotz, Michael
35	1861, 9. Nov.	Klaushammer, Franz
36	1875, 20. Dez.	Battistella, Michele
37	1876, 9. Okt.	Gläsgen, Valentin
38	1876, 9. Okt.	Ruf, Johann
39	1882, 1. März	Rami, Castulus
40	1883, 4. Jan.	Reißmann, Johann Adam
41	1883, 26. Sept.	Strohhofer, Wilhelm
42	1883, 26. Sept.	Faßl, Jakob
43	1884, 5. Juli	Ziegelgänsberger, Benno
44	1885, 15. April	Hornsteiner, Anton
45	1886, 4. Aug.	Stich, Max
46	1886, 4. Aug.	Fischer, Friedrich
47	1887, 26. Nov.	Placak, Joseph

48	1890, 6. Aug.	Regauer, Leonhard
49	1890, 17. Okt.	Eichner, Josef Emil
50	1890, 15. Nov.	Reitz, Karl
51	1892, 16. Nov.	Schindler, Johann
52	1895, 26. April	Giersberg, Otto
53	1897, 16. Juli	Stadele, Jakob
54	1898, 4. Juni	Wammensberger, Joseph
55	1899, 22. März	Egger, Alois
56	1905, 27. Febr.	Allramseder, Albert
57	1905, 1. Sept.	Huber, Johann
58	1913, 25. Sept.	Straßer, Johann Baptist

München brachte es also von 1815 bis 1918 auf insgesamt 58 Hinrichtungen (57, wenn man Markreiter/Kriegsgericht abzieht). Das waren weit mehr als in anderen Städten Deutschlands. Hier einige Vergleichszahlen für den gleichen Zeitraum:
Köln: 32
Aachen: 19
Düsseldorf: 14
Koblenz: 11
Trier: 9
Bonn und Duisburg: jeweils 8
Gießen: 26
Mainz: 14
Darmstadt: 11
Kassel und Hanau: jeweils 8
Münster: 11
Dortmund: 10 Hinrichtungen.[141]

Haidhausen (München)

Der „wilde Sachs“

Der aus Württemberg stammende Georg Wengert, auch „der Steinmetz, Retter, der Preuß, der wilde Sachs“ genannt, war einer der Hauptanführer der sogenannten Eisenhofer'schen Bande, welche aus rund 35 Personen bestand und etwa 100 verschiedene Verbrechen und Vergehen wie Mord, Raub, Diebstähle, Betrug usw. verübte. Seinen Beruf als Maurer übte Wengert nach eigenen Angaben bis 1816 aus, als er in Prag durch einen Sturz von einem Gerüst arbeitsunfähig wurde. Seitdem zog er umher und verband sich mit „Gaunern und liederlichen Gesindel“.[1]

Am Sonntag, dem 29. November 1818, brach er zusammen mit seinem Komplizen Georg Treffler zur Zeit des Gottesdienstes beim sogenannten Pommerbauern Joseph Kammerloher in Pettenbrunn (Gemeindeteil von Freising) ein. Im Haus trafen sie auf dessen Tochter Katharina, die von ihnen in den Keller geschleppt wurde. Wengert war gerade mit dem Fesseln des Mädchens beschäftigt, als der Hirt von Pettenbrunn, Joseph Hirsch, mit einem Beil versehen hinzukam. Er war von einem Dienstjungen, der den Einbruch bemerkt hatte, zu Hilfe gerufen worden. Wengert ließ das Mädchen los und sprang auf Hirsch zu. Dieser versuchte, mit dem Beil nach Wengert zu schlagen, doch er wich aus und entwaffnete seinen Gegner, indem er ihm mit einem Stock so auf die Hand schlug, dass er das Beil fallen lassen musste. Während Treffler die Tochter festhielt, warf Wengert den Hirten auf einen Kartoffelhaufen, wo er ihn durch mehrere Messerstiche tötete. Weil Leute kamen, mussten sie ohne Beute die Flucht ergreifen.

Schon am darauffolgenden Sonntag verübten die beiden und Trefflers Geliebte Anna Schickler einen Raub in Hauslehen, einer Einöde von Taufkirchen (Vils). Betroffen war diesmal der Hof des Bauern Sebastian Erb. Schon am 1. Dezember, als sie dort

Steckbrief.

Nachbeschriebener Georg Wengert, welcher bisher unter dem Namen Steinmetz herumvagirt, und häufig seinen wahren Namen verändert, gebürtig von Alemansfelden im Königreiche Würtemberg, der Sohn eines zu Wegstetten im Würtembergischen Oberamte Galdorf am Kocher ansäßigen Mannes, ein Maurer von Profession und evangelischer Religion, machte sich mehrerer ausgezeichneter Diebstähle höchst verdächtig, und man konnte desselben bisher noch nicht habhaft werden. Sämtliche königliche Polizeibehörden und Gensdarmerie-Stationskommando's werden auf diesen höchst gefährlichen Menschen mit dem Ansuchen aufmerksam gemacht, gegen denselben genaue Spähe zu verfügen, und ihn im Betretungsfalle wohlverwahrt der unterzeichneten Behörde zu überliefern.

Beschreibung.

Georg Wengert ist 36—37 Jahre alt, 5 Schuh 7—8 Zoll groß, von wohlbesezter Statur, hat ein mehr rundes als längliches, ziemlich roth gefärbtes Angesicht, schwarze kurz abgeschnittene Haare, solche Augenbraunen, und einen schwarzen starken Backenbart, eine breite Stirne, braune Augen, spizige Nase, einen vollkommenen Mund, und ein rundes Kinn.

Seine Kleidung bestand in Stiefeln, einer schwarzen Ueberhose, weißen Leibstükl, dunkelgefärbten manchesternen Janker, dann in einem roth- und weißgetupften Halstuche, einem runden hochgupfigen Filzhute mit schmaler Scheibe, und in einem schwarzgrauen Mantel mit großem, und einer Reihe weißer Knöpfe besezten Kragen.

Sein gewöhnlicher Aufenthalt in der lezten Zeit waren die Landgerichts-Bezirke Dachau, Aichach und Freising.

München, den 11 Okt. 1818.

Königl. baierisches Landgericht.

(L. S.)

Steyrer, Landrichter.

Wengert-Steckbrief vom Oktober 1818.

vorbeikamen, hatten sie den Einbruch beschlossen. Um diesen zu erleichtern, „hat Wengert Krähenaugen aufgeschnitten, und Anna Schickler hat dieselben dem Hunde in einem Brocken von einer Nudel vorgeworfen, wovon auch der Hund wirklich krepirt ist“.[2]

Als Erb an jenem 6. Dezember aus der Kirche zurückkam, fand er seine 59-jährige Gattin Theresia schwer verletzt vor. Sie lag bewusstlos, gefesselt und mit zerschlagenem Kopf in der

Stube. Am Bein wies sie eine Stichwunde auf. Noch ehe der herbeigerufene Geistliche ankam, war sie verschieden. Das ärztliche Gutachten ging dahin, „daß bey diesen, vermuthlich mit einem runden festen Körper zugefügten Kopfverwundungen der Tod nothwendig habe erfolgen müssen". Aus aufgebrochenen Kästen und Truhen waren Geld und Sachen im Wert von etwa 40 Gulden und einige Kreuzer geraubt worden, die die Täter nachher unter sich und mit Anna Schickler teilten, die während des Raubmordes „auf der Spähe" gestanden hatte.[3]

Die gerichtliche Untersuchung wurde zusammen mit derjenigen gegen Bartholomäus Eisenhofer und Mitbeschuldigte dem Landgericht München in der Au übertragen. Das Appellationsgericht für den Isarkreis erkannte am 9. Mai 1820 gegen Wengert wegen zweifachen Raubes IV. Grades auf Todesstrafe, die am 6. Dezember 1820 vom Oberappellationsgericht und am 9. Januar 1821 von König Maximilian I. bestätigt wurde. Das über Treffler verhängte Todesurteil milderte der König in eine lebenslängliche Haftstrafe ab: „Dieser Verbrecher und Anna Schickler sind nun zur Kerkerstrafe verurtheilt, und werden, ehe sie diese Strafe antreten, öffentlich ausgestellt werden."[4]

Am Mittwoch, dem 24. Januar 1821, wurde Wengert durch das Landgericht Au die Vollstreckung des Todesurteils angekündet, was offensichtlich keinen großen Eindruck auf ihn machte: „Als ihm durch das Landgericht Au zuerst das Todes-Urtheil, dies das königl. Appellations-Gericht des Isarkreises gefällt hatte, seinem ganzen Inhalte nach vorgelesen wurde, zog er langsam seine Dose aus der Tasche und nahm ganz ruhig eine Prise Taback. Hierauf wurde ihm das Urtheil des königl. Oberappellations-Gerichts eröffnet, da nahm er dann ebenso ruhig wieder eine zweyte Prise. Endlich wurde er in Kenntniß gesetzt, daß Se. Majestät keine Gründe gefunden hätten, ihn zu begnadigen, und von ihm die Erklärung abgefordert, ob er die Strafe des Todes nach 24 Stunden erstehen, oder damit dreymal 24 Stunden, nämlich bis zu dem nächsten Samstage zuwarten wolle. Ganz gleichgültig antwortete er: ‚Ey, wir wollen gleich fortmachen, so ist die Sache bald vorüber. Mir gilt es übrigens gleich.'"

Nachdem er vonseiten des Landgerichts wiederholt gefragt worden war, ob er nicht doch die Gnadenfrist in Anspruch nehmen wolle, antwortete Wengert: „Meinetwegen, wir können den Samstag nehmen, so gibt es dann mehr Zuseher."[5]

Die Hinrichtung des Verurteilten an jenem Samstag, dem 27. Januar 1821, fand auf einem Richtplatz bei Haidhausen statt, das zu jener Zeit noch eigenständig war. Die Eingemeindung zusammen mit Au und Giesing in die Stadt München erfolgte 1854.

Anselm Martin schrieb 1871 zu der Exekution: „Ich glaube hier auch anfügen zu müssen, daß die Todesurtheile der dem ehemaligen Landgerichte München rechts der Isar (am Lilienberge in der Vorstadt Au) angehörenden Verbrecher seit dessen Bestehen (vom Jahre 1803 an) außerhalb Haidhausen auf dem sogenannten Schanzen zunächst dem Garten des jetzigen Klosters ‚zum guten Hirten' vollzogen worden sind. Die letzte Hinrichtung fand Anfangs der zwanziger Jahre, somit erst vor circa 50 Jahren, an einem Maurer Namens Georg Wengert, der ‚schwarze Sachs' genannt, wegen Mordes statt. Derselbe soll sich dabei sehr frech und gottlos benommen haben."[6]

Wasserburg am Inn

Franz Weichselbaumer und Bartholomä Widl, 1820 und 1821

Nachdem am 30. September 1820 Franz Weichselbaumer, der seine Frau ermordet hatte, in Wasserburg mit dem Schwert hingerichtet worden war, erfolgte dort bereits ein Jahr später die nächste Exekution.[1]

Wasserburg. Blick von der Kellerstraße auf Innbrücke und Brucktor, 1844.

Der 22-jährige Wasserburger Bartholomä Widl, unehelicher Sohn eines bayerischen Dragoners, beging am Sonntag, dem 24. September 1820, auf dem einsam gelegenen Bliemerhof in Wasserburg einen Raubmord an der 73 Jahre alten Bäuerin und Austrägerin, bei der er vorher als Knecht gearbeitet hatte. Mit einer Hacke (Axt) erschlug er die allein auf dem Hof anwesende Frau: „Nach den ersten Streichen, welche ihr der Mörder mit der Hacke auf die Stirne gab, legte sie den Arm, den Verbrecher um Schonung bittend, auf den Kopf, aber dieser hieb mit aller Gewalt auf sie los, so daß der Arm herabsank. Er fuhr fort mit der Platte der Hacke auf den Kopf mit aller Kraft loszuschlagen, so daß er ihr die Hirnschale in mehrere Theile zersplitterte und die Frau röchelnd starb."[2]

Hierauf sprengte Widl ein Behältnis auf, raubte daraus 165 Gulden und flüchtete, wurde aber schon wenige Tage später in München verhaftet. Er gestand die Tat, worauf ihn das Appellationsgericht des Isarkreises zur Todesstrafe durch das Schwert verurteilte und das Oberappellationsgericht das Urteil bestätigte.

Am 18. Juli 1821 wurde dem nicht begnadigten Verurteilten in Wasserburg verkündet, dass das Todesurteil zu vollstrecken sei. Anfänglich war er „über das Urtheil erboßt und erklärte laut, daß er keine Reue fühle. Nach langem Zureden der Priester aber zeigte er sich besänftiget und ging erkennend und bereuend sein schweres Verbrechen mit vielem Muthe zum Schaffote. Er hatte früher guten Unterricht erhalten, schrieb eine gute Hand, und nährte sich auch längere Zeit durch Schreiben. Bemerkenswerth ist es, daß er den Tag vor der Hinrichtung und endlich selbst die letzte Nacht seines Lebens, also wenige Stunden, ehe er zum Blutgerüste ging, einige Knittel-Verse verfertigte und niederschrieb“. Diese Verse wurden in einer Zeitschrift veröffentlicht.

Die Hinrichtung des 22-Jährigen fand am 21. Juli 1821 in Wasserburg statt.[3]

In einem Wasserbehälter ertränkt, Rosenberg (Haag), 1827

Johann Bauer war ein Sohn rechtschaffener, nicht unbemittelter Bauern aus Graben bei Rieden (Ortsteile von Soyen), wo er am 25. Dezember 1800 geboren wurde. In seiner Jugend erhielt er „mit allem Erfolge die seinem Stande angemessene Erziehung und moralische Bildung“. Am 15. Oktober 1821 heiratete er Maria Weinhueber, Tochter des Besitzers des Vorderrosenberger Anwesens in Rosenberg (Ortsteil von Haag), mit der er vier Kinder zeugte. Bis zu seiner Heirat lebte er bei seinen Eltern in Graben, später in Rosenberg, wo er jenes Anwesen des Schwiegervaters übernahm.[4]

Allen guten Voraussetzungen zum Trotz verlief die Ehe unglücklich. Bauer begann ein Verhältnis mit zwei Mägden, von denen eine ein Kind von ihm bekam. Beiden versprach er die Ehe für den Fall, dass seine Frau sterben würde. Dieser, die „allgemein als eine gutmüthige, brave und arbeitsame Person bekannt war", blieben die Verhältnisse ihres Mannes nicht verborgen. Es kam mehrmals zu Vorwürfen, wobei Bauer vor Tätlichkeiten gegen seine Frau nicht zurückschreckte.

Einer der beiden Mägde gegenüber äußerte er mehrmals den Wunsch, dass seine schwangere Frau bei der Geburt im November 1826 sterben möge. Da dies nicht eintrat, fasste er den Entschluss, sie zu ermorden.

Nachdem er am Abend des 12. Januar 1827 im Stall zwei Kühe losgebunden hatte, weckte er seine Frau mit der Aufforderung, im Stall für Ordnung zu sorgen. Im Hemd und barfuß begab sie sich dorthin und legte mithilfe ihres Mannes die Kühe wieder an die Kette. Unter einem Vorwand lockte er dann seine Frau zu einem im Stall eingemauerten offenen Wasserbehälter, der halb voll war. Hier fasste er die nichts Ahnende, die sich an den Behälter angelehnt hatte, plötzlich an beiden Füßen, hob sie in die Höhe und stürzte sie mit dem Kopf nach unten ins Wasser. Er hielt sie so ein paar Minuten fest, während sie im Wasser röchelte und gurgelte, sich drehte und mit den Armen um sich schlug. Als schließlich kein Lebenszeichen mehr festzustellen war, ließ er sie noch eine Weile in dem Behälter liegen, um ihres Todes ganz sicher zu sein. Dann zog er ihr das nasse Hemd aus, trug sie in ihr Bett und bedeckte sie mit einem Tuch. Nachdem er sich überzeugt hatte, dass der Leichnam trocken war, weckte er einen Bediensteten sowie seine Nachbarn und teilte ihnen mit, dass seine Frau gestorben sei.

Der Vorfall erregte Verdacht und kam zur Kenntnis des Gerichtes. Das Benehmen Bauers bei der Leichenbeschau und beim Begräbnis „verrieth unverkennbar sein übles Bewußtseyn" und veranlasste seine Verhaftung. Die unter richterlicher Leitung erfolgte ärztliche Untersuchung ergab, dass „die Entseelte am Stick- und Schlagflusse, mittels der durch fremde Gewalt

Schandtafeln von Johann Bauer, der am 15. September 1827 in Wasserburg hingerichtet wurde. Die Schandtafeln hängte man den Verurteilten auf dem Weg zum Richtplatz oder zuvor am Pranger auf Brust und Rücken.

erlittenen Entziehung der zum Athmen nöthigen Luft, gestorben sey“. Bauer legte ein Geständnis ab, das „vollkommen den gesetzlichen Erfordernissen eines rechtsgültigen Bekenntnisses“ entsprach.

Das am 25. Mai 1827 wegen qualifizierten Mordes vom Appellationsgericht für den Isarkreis über ihn verhängte Todesurteil wurde am 25. Juli 1827 vom Oberappellationsgericht bestätigt. Nachdem König Ludwig I. am 10. August 1827 eine Begnadigung des Verurteilten (aber auch eine vom Oberappellationsgericht vorgesehene Schärfung des Todesurteils) abgelehnt hatte, fand die Hinrichtung Bauers mit dem Schwert „ihm selbst zur wohlverdienten Strafe und Andern zum abschreckenden Beispiele“ am 15. September 1827 in Wasserburg statt.[5]

Auf Ansuchen der Vormundschaft der Kinder Bauers wurde sein Vorderrosenberger Anwesen am 13. November 1827 versteigert. Es lag „lediglich eine kleine Stunde von dem Markte Haag entfernt“, nahe des von Rosenheim über Rott am Inn, Pfaffing und Rechtmehring nach Haag führenden Vizinalweges. Es war zehntpflichtig und „mit den besten Grundstücken und mit nicht baufälligen Gebäuden versehen“.[6]

Mühldorf am Inn

Furcht vor Tumulten

Der ledige Dienstknecht Jakob Althammer, Sohn eines Tagelöhners vom sogenannten Spannergut bei Neumarkt-Sankt Veit, arbeitete in den Jahren 1822/23 bei Johann Rothenwörer in Oberreit (Reit, Ortsteil von Niedertaufkirchen) als Knecht. Ein Jahr später trat er bei einem Bauern in Feichten (Neumarkt-Sankt Veit) in Dienst.

Während seiner Betätigung bei Rothenwörer hatte er bemerkt, dass dieser Geld in einem Kasten in seiner Schlafkammer aufbewahrte. Um sich „nun dasselbe zu seinem Vergnügen zu verschaffen“, entschloss sich Althammer am 23. Mai 1825 zu einem Raub. Zur Ausführung seines Planes begab er sich am 4. Dezember jenes Jahres nach Oberreit. Da ihm aber unterwegs mehrere Leute begegneten, die ihn kannten, ließ er einstweilen von seinem Vorhaben ab. Er erhielt von Barbara Rothenwörer, die ihm schon „als seine ehemalige Dienstbäuerinn mehrere Wohlthaten etc. erwiesen“ hatte, Obst geschenkt.

Nachdem er am 8. Dezember 1825 bei einem Tagelöhner in Feichten einen Einbruchsdiebstahl begangen hatte, begab sich Althammer am Morgen des 25. Dezember von Neumarkt aus erneut nach Oberreit. Er wusste, dass während des vormittäglichen Gottesdienstes nur Barbara Rothenwörer oder ihre Tochter Magdalena zu Haus zu bleiben pflegten. Er traf die Mutter an, die ihn hereinbat. Er hatte vor, sie gleich nach dem Öffnen der Haustür im Gang mit einem mitgebrachten Knüppel zu erschlagen, schreckte aber im letzten Moment davor zurück. Stattdessen fing er einen Streit über angeblich noch zu zahlenden Dienstlohn an und „gab hierauf der Barbara Rothenwörer mit seinem Stecken einen Streich auf den Kopf, daß sie sogleich zu Boden stürzte. Als er aber bemerkte, daß sie noch athmete, versetzte er ihr noch mehrere Streiche, in deren Folge Blut aus dem Kopfe floß und die Wände mit Blut bespritzt wurden."[1] Mit einer herbeigeholten Axt versetzte er der Bäuerin weitere Schläge auf Kopf und Hals, um ihres Todes sicher zu sein. Dann brach er in der Schlafkammer mit der blutigen Axt den Kasten auf und entwendete ein Geldsäckchen mit 18 Gulden.

Vor dem Landgericht Mühldorf, das die Untersuchung führte, legte der bald unter Tatverdacht geratene und am 29. Dezember 1825 verhaftete Althammer ein mit den Tatumständen übereinstimmendes Geständnis ab, worauf ihn das Appellationsgericht des Isarkreises am 27. Dezember des folgenden Jahres wegen qualifizierten Mordes zur Todesstrafe durch das Schwert verurteilte. Das Oberappellationsgericht bestätigte am 15. März 1827 das Urteil mit dem Zusatz, dass Althammer unmittelbar vor der Hinrichtung eine halbe Stunde am Pranger auszustellen sei. Durch Beschluss vom 28. März 1827 sah König Ludwig I. von einer Begnadigung des 20-jährigen Verurteilten ab, ersparte ihm aber die Schärfung durch Ausstellung am Pranger. Die Hinrichtung in Mühldorf erfolgte am 23. April 1827.[2]

Das Landgericht Mühldorf wies in einem Schreiben von 1827 an das Appellationsgericht auf die sicherheitstechnischen Schwierigkeiten bei der Hinrichtung Althammers und bei öffentlichen Hinrichtungen überhaupt hin. Meist könne nur mit Mühe der Kreis um das Schafott freigehalten werden – bei der Exekution Althammers waren immerhin 8.000 bis 9.000 Zuschauer anwesend. Hinzu kamen Schwierigkeiten bei der Enthauptung selbst, denn der Scharfrichter brauchte zwei „Nachhiebe", um den Kopf vom Rumpf zu trennen. Dabei bestand die Gefahr, dass sich die Wut der Zuschauer gegen den Scharfrichter hätte wenden können.

Ferner berichtete das Landgericht, wie gering der Abschreckungscharakter einer öffentlichen Hinrichtung sei, bei der dem Delinquenten im Gegenteil oft Mitleid entgegengebracht werde. Nach einer Hinrichtung höre sich kaum einer der Anwesenden die mahnenden Worte der Geistlichen an. Abgesehen von den Kosten, die eine solche Großveranstaltung mit sich brachte, „war es vor allem die Furcht vor Tumulten, die öffentliche Hinrichtungen zu unbeliebten Maßnahmen der Behörden machten".[3]

Erding

Richtplatz vor dem „Münchener Thore"

Nachdem der im Januar 1810 geborene Müller Sebastian Pointner aus Emling (Ortsteil von Bockhorn) Ende des Jahres 1828 eine wegen Diebstahls verhängte Arbeitshausstrafe verbüßt hatte, „rissen ihn Hang zum Vergnügen und zur Verschwendung bald zu neuen, weit schwereren Verbrechen hin".[1]

In der Nacht vom 12. auf den 13. September 1829 begab er sich zur Mühle in Grafing (Ortsteil von Fraunberg), um den dortigen Müller Bartholomäus Kiefer zu berauben. Er täuschte eine Unregelmäßigkeit am Mühlrad vor, worauf Kiefer aus seiner Mühle trat, um nach dem Rechten zu sehen. Pointner packte ihn, warf ihn ins Wasser und tauchte ihn ungefähr zwei Minuten lang unter. Der Müller richtete sich zwar wieder auf, Pointner stieß ihn aber erneut ins Wasser. Er kam unter das Mühlrad, wurde vom Wasser weitergerissen und ertrank. Pointner entwendete in der Mühle Bargeld, eine silberne Taschenuhr und andere Gegenstände.

In neuer Geldverlegenheit verfuhr er auf ähnliche Weise in der Nacht vom 17. auf den 18. Oktober 1829 mit dem Müller der Schlossmühle, Franz Decker, in Taufkirchen. Er versetzte ihm Messerstiche in den Unterleib und in den Kopf, an denen Decker am folgenden Tag starb. Pointner entwendete „36 Stück Frauenthaler, 2 Kronenthaler, einige andere Geldmünzen, eine silberne Uhr und eine Hirschhaut".[2]

Wenn man einem zeitgenössischen Beitrag im Bayerischen Volksfreund Glauben schenken darf, wendeten die Behörden außergewöhnliche Methoden an, um den in gerichtlicher Untersuchung befindlichen Pointner zu einem Geständnis bezüglich seiner Tat in Taufkirchen zu bewegen: „Die Leiche des von ihm gemordeten Müllers, schon 14 Tage lang in die Erde versenkt, wurde ausgegraben. In der Mühlstube, genau an jenem Platze, wo der Mord verübt ward, stellte man den Körper nakt, die klaffende Wunde an der Seite, auf. In der schauerlichen Mitternachtsstunde wurde der Mörder in die bekannte Mühle vor den Ermordeten hingeführt. Der Angeklagte blieb kalt bei diesem Anblicke; er antwortete trotzig und frech."[3]

Durch Urteil des Appellationsgerichts für den Isarkreis vom 12. März 1830 wurde der mittlerweile geständige Pointner wegen zweifachen Raubes IV. Grades zur Todesstrafe verurteilt. Nachdem die oberstrichterliche Bestätigung des Urteils ergangen war, legte er weitere Geständnisse ab. Er gab neben der Verübung mehrerer Diebstähle zu, sich am Pfingstmontag, dem 8. Juni 1829, in das Wohnhaus von Thomas Beiß in Tattendorf (Vilsbiburg) eingeschlichen und die dort allein anwesende Dienstmagd Maria Ellinger getötet zu haben. Sie war seinen Aufforderungen, ihm das im Haus befindliche Geld zu geben, nicht nachgekommen, worauf er sie zu Boden warf und ihr mit seinem Messer eine tödliche Halswunde beibrachte. Von einer weiteren diesbezüglichen Untersuchung sah man ab, da Pointner ohnehin schon zum Tode verurteilt war.

Darstellung
einer
dreifachen Mordthat,
wegen welcher
Sebastian Pointner,
von Emling den 3. Juli 1830 zu Erding
enthauptet wurde.

Titelblatt einer Darstellung der Taten Pointners, 1830.

Nachdem König Ludwig I. am 12. Juni 1830 von einer Begnadigung des Verurteilten Abstand genommen hatte, wurde seine Hinrichtung am 3. Juli 1830 in Erding vollzogen.[4] Der Bayerische Landbote schrieb dazu: „Seit fast 40 Jahren war keine Hinrichtung in Erding, weil es dort meist religiöse, fleißige und wohlhabende Leute giebt. Da hielt's nun schwer, bei der jüngsten Hinrichtung des armen Sünders einen Platz zu Aufschlagung des Schaffots, ja selbst die Fuhrleute und Arbeiter dazu, aufzufinden. Der Hinrichtungsplatz war bey dem Leprosenhause."[5]

Der Erdinger Richtstuhl mit Objektbeschriftung, auf dem Pointner 1830 „auf dem Felde bei Hl. Blut“ enthauptet wurde (Museum Erding).

Den Berichten der Presse zufolge erwarb Pointner in den letzten Tagen vor seiner Exekution durch sein reuevolles Benehmen große Teilnahme. Er kniete vor seinen Eltern und Geschwistern nieder und bat um Verzeihung. Auf der Richtstätte vor dem „Münchener Thore" auf dem „Felde bei Hl. Blut" (Wallfahrtskirche im Ortsteil Klettham/Altenerding an der Münchener Straße) angekommen, sprang er „behend" vom Wagen und betrat den engen Raum unter dem Richtboden, wo er sich bereitwillig fesseln ließ. Als ihm aber auf dem Schafott die Augen verbunden wurden, „fing er an dem ganzen Leibe ohnmachtartig zu wanken und in dem Todesstuhle sitzend auch mit dem Kopfe rückwärts zu sinken an, so daß der Scharfrichter seinem Gehülfen wiederholt zurufen mußte, denselben aufzuheben. Er wurde auch glücklich vom Rumpfe getrennt, bis auf einen kleinen Theil der rechten Halshaut."[6]

Dachau

Kniefall vor der Prinzessin Mathilde Karoline von Bayern

Der Zimmermannssohn Jakob Maier aus Taxa (Ortsteil von Odelzhausen), geboren am 23. Juli 1812, erhielt bis zu seinem 18. Lebensjahr einen guten Schulunterricht und bewies hierbei, dass es ihm an geistigen Fähigkeiten nicht fehlte. Als Zimmermannslehrling arbeitete er bei seinem Vater oder im Tagelohn, „wobei er auch den Ruf des Fleißes, nicht aber den der Redlichkeit genoß, und allgemein als ein lockerer und kleiner Veruntreuungen sehr verdächtiger Bursche bekannt war".[1]

Am Samstag, dem 24. März 1832, begab er sich zu seiner Nachbarin Marianne Schauer aus Taxa, von der er wusste, dass sie etwas Geld zu Hause hatte. Als sie ihm öffnete, schlug er ihr im

Flur mit der Rückseite eines Beiles auf die Stirn, worauf sie lautlos zu Boden sank. Hierauf versperrte er die Haustür, zog die Nachbarin an den Armen in die Küche und versetzte ihr hier noch weitere Schläge auf den Kopf. In der Kammer mit dem Öffnen einer Truhe beschäftigt, „hörte er die Schauer stark rasseln, ging wieder in die Küche und gab derselben, welche auf dem Rücken lag, mit der Schneide des Beils drei Hiebe vorne in den Hals, welche bis in die Halswirbel drangen".[2]

Ihre Leiche wurde abends von ihrem nach Hause zurückkehrenden Schwager, dem Tagelöhner Joseph Winterle, „Inseidl" genannt, gefunden. Im Haus fehlten Geld, einige Silberknöpfe und eine Taschenuhr. Zur Bewachung der Leiche wurde ausgerechnet Maier, dessen Schuld zu diesem Zeitpunkt niemand ahnte, ausgewählt. Er legte sich auf die Ofenbank „und schlief ruhig an dem Orte, der Zeuge seiner ruchlosen That gewesen war".

Man kam ihm auf die Schliche, da Teile der Beute bei ihm bemerkt wurden. Das Appellationsgericht für den Isarkreis verurteilte ihn am 1. Februar 1833 wegen qualifizierten Mordes zur geschärften Todesstrafe durch Enthauptung nach vorheriger halbstündiger Ausstellung am Pranger (Bestätigung des Urteils durch das Oberappellationsgericht am 21. März 1833). Nachdem König Ludwig I. am 16. April 1833 eine Begnadigung des Verurteilten verworfen, ihm die Ausstellung am Pranger aber erlassen hatte, nahm man die Hinrichtung des geständigen Verurteilten am 8. Mai 1833 in Dachau vor.[3]

Maier hatte zuvor nach Angaben des ihn betreuenden Geistlichen „einen sehr schönen Abschieds-Brief an seine braven Eltern" geschrieben.[4] Seine Mutter versuchte am Tag vor der Exekution durch einen Kniefall vor der Prinzessin Mathilde Karoline von Bayern vergebens, das Leben ihres Sohnes zu retten. Die Menge der besonders von München zu der Hinrichtung herbeigeströmten Zuschauer war so groß, „daß man in Dachau weder Platz in den Wirthshäusern, noch Lebensmittel mehr haben konnte".[5]

Trostberg

Gedränge in allen Gasthäusern

Der Bauernsohn Johann Evangelist Poschner aus Poschen (Ortsteil von Schnaitsee) im damaligen Landgerichtsbezirk Trostberg, geboren am 16. August 1821, lebte im Haus seiner Eltern, denen er bei der Bewirtschaftung ihres Gutes in Poschen Beistand leistete. Schon in früher Jugend lernte er die gleichaltrige Magdalena Gößl, Bauerstochter aus Stangern (Schnaitsee) kennen, die ihm um Weihnachten 1840 eröffnete, dass sie schwanger von ihm sei. Am 8. März 1841 brachte eine andere Frau ein uneheliches Kind zur Welt, als dessen Vater sich Poschner bekannte. Er fasste den Entschluss, Magdalena Gößl zu ermorden, um „sich von der Last der Ernährung zweier unehelicher Kinder zu befreien".[1]

Zur Ausführung dieses Vorhabens begab er sich am Morgen des 19. März 1841 auf Umwegen nach Stangern, wo er sein Opfer zur Gottesdienstzeit allein antraf. Als sie in der Wohnstube auf einer Bank saßen, ergriff er unbemerkt ein Messer eines stets auf dem Fensterbrett liegenden Besteckes und versetzte der jungen Frau, während „er seinen rechten Arm um den Nacken derselben vertraulich schlang, hinterrücks einen Stoß mit dem Messer in die rechte Halsseite".[2] Sie sprang auf und versuchte, ihn von sich abzuhalten, doch Poschner brachte ihr noch weitere Stiche und Schnitte bei, die ihren sofortigen Tod herbeiführten.

Nachdem er schon einen Tag später verhaftet worden war, legte Poschner ein „umständliches" Geständnis (soll heißen: ein genaues Geständnis: „bei Mitteilung aller Umstände"[3]) ab, wonach er „die Ermordung seiner Geliebten mit Vorbedacht beschlossen und mit kalter Ueberlegung" ausgeführt hatte. Das Appellationsgericht von Oberbayern verurteilte ihn am 24. Juli 1841 wegen qualifizierten Mordes zur Todesstrafe mit vorheriger halbstündiger Ausstellung am Pranger. Nach Bestätigung des

Der Richtstuhl, auf dem Poschner enthauptet wurde (Stadtmuseum Trostberg).

Urteils durch das Oberappellationsgericht am 11. Dezember 1841 und durch König Ludwig I. am 21. Januar 1842 wurde die Hinrichtung Poschners mit dem Schwert am 14. Februar 1842 zwischen 11 und 12 Uhr durch den Augsburger Scharfrichter vollzogen.[4] Der Richtplatz befand sich vor Trostberg auf der sogenannten Galgenleite, die auch heute noch so genannt wird, inzwischen aber komplett bewaldet ist.[5]

Das Trostberger Pfarramt war vom Landgericht Trostberg angewiesen worden, am Hinrichtungstag zwei Geistliche in die Eisenfronfeste abzuordnen, die dem Verurteilten auf seinem Weg (auf einem Wagen) zum Landgerichtsgebäude und zum Richtplatz geistlichen Beistand leisten sollten.[6]

Bei der Hinrichtung war eine „solche Menge Menschen vorhanden (Mehrere schätzten selbe auf 30,000), wie man seit undenklichen Zeiten in dieser Gegend nicht gesehen hatte. Von einer Entfernung von 8 bis 10 Stunden waren Zuschauer gekommen. Das Gedränge in allen Gasthäusern in und um Trostberg war furchtbar, und die vielen Pferde konnten nicht mehr untergebracht werden."[5]

Oberpfalz

Beilngries

Untat an einer werdenden Mutter, 1819

Nachdem der in Röckenhofen (Ortsteil von Greding) im damaligen Landgerichtsbezirk Beilngries geborene Mathias Lang Ende März 1819 aus dem Militär verabschiedet worden war und bei einem Bauern in Röckenhofen Arbeit gefunden hatte, setzte er seine frühere Bekanntschaft mit seiner Geliebten fort, mit der er einige Jahre zuvor ein Kind gezeugt hatte. Gleichzeitig unterhielt er aber auch mit der Hirtentochter Anna Maria Geier einen „vertraulichen Umgang".

Als diese schwanger wurde und ihn als Vater angab, zog er Vorwürfe seiner Geliebten auf sich und fasste am 23. Dezember 1819 den Entschluss, sich der werdenden Mutter auf gewaltsame Weise zu entledigen. Zwei Tage später nahm er am frühen Morgen einen Strick seines Dienstherrn an sich und begab sich zu dem Hirtenhaus. Auf dem Dachboden, wo Anna Maria Geier ihre Lagerstätte hatte, warf er ihr den Strick um den Hals und zog ihn zu. Als sie „vom Bette herabfiel, hob er sie mit dem Stricke dreimal in die Höhe, und ließ sie ebenso oft wieder auf den Boden fallen, bis er glaubte, daß sie todt sey". Dann zog er sie die Treppe hinunter auf den Flur, „damit die Leute glauben müßten, sie habe sich zu Tode gefallen".

Der noch am Tag der Tat verhaftete, geständige Lang wurde am 8. März 1820 vom Appellationsgericht des Regenkreises wegen qualifizierten Mordes zum Tode durch das Schwert verurteilt. Nachdem dieses Urteil am 7. April 1820 vom Oberappellationsgericht und am 18. April vom bayerischen König bestätigt worden war, nahm Scharfrichter Scheller am 10. Mai 1820 in Beilngries die Hinrichtung des Verurteilten vor.[1]

Regensburg

Brandstiftung in Schwetzendorf, 1821

Der Söldner Johann Lehner aus Schwetzendorf (Ortsteil von Pettendorf) übernahm im Jahr 1813 das elterliche Anwesen, widmete sich aber weniger der Arbeit, „sondern gieng lieber, wenn er Geld hatte, dem Trunke nach" und lebte mit seiner Ehefrau in Streit. Da obrigkeitliche Maßregeln wegen seines ungeregelten Lebenswandels und Misshandlungen seiner Frau erfolglos blieben, kam es 1816 zur Trennung der Eheleute. Lehners Anwesen wurde verpachtet und der Ertrag zum Unterhalt seiner Frau und seiner zwei Kinder verwendet, während er selbst bei den im Ort ansässigen Bauern sein Geld verdienen musste.

Wegen angeblicher Beleidigungen seitens der Familien der Schwetzendorfer Bauern Joseph Beer und Georg Sattler schwor Lehner Rache und drohte mit Brandstiftung. Am späten Abend des 7. Oktober 1821 nahm er „aus seiner Küche eine glühende Kohle in einem Scherben, und einen Span, begab sich zum Stadel des Joseph Beer, blies da aus der Kohle Feuer an den Span, und hielt denselben an das durch die Bretterwand stehende Stroh. Als hier das Stroh in Brand aufgegangen war, verfügte er sich zum Stadel des Georg Sattler, und zündete denselben auf die nämliche Art an."[1]

Das Feuer griff auch auf das Dach des Wohnhauses der Familie Beer über, konnte aber mit großer Anstrengung gelöscht werden. Der insgesamt angerichtete Schaden belief sich auf rund 6.700 Gulden. Lehner, der während der Löscharbeiten eines der im Dorf herumspringenden Schafe Sattlers entwendete, versuchte, auch sein eigenes Haus anzuzünden, was ihm aber nicht gelang, da mehrere Leute zum Löschen herbeieilten.

Wegen Brandlegung I. Grades verurteilte ihn das Appellationsgericht des Regenkreises am 15. Januar 1822 zum Tode durch das Schwert (Verordnung des Strafgesetzbuches Teil I. Artikel 248). Das vom Oberappellationsgericht am 5. März 1822 und von König Maximilian I. am 20. März jenes Jahres bestätigte Todesurteil wurde am 18. April 1822 in Regensburg an dem 30-Jährigen vollstreckt.[2]

Neunburg vorm Wald

Giftmord in Nefling

Anna Maria Lößl, die Tochter eines Webers aus Hillstett (Stadtteil von Rötz), arbeitete als Magd bei dem Bauern Bartholomäus Wallinger in Nefling (Neunburg). Als sie nach wenigen Monaten ein Verhältnis mit ihm einging und schwanger wurde, versprach ihr der Bauer die Ehe für den Fall, dass seine Frau Elisabeth sterben sollte.

Im August und September 1827 versuchte die Magd, die Bäuerin durch Quecksilber bzw. durch „gesammelte sogenannte Hammerlen, deren Absud sie derselben zu trinken gab", zu vergiften. Da dies misslang, besorgte sie sich Rattengift, das ihre Mutter am Christmarkt in Rötz – angeblich zur Schädlingsbekämpfung – bei einer dortigen Baderswitwe kaufte. Mithilfe Wallingers brachte sie dessen Frau, die ebenfalls schwanger war, das Gift am 30. Dezember 1827 in einer Suppe, am 1. Januar 1828 auf einem Apfel, am 2. Januar in drei gebratenen Apfelhälften und auf Brot sowie am 3. Januar in Bier bei, worauf Frau Wallinger einen Tag später starb. Die Sektion des Leichnams und die chemische Untersuchung des Magens und der Eingeweide ergaben eindeutige Spuren einer Vergiftung.

Neunburg vorm Wald, Nordansicht, um 1906.

Die Magd legte nach ihrer Verhaftung ein detailliertes und mehrfach wiederholtes Geständnis ab: „Ihrer Mordthat lag eine dreifache gesetzliche Qualification zu Grunde, nämlich: daß die Inquisitin in den Diensten der Ermordeten sich befand, – ferner: daß Elisabetha Wallinger schwanger war, und daß die Tödtung durch Gift vollbracht wurde.“[1]

Das Appellationsgericht für den Regenkreis verurteilte Anna Maria Lößl wegen qualifizierten Mordes zur geschärften Todesstrafe. Das Oberappellationsgericht bestätigte das Urteil ebenso wie König Ludwig I., der jedoch die Schärfung, die in einer halbstündigen öffentlichen Ausstellung am Pranger bestanden hätte, aufhob.[2]

Die Hinrichtung der 21-Jährigen, die während der Haft ein Mädchen geboren hatte, fand am 6. Dezember 1828 in Neunburg vorm Wald mit dem Schwert statt. Ein in Amberg gedrucktes Flugblatt, in dem die Tat noch einmal dargestellt war, wurde an die Zuschauer verteilt.[3]

Wallinger, der wegen seiner Beteiligung an der Mordtat zu lebenslänglicher Kettenstrafe verurteilt worden war, wurde an jenem 6. Dezember in Neunburg öffentlich mit angelegten Ketten am Pranger ausgestellt, ehe man ihn zum Antritt seiner Strafe nach Lichtenau abführte. Er äußerte, „das Anhören der vier und zwanzig Bogen starken Entscheidungsgründe [für die Bestätigung des Todesurteils] sey ihm mehr zuwider gewesen, als die Ausstellung an der Schandsäule".[4]

Cham

Kunigunda Korherr aus Furth im Wald

Der Küfergeselle Andreas Oberberger aus dem damaligen Landgerichtsbezirk Kötzting lernte um Ostern 1834 durch einen Bekannten die 20-jährige Franziska Korherr kennen, die mit ihrer Mutter Kunigunda Korherr, Witwe eines Küfers, in deren kleinem Anwesen in Furth im Wald wohnte und eine „Heirathspartie" suchte. Furth lag im Landgerichtsbezirk Cham, der zu jener Zeit noch zum Unterdonaukreis gehörte. Mit der Gebietsreform von 1837 wurde der Unterdonaukreis in Niederbayern umbenannt und das Landgericht Cham der Oberpfalz zugeteilt.

Obwohl Franziska Korherr keine Zuneigung für Oberberger empfand, wollten sie und ihre Mutter ihn dennoch nicht abweisen, da er ein kleines Vermögen besaß und sich eine Küferkonzession in Furth erwarb. Nachdem die Witwe am 21. Februar 1835 ihrer Tochter das Anwesen übertragen hatte, fand die Hochzeit am 1. März statt, und Oberberger wohnte nun bei seiner Frau und seiner Schwiegermutter. Aber auch mit der Heirat verbesserte sich die Lage nicht. Es kam so oft zu Streit, dass „selbst der sonst gutmüthige und friedliebende Oberberger" darauf drängte, dass

Cham. Marktplatz mit Pfarrkirche, um 1906.

seine Schwiegermutter aus dem Haus müsse, die oft die Ursache des häuslichen Unfriedens war.

Am Mittwoch, dem 15. April 1835 (Woche vor Ostern), verschaffte sich Kunigunda Korherr unter verschiedenen Vorwänden an mehreren Orten Arsenik, von dem sie einen Teil am Tag darauf, als ihre Tochter nicht zu Hause war, ihrem Schwiegersohn ins Mittagessen mischte. Als dieser darauf schwer erkrankte, äußerte er einem Zeugen gegenüber den Verdacht, „die Alte" (seine Schwiegermutter) „müsse ihm etwas in das Essen hinein gekocht haben".

Die Krankheit, die von dem behandelnden Landarzt nicht als Vergiftung erkannt wurde, dauerte nun einige Tage an, während derer ihm die Schwiegermutter weiterhin Gift verabreicht haben könnte. Nachdem Oberberger am Ostersonntag (19. April) einen von ihr erhaltenen Branntwein getrunken und sich sein Leiden sofort sichtbar verschlimmert hatte, starb er nach wenigen Stunden.

Der Tatbestand der Vergiftung wurde durch die gerichtliche Besichtigung des Leichnams, die chemische Untersuchung des Magens und das Gutachten des Gerichtsarztes zweifelsfrei erwiesen, worauf das Appellationsgericht des Unterdonaukreises am 18. August 1835 die geständige Frau Korherr wegen qualifizierten Mordes zur Todesstrafe durch das Schwert verurteilte. Da keine Begnadigung gewährt wurde, fand die Hinrichtung der 56-Jährigen am 7. Dezember 1835 in Cham statt.[1]

Tirschenreuth

Ermordung eines Ehepaars

Da der verheiratete Hausbesitzer Franz Josef Weiß, vulgo Bock, aus Hermannsreuth (Ortsteil der Stadt Bärnau) im Jahr 1836 beim Ankauf seines dortigen Hauses den Verkäufern, den Eheleuten Boehm, die Kaufsumme nicht vollständig bezahlte, legten diese Klage beim Landgericht Tirschenreuth ein. Weiß erhielt darauf Ende November 1843 unter Androhung einer Zwangsversteigerung die gerichtliche Weisung, seine Schulden binnen vier Wochen zu zahlen.

Trotz dieser juristischen Divergenzen hatte er weiter Kontakt zu den Eheleuten. Am 28. Dezember 1843 begab er sich mit dem Ehemann Wolfgang Boehm nach Irlweiher in Tschechien. Von dort aus wollte Weiß weiter nach Tachau (Tachov) und Boehm nach Hals gehen. Nachdem sie in Irlweiher miteinander gezecht und den Ort nachmittags verlassen hatten, kam es wegen eines angeblichen Gelddiebstahls der Eheleute an Weiß zu einer Auseinandersetzung. Letzterer schlug Boehm mit einem Stock zu Boden und versetzte ihm mit einem Taschenmesser mehrere Stich- und Schnittwunden am Hals, die seinen Tod herbeiführten.

Nun kehrte Weiß nach Hermannsreuth zurück, wo er in seiner Stube die Frau des Getöteten, Anna Maria Boehm, antraf, die ihn besuchen wollte. Als sie gegen 20 Uhr das Haus verließ, forderte er sie auf, im Wald einen Rehbock zu holen, den ihr Mann geschossen habe. Da Boehm dem Wildern nicht abgeneigt war, schenkte seine Frau den Angaben Glauben. Im Wald angekommen, tötete Weiß auch Frau Boehm mit seinem Taschenmesser.

Die vom Landgericht Tirschenreuth gegen ihn eingeleitete strafrechtliche Untersuchung mündete in einem Prozess vor dem Appellationsgericht der Oberpfalz und Regensburgs. Dieses verurteilte ihn am 11. Juni 1844 „wegen Verbrechens des durch hinterlistige Vorspiegelungen an Anna Maria Boehm verübten qualifizirten Mordes und wegen Verbrechen des Mordes an Wolfgang Boehm“ zur Todesstrafe. Nach Bestätigung des Urteils wurde es am 26. September 1844 um 10 Uhr vormittags in Anwesenheit einer großen Menschenmenge in Tirschenreuth an dem 49-Jährigen mit dem Schwert vollstreckt.[1]

Amberg

Zweite Hinrichtung mit der Guillotine in Bayern, 1854

Im fünften Fall der zweiten Schwurgerichtsperiode des Jahres 1854 standen am 12. und 13. Juni in Amberg (Schwurgerichtshof für die Oberpfalz und Regensburg) vor den Geschworenen:

- der verwitwete Müllermeister Johann Lobenhofer von der Kollermühle im damaligen Landgerichtsbezirk Eschenbach (Eschenbach i.d.OPf.),
- der verwitwete Hirt Michael Lutz und
- der ledige Flur- und Nachtwächter Georg Lutz, beide aus Hebersreuth. Dieser Ort fiel einer von 1936 bis 1938 vorgenommenen Erweiterung des Truppenübungsplatzes Grafenwöhr zum Opfer.

Der Sachverhalt war folgender: Am 27. Oktober 1853 machte Lobenhofer der Gendarmerie und am 28. dem Landgericht Eschenbach die Anzeige, dass seine Frau Margaretha, geborene Daubenmerkel aus Pressath, am 23. Oktober mit ihrer ältesten Tochter Elisabeth den Sonntagsgottesdienst in Grafenwöhr besucht habe, von dort aus allein nach Freihung habe gehen wollen und seitdem spurlos verschwunden sei. In der dortigen Gegend wurde noch am 28. Oktober in einem Waldstück eine weibliche Leiche gefunden, die Lobenhofer als seine Frau identifizierte. Er äußerte die Vermutung, dass sie Opfer eines Raubmordes geworden sein könnte.

Es war allgemein bekannt, dass zwischen den Eheleuten erhebliche Differenzen und sogar tätliche Übergriffe vorgekommen waren, nachdem Lobenhofer mehrfach Ehebruch begangen und Alimente für uneheliche Kinder zu zahlen hatte. Als er unter dem Verdacht, den Mord selbst initiiert zu haben, nochmals vor den Leichnam seiner Frau geführt wurde, trat ihm „der Angstschweiß auf die Stirne", und er legte ein Geständnis ab, das er in der Schwurgerichtssitzung wiederholte. Demnach hatte er seine Frau ursprünglich nicht heiraten wollen, sondern sei „durch eine von ihr fälschlich angegebene Schwangerschaft dazu bewogen worden. Nachher habe sie ihn mit Eifersucht geplagt, bei allen Leuten heruntergesetzt und schlechter als einen Dienstboten gehalten. Sie habe ihm nicht einmal gestattet, sein außereheliches Knäbchen, wofür er jährlich 10 fl. [Gulden] Alimente zu zahlen hat, zu sich zu nehmen. Daher rühre seine Abneigung und sei er ihrer überdrüssig geworden."[1]

Er hörte von dem 73-jährigen Hirten Michael Lutz, von dem es hieß, er habe schon vor mehreren Jahren „seine Ehefrau weggeräumt". Auch seine Schwägerin war auf geheimnisvolle Weise verschwunden, ohne dass Lutz juristisch belangt worden wäre. Er sei, so Lobenhofer, schon 1852 einige Male zu Lutz nach Hebersreuth gegangen, um ihn zu Rate zu ziehen: „Derselbe habe ihm einen verrosteten Nagel von einer Todtentruhe gegeben, um ihn in einen Fußstapfen der Frau zu legen; auch habe er demselben Koth von ihr bringen müssen, aber alles vergeblich."[2]

Nun entschloss sich Lobenhofer, seine Frau gewaltsam aus der Welt zu schaffen. Den Auftrag hierzu gab er gegen entsprechende Bezahlung Lutz und dessen Sohn Georg. Der Plan war, die Frau in die Nähe von Freihung zu locken, wo der Mord mit einem „Strickchen" verübt werden sollte, „welches mit Wachs gewichst werde, damit es leichter zuzöge".

Lobenhofer tat seiner Frau gegenüber so, als wolle er am Tag der Tat, dem 23. Oktober, nach Freihung gehen, um dort Alimente zu zahlen, wohl wissend, dass seine Frau dies nicht gestatten würde, weil „sie fürchten mußte, Lobenhofer werde sich noch tiefer in sein Liebesverhältniß verstricken. Die Unglückliche gieng auch in die Falle; sie selbst erbot sich das Geld nach Freiung tragen zu wollen, und Lobenhofer gab es zu."[3]

Auf dem Weg dorthin lauerten Vater und Sohn Lutz ihr auf. Georg Lutz warf ihr den Strick um den Hals und erwürgte sie, während sein Vater Schmiere stand. Dann beraubten sie die Tote und trugen sie in den Wald. Um jeglichen Tatverdacht von sich abzuweisen, war Lobenhofer an jenem Tag auf einem Markt in Kemnath. Besonders Georg Lutz machte sich verdächtig, weil er kurz nach der Tat größere Anschaffungen machte und plötzlich über viel Geld zu verfügen schien.

Der am 2. November 1853 verhaftete Michael Lutz sagte vor dem Schwurgericht aus, Lobenhofer habe ihm 1852 bei seinen Besuchen in Hebersreuth erzählt, „daß er schon verschiedene Versuche gemacht habe, seine Frau aus der Welt zu schaffen, er sei bei seinem Abdecker gewesen, habe sein gestossenes [zerstoßenes] Glas in eine Leberwurst gethan, welche sie gerne esse, Erde, worauf sie getreten, in den Schlot gehängt, aber Alles habe nicht angegriffen" (funktioniert). Der Mord an Frau Lobenhofer sei gut vorbereitet worden, so Lutz, und „es habe kein Vaterunser gedauert bis sein Sohn mit der Müllerin fertig gewesen" sei.[4]

Die Geschworenen erklärten Lobenhofer „des doppelt qualifizirten Mordes (weil durch Täuschung und an der Ehegattin verübt) als intellectuellen Urheber, Georg Lutz des qualifzirten Mordes als physischen Urheber und Mich. Lutz des qualifzirten Mordes als Miturheber im Komplotte" für schuldig, worauf der Gerichtshof die drei Angeklagten zum Tode verurteilte.[5]

Nachdem das Urteil durch König Maximilian II. bestätigt worden war und die Verurteilten von der dreitägigen Gnadenfrist Gebrauch gemacht hatten, nahm Scharfrichter Scheller aus München mit seinen Gehilfen die Dreifachhinrichtung am 24. August 1854 in Amberg mit der Guillotine vor. Am frühen Morgen wurde den Delinquenten auf einer vor der Fronfeste errichteten Tribüne das Urteil nochmals verlesen und der Stab gebrochen. Hierauf setzte sich der Zug zur Richtstätte in Bewegung. Jeder der drei saß auf einem eigenen Wagen, begleitet von einem Geistlichen und einem Gehilfen des Scharfrichters. Eine Abteilung Bürgerkavallerie und Linieninfanterie des Amberger Regiments bildeten die Eskorte. Das Schafott war außerhalb der Stadt, „am Fuße des sogen. Galgenberges, etwa 30 Schritte rechts von der nach

Bayreuth führenden Poststraße", errichtet worden. In Anwesenheit einer großen Menschenmenge wurde zuerst Michael Lutz, dann sein Sohn und als Letzter Lobenhofer enthauptet.[6]

Die Presse schrieb dazu: „Die Morgenstunde am 24. August brachte das seit mehr als 40 Jahren im Amberg nicht mehr gesehene blutige Schauspiel einer Hinrichtung durch das Fallschwert, der ersten in der Oberpfalz seit Einführung der Geschworenengerichte."[7]

Nach der erwähnten Dreifachhinrichtung am 19. August 1854 in München war es das zweite Mal, dass die Guillotine in Bayern zum Einsatz kam.[8]

„Rasende Liebe" in Luhe

Ein ähnliches Ehedrama spielte sich zwei Jahre später in Luhe (Luhe-Wildenau) im früheren Landgerichtsbezirk Weiden ab. Der Anfang 1790 geborene Andreas Knorr machte sich 1823 auf dem „Tafernwirthsanwesen zum weißen Roß" in Luhe ansässig und heiratete Ende Juli 1824 die im September 1802 in Waldthurn geborene Katharina Rubner, Tochter eines Zolleinnehmers. Sie brachte ein zweijähriges Kind mit in die Ehe.

Infolge eines Brandunglücks, bei dem das Anwesen in Flammen aufging, geriet Knorr wenige Jahre nach der Trauung in finanzielle Schwierigkeiten und „Vermögensverfall". Er versuchte, seinen Lebensunterhalt durch einen Handel mit Nähartikeln zu verdienen, während seine Frau als Hebamme arbeitete. Die schwierigen Verhältnisse gaben Anlass zu Misshelligkeiten, in Folge derer Frau Knorr 1842 ihren Mann verließ und erst vier Jahre später nach einer vom Pfarramt vermittelten Aussöhnung zu ihm zurückkehrte.

Kurz darauf wurde sie in einer intimen Situation mit dem ledigen Schuhmachergesellen Rupert Ziegler, einem Stiefsohn des Luher Schuhmachers Georg Vitzthum und seiner Frau

Elisabetha, angetroffen. Für diesen Ehebruch erhielt sie im Juli 1846 vom Gericht eine achttägige, doppelt geschärfte Arreststrafe. Wieder verließ sie ihren Mann, mietete sich bei den Eheleuten Vitzthum ein und setzte ihr Verhältnis zu Ziegler fort. Nachdem sie eine Zeit lang den Vollzug von Zwangsmaßregeln durch Beschwerdeführung bei höheren Stellen hatte vermeiden können, wurde sie Anfang 1855 unter Androhung des Verlustes ihres Hebammendienstes und der Einlieferung in ein Arbeitshaus gezwungen, wieder zu ihrem Mann zurückzukehren. Ziegler verbot man den Kontakt zu ihr, und seinem Stiefvater, sie ins Haus zu lassen.

Ihre Abneigung gegen ihren Gatten führte zu dem Entschluss, ihn umzubringen, „damit sie ihren Liebhaber ehelichen könne". Ein willkommenes Werkzeug zur Ausführung ihres verbrecherischen Planes stand ihr in der Person des vorbestraften Maurergesellen Xaver Hemrich aus Luhe zur Seite. Er war auf ihren Mann nicht gut zu sprechen, weil er von ihm eines Diebstahls bezichtigt worden war. Hemrich gegenüber äußerte sie: „Wenn nur mein Mann weg wäre; wenn ihn nur Jemand wegrichtete, ich ließe es mir kosten was es wolle."[9] Der Maurergeselle gab später an, sie habe ihm 50 Gulden und zwei Hemden ihres Mannes versprochen.

Am Morgen des 30. Juli 1855 machte sich Andreas Knorr auf den Weg nach Amberg, wo er einige Tage seine Schwester besuchen wollte. Seine Frau begleitete ihn bis Neudorf und nahm dort mit vermeintlich freundlichen Worten Abschied von ihm. Hemrich, der den gleichen Weg eingeschlagen hatte, folgte nun dem betagten Knorr über Schnaittenbach in Richtung Amberg nach: „Bei den 3 Marterln betete dieser laut einige Vaterunser und ging dann auf dem Schnaittenbacher Steig die Anhöhe gegen Amberg zu hinauf."[10] Hemrich schloss zu ihm auf und schlug ihm mit einem armdicken Pfahl, den er aus einer nahen Wiese gezogen hatte, ins Genick. Knorr stürzte mit dem Ruf „Jesus, Maria und Joseph!" zu Boden und gab kein Lebenszeichen mehr von sich. Dann schleppte Hemrich ihn ins Gebüsch, schlug ihn noch mehrmals und raubte ihn aus.

Auf Anzeige der Gemeindeverwaltung Pursruck, dass am 3. August eine Leiche im Bisthumer Wald gefunden worden sei, begab sich am folgenden Tag eine Gerichtskommission mit Zuziehung des Gerichtsarztes und eines Chirurgen dorthin. Die schon in Verwesung übergegangene Leiche konnte schnell als die des „vormaligen Rößlwirths" identifiziert werden, da sich bei ihr entsprechende Papiere vorfanden. Der Kopf „zeigte sich sehr zerschlagen, 6 Rippen waren gebrochen".[11]

Nachdem sich der Maurergeselle nach seiner Verhaftung zuerst aufs Leugnen verlegt hatte, räumte er im September 1855 die Tat ein. Auch Katharina Knorr legte ein Geständnis ab. Sie gab an, ihr Mann habe sie aus Eifersucht „mißhandelt und wie einen Hund gehalten, so daß sie nicht mehr sein Weib, sondern seine Sklavin gewesen" sei. Mit Ziegler habe sie einige Jahre lang „Umgang gehabt und ihn rasend geliebt, ihm auch viel Guthes gethan und viel gegeben". Da sie seine Mutter, Frau Vitzthum, als Anstifterin zu dem Auftragsmord bezeichnete, wurde auch sie verhaftet.[12]

Das Amberger Schwurgericht belegte Hemrich und Frau Knorr am 11. Dezember 1855 nach zweitägiger Verhandlung wegen qualifizierten Mordes mit der Todesstrafe. Frau Vitzthum wurde wegen „Hilfeleistung II. Grades" zu zwölf Jahren Zuchthaus verurteilt. Nach der Bestätigung der Todesurteile durch den obersten Gerichtshof und König Maximilian II. fand die Doppelhinrichtung am 4. Februar 1856 – am Fastnachtsmontag – im Beisein einer großen Menschenmenge in Amberg an gleicher Stelle wie 1854 mit der Guillotine statt.[13]

Übergang zur nicht öffentlichen Hinrichtung

Nachdem der ledige Badergeselle Franz Kräusel, geboren und „heimathsberechtigt" in Regensburg, Anfang September 1857 nach neun Monaten aus der Zwangsarbeitsanstalt Ebrach entlassen worden war, kehrte er bald zu seiner früheren „vagirenden

Lebensweise“ zurück. Er hatte sich vorgenommen, „den nächsten Beßten“, der ihm über den Weg laufe, umzubringen und auszurauben.

Auf seinen Wanderungen lernte er am Mittwoch, dem 23. September 1857, im „Gasthaus zum schwarzen Adler“ in Nabburg den 27-jährigen Theologiestudenten Heinrich Beck aus Kelheim kennen, der auf einer Reise nach Straubing begriffen war. Sie unterhielten sich, aßen zusammen und spielten Karten, ehe ihnen ein gemeinschaftliches Zimmer zum Schlafen angewiesen wurde.

Zwar verließ Beck am nächsten Morgen als Erster Nabburg, Kräusel kannte aber seine Route und traf ihn in Schwarzenfeld wieder. In Kemnath sprachen sie beim Pfarrer und Kooperator vor und erhielten etwas Geld und Kräusel ein Hemd geschenkt. Als sie bei einbrechender Dämmerung in einen Wald in der Nähe von Taxöldern (Ortsteil von Bodenwöhr) kamen, versetzte Kräusel seinem Begleiter plötzlich mit der Faust einen so heftigen Schlag auf den Kopf, dass Beck in den Straßengraben stürzte. Kräusel kniete sich auf ihn, „schlug ihm mit der Faust auf die Brust, droßelte ihn durch Zusammendrehen des Halstuches, welches Beck umgebunden hatte, und stieß ihm Stücke Holz in die Kehle, wodurch er erstickte“.[14] Hierauf schleifte er ihn seitwärts in den Wald, nahm ihm seine wenigen Habseligkeiten ab und band ihm, um seines Todes sicher zu sein, eine Hälfte des Hosenträgers fest um den Hals.

Die Leiche des Getöteten wurde am nächsten Morgen aufgefunden und Kräusel als der Tat verdächtig in Regensburg verhaftet. In öffentlicher Sitzung des Amberger Schwurgerichts vom 3. Dezember 1857 erkannten ihn die Geschworenen „des Verbrechens der durch das Motiv des Eigennutzes und die Anwendung betrüglicher Hinterlist doppelt qualifizirten Mordes“ schuldig, worauf ihn der Schwurgerichtshof zur Todesstrafe verurteilte.[15]

Entsprechend der Vorgaben des Strafprozessgesetzes vom 10. November 1848 prüfte der oberste Gerichtshof das Urteil und befand, „daß weder in dem gegen Franz Kräusel durchgeführten

Die Amberger Fronfeste im Jahr 1909 mit Hochwasser im Stadtgraben. Links von der Fronfeste ist das Ziegeltor zu sehen.

Strafverfahren, noch in dem gegen ihn erlassenen Strafurtheile ein Nichtigkeitsgrund vorliege". Der Generalstaatsanwalt wies in diesem Zusammenhang darauf hin, „wie ungeeignet es sei, noch immer Fragen darauf zu richten, ob der Mord ein qualificirter sei, da doch alle Folgen der Qualifikationen gesetzlich abgeschafft, diese daher praktisch bedeutungslos seien".[16]

Am 18. Januar 1858 wurde dem in der Amberger Fronfeste inhaftierten Verurteilten publiziert, dass König Maximilian II. eine Begnadigung abgelehnt hatte. Verhielt er sich hier noch trotzig und widerspenstig, so zeigte sich der 34-Jährige kurz vor seinem Ende reumütig, „und der Tiger ward ein Lamm". Bevor die Hinrichtung am 21. Januar 1858 stattfand, verlas ihm eine Gerichtskommission „am sogenannten kleinen Parade-Plätzchen" in Amberg nochmals das Todesurteil und brach ihm den Stab. Nach der Überführung in einer Wagenkolonne zum Richtplatz am Galgenberg wurde Kräusel unter das Schafott in die „Todtenkammer“ geführt, wo ihm die Augen verbunden wurden. Die zwei Gehilfen des Scharfrichters führten ihn nun auf das Schafott und schnallten ihn unter die Guillotine, „worauf Scharfrichter Schellerer das Fallschwert herunter fallen ließ und somit war der Kopf in einem Nu vom Körper getrennt. Dann wurde der Kopf dem Publikum vorgezeigt.“[17]

Ein Gedenkstein in Form eines Obelisken, der in einer Parkbucht neben der Straße steht, die von Taxöldern nach Altenschwand und Hofenstetten führt, erinnert an das Verbrechen. Die daran angebrachte Tafel trägt folgende Inschrift: „Dem Andenken des hier am 24. Sept. 1857 in seinem 27. Lebensjahre ermordeten Candidaten des I. theol. Curses Heinrich Beck aus Kelheim gewidmet.“

Die Hinrichtung Kräusels, der wieder eine große Menschenmenge beiwohnte, war die letzte öffentliche Hinrichtung in Amberg. Der ersten hinter verschlossenen Mauern des Amberger Gefängnisses lag ein ähnliches Delikt zugrunde. Es wurde von dem Tagelöhner Michael Neumann aus Muglhof (Ortsteil von Weiden) verübt.

Nachdem er 1862 wegen Diebstahls eine zehnjährige Zuchthausstrafe verbüßt[18] und dann einige Monate in seiner Heimat beim Eisenbahnbau gearbeitet hatte, begab sich Neumann in die Gegend von Bayreuth. Am 11. Februar 1863 machte er die Bekanntschaft des 37-jährigen Schweinehändlers Johann Köhler aus Bindlach, der an jenem Tag schon einen größeren Geldbetrag in Bayreuth einkassiert hatte und weiter in die Gegend von Vohenstrauß wollte. Neumann schloss sich ihm an und wusste unter Vorspiegelung falscher Tatsachen, sein Vertrauen zu gewinnen. Nachdem sie in Seybothenreuth über Nacht ein Zimmer miteinander geteilt hatten, gingen sie am nächsten Tag nach Neustadt am Kulm, wo der Händler bei einem Wirt weitere Gelder kassierte, sodass sich seine Barschaft nun auf 477 Gulden belief. Man riet ihm, von Pressath nach Weiden mit der Postkutsche zu fahren, doch Neumann überredete ihn, den Weg mit ihm zu Fuß fortzusetzen. Gegen 17 Uhr erreichten sie Schwarzenbach, und als sie zwischen 20 und 21 Uhr noch eine halbe Stunde von Weiden entfernt waren, überfiel Neumann plötzlich seinen Begleiter und brachte ihm durch Schläge mit einem Knüppel und Messerstiche mehrere schwere Verletzungen bei, infolge derer Köhler an Ort und Stelle starb. Dann entwendete er ihm sein Geld und eine silberne Taschenuhr.

Nachdem die Leiche am 13. Februar gefunden worden war, wurde Neumann drei Tage später in Kemnath festgenommen, wo er sich in mehreren Wirtshäusern herumgetrieben und viel Geld ausgegeben hatte. Im Anschluss an die gegen ihn geführte Untersuchung verurteilte ihn das Amberger Schwurgericht am 5. September 1863 wegen Mordes und Raubes zur Todesstrafe.[19]

Nach der Bestätigung des Urteils durch König Maximilian II. am 25. November 1863 fand die Guillotinierung des 37-Jährigen am Morgen des 14. Dezember 1863 statt: „Unter Cavallerie-Escorte bewegte sich der düstere Zug von der Frohnveste nach der Gefangenanstalt, in deren ummauerten Garten die Maschine aufgerichtet war. Neumann hatte seine ganze Schuld reumütig bekannt, betete ruhig sein letztes Gebet, betrat das Schaffot, – ein paar Augenblicke und seine Schuld war gesühnt."[20]

Auslöschen einer Familie in Thalmassing, 1873

Am 7. Januar 1873 morgens gegen 6 Uhr wurde der 37 bis 38 Jahre alte Wegmacher (Straßen- und Wegebau) Lorenz Stang etwa 80 Schritte von seinem etwas außerhalb von Thalmassing gelegenen Haus entfernt blutüberströmt und mit dem Gesicht im Straßengraben liegend aufgefunden. Als der herbeigeholte Ortsbürgermeister von Thalmassing den Bewusstlosen mithilfe einiger Knechte ins Haus brachte, bot sich ihnen ein entsetzlicher Anblick dar. Auf dem Stubenboden lag leblos die hochschwangere Ehefrau Anna Maria Stang (geborene Marchner), deren Schädel völlig zerschmettert war. An deren Leichnam sich anschmiegend, wies ihre neunjährige, besinnungslose Tochter Kreszenz ebenfalls schwere Kopfverletzungen auf. Ebenso fand man die Leiche der dreijährigen Tochter Maria Stang mit zerschlagenem Kopf und den ein Jahr alten Sohn Johann, der ebenfalls schwer verletzt und vor Kälte fast erstarrt war. An der Kammertür stand zolltief das Blut. Lorenz Stang verschied eine Stunde später, ohne seine Besinnung wiedererlangt zu haben. Ebenso starb im Laufe des Abends sein Sohn Johann. An Geld fand die Gerichtskommission im ganzen Haus lediglich ein paar Pfennige.

Kreszenz Stang, die Einzige, die das Massaker überlebt hatte, brachte man am 9. Januar ins Krankenhaus in Sünching, wo sich ihr Zustand so weit besserte, dass sie am 12. Januar vom Untersuchungsrichter verhört werden konnte. Sie gab den Bruder ihrer Mutter, den Dienstknecht Franz Xaver Marchner aus Thalmassing, als Täter an, der noch am gleichen Abend in einem dortigen Wirtshaus verhaftet und am nächsten Tag in das Bezirksgerichtsgefängnis in Regensburg eingeliefert wurde.

In Gesprächen mit einem Zellengenossen bedauerte er, dass er Kreszenz nicht härter geschlagen und getötet habe, da er sich der für ihn sehr bedrohlichen Bedeutung ihrer Aussage bewusst war. Er hatte sogar noch nach Entdeckung der Tat „zu dem Mädchen zu kommen versucht, um ihr einen Treff zu geben, auf daß sie hin wäre, es sei ihm aber nicht gelungen“.[21]

Unter der Schwere der Beweislast zeigte er sich schließlich geständig. Während er aber anfangs seine Geliebte als Anstifterin zu der Tat bezeichnete, gab er später an, von seinem vorbestraften Vater Joseph Marchner durch Versprechungen und Drohungen dazu gebracht worden zu sein, woraufhin auch dieser verhaftet wurde. Der Plan des Vaters war, das Anwesen Stangs unter sich aufzuteilen, wenn dieser und seine Familie tot seien. Der Besitz war nämlich auf Anna Maria Stang eingetragen und wäre somit der Familie Marchner zugefallen. Der Vater sollte das Haus, Franz Xaver das Geld und ein Bruder von ihm die Kleidung erhalten. Im

Ort ging zu jener Zeit das Gerücht um, dass im Hause Stang viel Geld aufbewahrt sei, da Lorenz Stang von einer Ende 1872 verlebten Verwandten mehrere hundert Gulden erhalten hatte.

Die Ermittlungen ergaben, dass sich Franz Xaver Marchner am 6. Januar gegen 21 Uhr mit einem Gewehr, das er sich von Lorenz Stang geliehen hatte, zu seiner Schwester begab, die ihm arglos öffnete. Als sie in der Wohnstube Platz genommen hatte, streckte er sie mit dem Gewehrkolben zu Boden und versetzte ihr noch mehrere Schläge, bis die Waffe zerbrach. Er suchte den Schlüssel für einen Eckschrank, in dem er Geld vermutete, als plötzlich Lorenz Stang aus dem Wirtshaus nach Hause zurückkehrte. Sofort stürzte sich Marchner auf ihn und schlug ihm sein Messer an den Kopf, „daß sich die Klinge bis ans Heft umbog". Es kam zu einem Kampf, bei dem Marchner mit einer Axt auf seinen Schwager einschlug. Dieser flüchtete aus dem Haus, wurde aber von Marchner eingeholt und überwältigt. Schon im Hausflur habe Stang, so Marchner, „Löcher im Kopfe gehabt, in welche er, um ihn noch mehr zu zerfleischen, mit den Fingern hineingegriffen habe".[22]

Ins Haus zurückgekehrt, schrien die beiden Mädchen, doch Marchner zwang sie, ruhig zu sein. Kreszenz gab an, dass jetzt auch ihr Großvater Joseph Marchner vor und im Haus gewesen sei und sie am Fortlaufen gehindert habe. Sie verstand nicht, was er und sein Sohn leise beredeten. Sie musste Franz Xaver Marchner leuchten, als er den Dachboden des Hauses nach Beute durchsuchte. Dort nahm er ein Kästchen mit Schmuck, Kleidung, Leinwand und Geld an sich, in der Stube Geld und zwei Uhren. Den Angaben der Neunjährigen zufolge raubte er weit mehr Geld, als er selbst zugeben wollte.

Nach seiner eigenen Schilderung ergriff er nach der Durchsuchung des Hauses auf Anstiften des Vaters einen Pickel – ein Werkzeug Stangs – und schlug ihn der kleinen Marie von hinten in den Kopf, „daß die Spitze vorn beim Munde herausgestanden sei". Als ihr Brüderchen Johann erwachte und schrie, riss ihn Marchner aus der Wiege, stieß ihn mit dem Kopf gegen die Wand, warf ihn dreimal zu Boden und versetzte ihm Fußtritte. Dann schlug und stach er auf Kreszenz ein, bis er glaubte, dass sie tot sei. Ehe er das Haus verließ, wusch er sich und zog sich ein Hemd Stangs an. Es sei ihm schwergefallen, so Marchner, das einjährige Kind zu töten, aber sein Vater habe ihn beschworen: „Wenn Du's nicht umbringst, sind wir Alle verloren, dann ist es mit der Erbschaft nichts; Alle müßen sie hin werden!"[23]

Als sich die Indizien gegen Franz Xaver Marchner immer mehr verdichteten, verlegte er sich darauf, im Gefängnis „den Narren zu spielen". Er verschlang das ihm gereichte Essen „mit viehischer Begier" und spuckte es wieder aus, wusch sich mit Urin, aß seinen eigenen Kot, bellte und kroch nachts auf allen vieren unter seine Bettstelle, bis man ihn in der „Kreisirrenanstalt Karthaus Prüll" in eine Zwangsjacke steckte. Die dort angewendeten Versuche mittels „ins Gesicht applicirter Nadelstiche" und „Vorhalten von Ammoniak unter die Nase" zwecks Klärung der Frage, ob er ein Simulant sei, ertrug er mit stoischer Ruhe. Schließlich aber gab er zu, dass sein Verhalten Verstellung gewesen und er lediglich dem Rat eines Zellengenossen gefolgt sei, der ihm gesagt habe, „er hätte es im Narrenhause gar nicht so schlecht".[24]

Im Juli 1873 mussten sich der 22-jährige Franz Xaver Marchner und sein 40 Jahre älterer Vater vor dem Amberger Schwurgericht verantworten. Als der Sohn die Kronzeugin Kreszenz Stang und die Leute aus seiner Gegend erblickte, sprang er plötzlich von seinem Sitz auf, schritt wütend auf seinen Vater zu und würgte ihn mit den Worten: „Du Lump Du elendiger, Du bist Schuld, daß ich in Schand und Spott da sitzen muß." Das entsetzte Publikum befürchtete, der Sohn beabsichtige zu fliehen „oder stürze vielleicht auf die auf dem Podium ausgebreiteten Mordinstrumente los, um im Schwurgerichtssaale zu Amberg ein Gegenstück zur Thalmassinger Schlächterei aufzuführen". Es dauerte eine Weile, bis wieder Ruhe eingekehrt und der Sohn gefesselt war.[25]

Während er seine Anschuldigungen gegen seinen Vater aufrecht erhielt, gab dieser an, dass er „an der Sache so unschuldig sei, als wie unser Herrgott am Kreuz". Der Gerichtspräsident entrollte ein düsteres Bild der Marchner'schen Familie, die schon oft mit dem Gesetz in Konflikt geraten sei. Die Anhörung von Kreszenz Stang erregte „tiefste Sensation" im Gerichtssaal. Obwohl sie vorher im Zeugenzimmer durch ihre Großmutter beeinflusst worden war, nichts gegen den Großvater auszusagen, blieb sie – wenn auch angsterfüllt – bei ihrer Befragung dabei, dass dieser am Tatort anwesend gewesen sei und sie gehindert habe, aus dem Haus zu laufen. Als sie von einem Geistlichen und Schwestern aus dem Gerichtssaal geführt wurde und ihr Blick auf die ausgebreiteten Mordinstrumente sowie die bleichen Schädel ihrer Eltern und Geschwister fiel, erlitt sie einen Schwächeanfall. Der Großvater wollte noch etwas sagen, bei den entsetzten Blicken der Enkeltochter aber brachte er kein Wort mehr heraus.[26]

Das Schwurgericht verurteilte Franz Xaver Marchner wegen vierfachen Mordes, Mordversuchs und Raubes sowie seinen Vater wegen Anstiftung und Hilfeleistung am 22. Juli 1873 zum Tode. Als die Verurteilten zur Fronfeste zurückgeführt wurden, waren alle Straßen dicht mit Menschen besetzt, die ihnen Flüche und Verwünschungen zuriefen.[27]

Nachdem König Ludwig II. am 5. September die Todesurteile bestätigt hatte, nahm Scharfrichter Lorenz Scheller am 18. September 1873 unter Hinzuziehung eines dritten Gehilfen die Doppelhinrichtung auf dem rückwärts gelegenen Hof des Amberger Gefängnisses mit der Guillotine vor. Die beiden Verurteilten wurden zuvor in getrennten Wagen unter militärischer Eskorte und Absicherung der Straßen von der Fronfeste zum Gefängnis gebracht. Nach der zuerst vollzogenen Hinrichtung des Sohnes wies das Fallbeil Schäden auf, sodass das Reservefallbeil eingebaut werden musste. Während des blutigen Aktes waren alle Gefangenen der Strafanstalt in der Kapelle versammelt, wo der Anstaltsgeistliche eine Ansprache hielt.[28]

Der sonst ruhige Franz Xaver Marchner hatte sich zuvor im Gefängnis „geradezu wie ein Wahnwitziger" verhalten, weil einige seiner Einlassungen seiner Ansicht nach nicht gebührend berücksichtigt worden waren. Er stürzte sich auf die Gendarmen und selbst auf den Priester mit den Worten: „Laßt mich raus, i will und mag net köpft werden, s Leben ghört mein, i mog net sterben! Wer mich anrührt, ist hin!“[29]

Die letzte Hinrichtung in Bayern mit der Guillotine lag schon länger zurück (30. März 1868: Josef Staringer in Straubing), infolgedessen sie sich in einem angegriffenen Zustand befand und „einem neuen Schliff“ unterzogen werden musste.[30] Die Auffindung der Guillotine in München hatte sich verzögert, weil „dieselbe – aus Vorsicht für etwaige Zeiten politischer Unruhen – in drei Theile zerlegt war, die in verschiedenen Orten aufbewahrt wurden. Einer derselben befand sich in der Stadtkommandantur, ein anderer bei der Baubehörde und der dritte beim k. [königlichen] Bezirksgericht.“[31]

Auch dem bayerischen Justizminister Fäustle war nicht entgangen, dass es längere Zeit keine Hinrichtung mehr gegeben hatte. Da Anzeichen dafür vorhanden seien, so der Minister, dass die Straftäter nicht mehr an den Vollzug der Todesstrafe glaubten, schien es ihm, „als ob es den strengsten Ernst der öffentlichen Autorität zu offenbaren und zum Schutz der Gesammtheit ein abschreckendes Exempel zu statuieren“ gelte, weshalb er dem König im Fall Marchner von einer Begnadigung abriet.

Eine ähnliche Argumentation wählte er bezüglich des am 20. Dezember 1875 in München hingerichteten Michele Battistella. Beide Beispiele belegen, „daß Personen auch aus allgemeinen kriminalpolitischen Erwägungen heraus hingerichtet wurden. In diesem Fall ging es um die öffentliche Demonstration der Todesstrafe, die Vermutungen dahingehend widerlegen sollte, die Strafe am Leben sei abgeschafft. Möglicherweise hätten beide Delinquenten ihr Leben nicht verloren, wenn kurz vor Verübung ihres Verbrechens eine andere Hinrichtung in Bayern vollzogen worden wäre.“[32]

Todesurteile wieder häufiger vollstreckt

Nun dauerte es über zehn Jahre bis zur nächsten Hinrichtung in Amberg. Der Betroffene, der 41-jährige Michael Reitner aus Kemnathen (Ortsteil von Breitenbrunn) im damaligen Amtsgerichtsbezirk Hemau, nahm Ende Januar 1884 die Nachricht, dass König Ludwig II. das über ihn verhängte Todesurteil bestätigt hatte, „keineswegs gefaßt" auf: „Namenlose Todesangst peinigte ihn und in lauten Wehrufen sucht er seinem Schmerze Luft zu machen. Der Delinquent hatte bestimmt auf Begnadigung gerechnet und vermag sich von der furchtbaren Enttäuschung nicht zu erholen."[33]

Am 29. Januar 1884 errichtete man die „Hinrichtungsbühne" auf einem Hof der Fronfeste. Nachmittags wurde das Fallbeil in Gegenwart des mit dem Vollzug des Urteils betrauten Staatsanwaltes durch Scharfrichter Kißlinger einer Probe unterzogen.[34]

Während sich am nächsten Morgen vor der Fronfeste eine zahlreiche Menschenmenge angesammelt hatte, trat Reitner um 8.30 Uhr seinen letzten Gang an. Er bewahrte äußerlich große Fassung, „doch machten seine Bewegungen den Eindruck des Automatenhaften [...] Der ganze Akt wickelte sich ‚programmäßig' ab; aber gerade diese wohlüberlegte Art offizieller Tödtung macht einen höchst peinlichen Eindruck." Die Leiche wurde zur Vornahme wissenschaftlicher Untersuchungen und Experimente nach Erlangen gebracht.[35]

Das Schwurgericht beim Amberger Landgericht hatte Reitner, der seine im Wochenbett liegende 35-jährige Frau Anna Maria mit Arsenik vergiftet und sich an seiner leiblichen, acht Jahre alten Tochter vergangen hatte, am 30. Oktober 1883 wegen Mordes und „Verbrechens wider die Sittlichkeit" zum Tode und drei Jahren Zuchthaus verurteilt.[36]

In einem Pressebericht über die Exekution Reitners hieß es: „Wie aus eingeweihten Münchener Kreisen verlautet, werden in

Zukunft die Todesurtheile wieder häufiger vollzogen werden."[37] Das sollte sich in Amberg bestätigen, denn Scharfrichter Kißlinger waltete dort bereits am 2. Juli 1887 wieder seines Amtes, als er den 26-jährigen Steinbrecher Anton Riedl aus Hienheim (Ortsteil von Neustadt an der Donau) im Hofraum der Fronfeste guillotinierte. Er war am 29. April 1887 vom Amberger Schwurgericht wegen Raubmordes zum Tode verurteilt worden.[38]

Dem Urteil lag folgender Tatbestand zugrunde. Am 4. November 1886 lauerte Riedl auf dem Weg von Irnsing nach Arresting (ebenfalls Ortsteile von Neustadt an der Donau) der 16-jährigen Walburga Ullinger auf, die als Magd in Irnsing bedienstet war. Er wusste, dass sie an jenem Tag im Auftrag ihres Dienstherrn etwas über 60 Mark als Kaufpreis für einen Stier zu dem Söldner Georg Maier nach Arresting bringen sollte. Als sie sich näherte, warf er sie in eine Sandgrube und verwundete sie durch Schläge und Tritte auf den Kopf so schwer, „daß sie wie todt liegen blieb". Das ausgeraubte Mädchen wurde bald darauf gefunden und erlag am nächsten Tag seinen Verletzungen.

Riedl, „einer der verworfensten Menschen, ein gefährlicher Straßenräuber und Dieb", gestand nach anfänglichem Leugnen diese Tat und eine ganze Reihe weiterer Delikte. Hierin verwickelt war auch Georg Maier, der zusammen mit Riedl auf der Anklagebank des Schwurgerichts saß und zu zwei Jahren Zuchthaus verurteilt wurde.[39]

Der mit der Todesstrafe belegte Hienheimer, der bei der Bekanntgabe der Bestätigung des Urteils „erschrak und weinte, sich aber bald darauf wieder faßte, verbrachte die letzten 2 Tage theils weinend, theils betend und trat ebenso gefaßt in Begleitung des ihm zur Vorbereitung beigegebenen kathol. Geistlichen den letzten Gang an, indem er fortwährend laut betete und das Kruzifix und den Rosenkranz in den Händen hielt".[40]

Ein Doppelmörder aus Pondorf

Der 32-jährige verheiratete Michael Schieber aus Pondorf (Ortsteil des Marktes Altmannstein) stand im Juni 1890 unter der Anklage des Doppelmordes vor dem Amberger Schwurgericht. Er hatte seinen sechsjährigen Stiefsohn Josef Sturm zuerst jahrelang in grausamer Weise misshandelt und dann am 13. Oktober 1889 in einem Weiher ertränkt, um dessen „Vatergut" von 1.665 Mark zu erben. Der Mord wurde erst durch eine am 24. Oktober vorgenommene Sektion der Leiche entdeckt. In der Zwischenzeit, am 22. Oktober frühmorgens zwischen 3 und 4 Uhr, erschoss Schieber in Pondorf den Großvater des ermordeten Jungen, den 66-jährigen Lorenz Sturm, um Ausgaben für ihn zu sparen. Er gab den Schuss durch ein Fenster auf sein Opfer ab.

Sofort danach flüchtete er nach Amerika, wo er bei Minneapolis als Farmarbeiter Beschäftigung fand. Durch einen Brief, den er von dort aus an seine Frau schrieb, verriet er unfreiwillig seinen Aufenthaltsort, worauf am 9. Dezember 1889 seine Verhaftung und Auslieferung erfolgte. Während des Transports entsprang er in der Nähe von Buffalo aus einem 40 Meilen schnell fahrenden Zug, wurde aber von Polizisten und Farmern nach fast eintägiger Suche in einer Scheune wieder aufgegriffen. Am 12. Februar 1890 landete er in Hamburg, nachdem er auf dem Schiff – ebenso wie später in der Untersuchungshaft – verschiedene Selbstmordversuche unternommen hatte. Seine Auslieferung kostete Bayern 2.300 Mark.

Vor Gericht leugnete Schieber den Mord an dem Jungen, gestand aber, den alten Mann erschossen zu haben, und zwar, wie er angab, aus Eifersucht: „Der Erschossene habe nämlich seiner Frau nachgestellt!" Das Gericht erkannte ihn im Sinne der Anklage für schuldig und verhängte am 13. Juni 1890 die Todesstrafe über ihn.[41]

Nachdem Prinzregent Luitpold das Urteil bestätigt und Schieber die ihm zustehende Gnadenfrist in Anspruch genommen hatte, vollzog Scharfrichter Kißlinger die Guillotinierung am Morgen des 6. September 1890 auf dem Hof des Amberger Landgerichtsgefängnisses: „Auf ein von dem I. Herrn Staatsanwalt Wich gegebenes Zeichen wurde Schieber dem Nachrichter übergeben, der kaum eine Minute brauchte, um das Todesurtheil zu vollstrecken. Während dieser Zeit ertönte das Armensünderglöcklein und ein Vaterunser schloß das blutige Drama von Pondorf."[42]

Blutbad in Dietkirchen, 1893

In der Nacht vom 27. auf den 28. März 1893 wurde im Schulhaus in Dietkirchen (Ortsteil von Pilsach) ein Blutbad angerichtet. Die Frau des Lehrers, Margarethe Brunner, ihre Tochter Marie und die Dienstmagd Katharina Schedl erlitten dabei schwere Verletzungen am Kopf. Ein Sohn der Familie (Anton) starb sofort, ein weiteres Kind (Ludwig) einige Tage später.

Der tatverdächtige und zeitweise inhaftierte Lehrer Anton Brunner, der sein Schlafzimmer im ersten Stock des Schulhauses hatte, gab an, in der Nacht verdächtige Geräusche gehört zu haben und dann „in Bewußtlosigkeit gerathen" zu sein. Erst später habe er die Verletzungen seiner Angehörigen und eine Beschädigung des Pultes bemerkt.

Andere Indizien führten auf die Spur eines Vetters von Margarethe Brunner. Es handelte sich um den im Mai 1863 in Niederhofen (Pilsach) geborenen ledigen Karl Guttenberger, der in München eine Baderei betrieb und dort am 31. März 1893 verhaftet wurde. Aus seiner Vernehmung am nächsten Tag ging hervor, dass er in der Absicht eines Diebstahls mit dem Zug von München nach Neumarkt in der Oberpfalz gefahren und mit einer in Niederhofen entwendeten Axt in das Schulhaus in Dietkirchen

Die Lehrerfamilie Brunner in einer Darstellung der „Neuen freien Volks-Zeitung“ mit den Kindern Marie (rechts), Anton (unten) und Clemens (links). Der zweijährige Ludwig ist nicht zu sehen.

eingestiegen sei. Auf der Suche nach Geld habe er plötzlich „gemerkt, daß sich im Bett etwas rühre und er ertappt sei; er habe nun mit der Hacke auf die Lehrerin eingeschlagen, dann seien die im Nebenzimmer schlafenden Kinder und die Magd wach geworden, auf welche er nun, um sich vor Entdeckung zu schützen, mit dem Hackenstiel eingeschlagen habe, worauf sich dieselben unter die Bettdecken versteckten. Nachdem das geschehen, habe er die Flucht ergriffen; mitgenommen habe er nichts."[43]

Zwei Tage später äußerte er dem Untersuchungsrichter gegenüber, er kenne die Lokalitäten des Schulhauses gut, da er mit der Magd der Lehrerfamilie ein Verhältnis gehabt habe. Er sei am 27. März nach Niederhofen gereist, um von seinen Angehörigen Geld für eine geplante Heirat zu bekommen. Erst nach seiner dortigen Ankunft gegen 1 Uhr nachts sei er auf den Gedanken gekommen, das Schulhaus im nahe gelegenen Dietkirchen zu berauben.

Lehrer Brunner gab nach seiner Haftentlassung an, dass Guttenberger einen Racheakt habe vollführen wollen. Dieser habe schon vorher gedroht, er werde ihn und den Bürgermeister erschlagen, „weil sie ihm ein schlechtes Leumundszeugniß ausgestellt hätten".

In der Tat trug sich Guttenberger offensichtlich schon längere Zeit mit dem Gedanken, bei Lehrer Brunner einzubrechen. Diesbezügliche Äußerungen machte er bereits 1884 gegenüber seinem damaligen Meister, dem Badereibesitzer Johann Schmidt in München, den er im Übrigen ebenfalls bestahl. Im Jahr 1892 sagte Guttenberger im Gefängnis in Amberg, wo er eine ihm vom oberbayerischen Schwurgericht wegen Fälschung von Postanweisungen zuerkannte Gefängnisstrafe verbüßte, zu Mitgefangenen, „er gehe, wenn er wieder herauskomme, zur Magd, die er zuvor gehabt habe, und wenn sie ihn nicht annehme, bringe er sie um", und weiter: „Wenn ich herauskomme, bei mir geht's nicht schön, ich mach ein Paar kalt, ich schlag ein Paar d' Hirnschalen ein."[44]

Unter der Anklage des zweifachen Mordes, Mordversuchs und Raubes musste sich Guttenberger vor dem Amberger Schwurgericht verantworten. Hier gab er zunächst Lehrer Brunner als den Täter an, zog diese Aussage dann aber wieder zurück. Trotz der „vielfachen Dunkelheiten und Sonderbarkeiten in den Aussagen der Verletzten und trotz des vielen Unbegreiflichen in dem Benehmen und der Handlungsweise des Lehrers Brunner" sprachen

Guttenberger vor seinem Abtransport nach Amberg. Zahlreiche Menschen machten durch heftige Ausdrücke ihrem Unwillen Luft.

ihn die Geschworenen schuldig, worauf er vom Gerichtshof am 17. Juni 1893 zu zweifacher Todesstrafe und 15 Jahren Zuchthaus verurteilt wurde.[45]

Die Vollstreckung des Todesurteils nahm Scharfrichter Kißlinger am Morgen des 3. August 1893 in der Amberger Fronfeste vor. Hierzu berichtete die Presse: „Punkt 6 Uhr erschien Guttenberger, begleitet vom Geistlichen und geführt von den beiden Gehilfen des Nachrichters im Hofraume des Landgerichtsgefängnisses, in welchem sich schon eine halbe Stunde vorher die hierzu nöthigen 12 Urkundszeugen, ferner Aerzte, Vertreter der Presse von hier und Auswärts, und speziell zu diesem Akte Zugelassene, unter diesen auch Herr Kallmünzer von Schwarzenfeld,

Der im März 1894 verstorbene Scharfrichter Kißlinger. Die Hinrichtung Guttenbergers war seine letzte.

der bei der betreffenden Schwurgerichtsverhandlung die Stelle des Obmanns inne hatte, eingefunden hatten. Fest und sicher überschritt er die Stufen, welche vom Landgerichtsgebäude zum Richtplatze führten und nahm auf einem Sessel Platz, auf welchem er mit zu Boden gesenkten Augen die nochmalige Publikation des Urtheils und die Bestätigung desselben anhörte."[46]

Im Keller vergraben

Im Alter von 21 Jahren übernahm Anton Spichtinger 1891 das Anwesen seines Vaters Andreas Spichtinger in Alzhausen (Rohr in Niederbayern). Da der verheiratete Sohn einen „leichtsinnigen Lebenswandel" führte, kam es zu einer Zwangsversteigerung, bei der der Vater das Anwesen wieder in seinen Besitz brachte. Zwischen den beiden entstanden nun wiederholt Streitereien und Handgreiflichkeiten.[47]

Der Vater, der angekündigt hatte, noch einmal heiraten und seinen Sohn auf die Straße setzen zu wollen, war im August 1893 plötzlich verschwunden. Unter dem Verdacht, ihn ermordet zu haben, wurde Anton Spichtinger am 7. Januar 1894 ins Amtsgefängnis Abensberg eingeliefert. Er hatte bereits einen Teil seines Besitzes verkauft und stand zum Zeitpunkt der Verhaftung offensichtlich kurz davor, seine Heimat zu verlassen. Aufgrund von Aussagen seiner Frau wurde die Leiche des Vermissten vergraben im Keller des Bauernhofes aufgefunden.[48]

Im März 1894 saß Spichtinger auf der Anklagebank des Amberger Schwurgerichts. Er gab zu, seinen Vater in der Nacht vom 20. auf den 21. August 1893 umgebracht zu haben. Den Tathergang schilderte er folgendermaßen: „Der Vater legte sich gegen 8 Uhr Abends schlafen. Eine Stunde später nahm ich einen Prügel, um ihn ‚recht umeinander zu hauen'. Damit ging ich in die Küche, wo der Vater schlief. Als ich hineintrat, versuchte er aus dem Bette zu springen; ich ergriff rasch ein Beil, das in der Küche lag, und schlug ihn mit der Scheide auf den Hals, den Prügel hatte ich zuvor weggeworfen. Er mag noch 8 bis 10 Stunden gelebt haben. Dann holte ich meine Frau und während sie mir leuchtete, schleppte ich den Vater in den Keller hinunter, wo ich ihn liegen ließ. Dann beseitigte ich die Blutspuren. Wahrscheinlich habe ich mich dann niedergelegt. Andern Tags früh grub ich im Keller ein Grab für den Vater und verscharrte ihn. Sodann wurden Kartoffeln darüber geworfen. Von den Kartoffeln haben meine Frau und ich 4 ½ Monate bis zur Entdeckung gelebt."[49]

Seine Frau schilderte den Hergang etwas anders: „Während dieser [der Vater] noch im Blute röchelte, grub der Sohn im Keller das Loch, wo er dann seinen Vater verscharrte, die Pflasterung

Scharfrichter Franz Xaver Reichhart (rechts) mit Gehilfen und der auf dem Innenhof der Fronfeste aufgebauten Guillotine.

des Kellers wieder besorgte und alle Spuren beseitigte." Ihr Mann, so Frau Spichtinger, habe ihr gedroht, „er werde sie, falls sie etwas verrathe, in der Futterschneidemaschine zerhacken". Einige Wochen später verscharrte Spichtinger die Leiche im Keller noch tiefer.[50]

Die Geschworenen bejahten am 7. März 1894 nach etwa viertelstündiger Beratung die Frage auf Mord, worauf der Gerichtshof die Todesstrafe über den Angeklagten verhängte.[51] Die Hinrichtung des Verurteilten am 2. Mai des gleichen Jahres auf dem Hof der Amberger Fronfeste war (wie im Zusammenhang mit der Hinrichtung Giersbergs in München schon erwähnt) die erste des neuen Scharfrichters Reichhart, der das Ereignis in seinem Tagebuch festhielt.[52]

Die „Mordaffaire“ von Neustadt an der Waldnaab

Am Morgen des 29. Januar 1896 fand man unweit der von Neustadt an der Waldnaab nach Weiden führenden Staatsstraße in einem Waldstück die nur notdürftig bekleidete Leiche der 40-jährigen Babette Persch, deren Kopf völlig zertrümmert war. Eine im Schnee erkennbare Schlittenspur führte von der Straße aus dorthin. Der Tatverdacht richtete sich sofort gegen ihren Mann Josef Persch aus Neustadt an der Waldnaab, „den auch der Volksmund vom ersten Momente an als Mörder bezeichnet hatte“.[53]

Der Metzger und Bierwirt hatte auf Drängen seiner Mutter 1892 seine zehn Jahre ältere Frau geheiratet, die 5.000 Mark als Mitgift mit in die Ehe brachte. Sie wurde von ihrem Mann und ihrer Schwiegermutter sehr schlecht behandelt, sodass sie sich oft zu ihrem Schwager flüchten musste. Als das Geld zu Ende ging, verfiel Persch auf den Gedanken, seine Frau aus der Welt zu schaffen, um durch eine andere Heirat wieder Geld ins Haus zu bringen. Wahrscheinlich hatte ihn seine Mutter, „eine robuste

Neustadt an der Waldnaab. Blick auf Schloss und Stadt, um 1907.

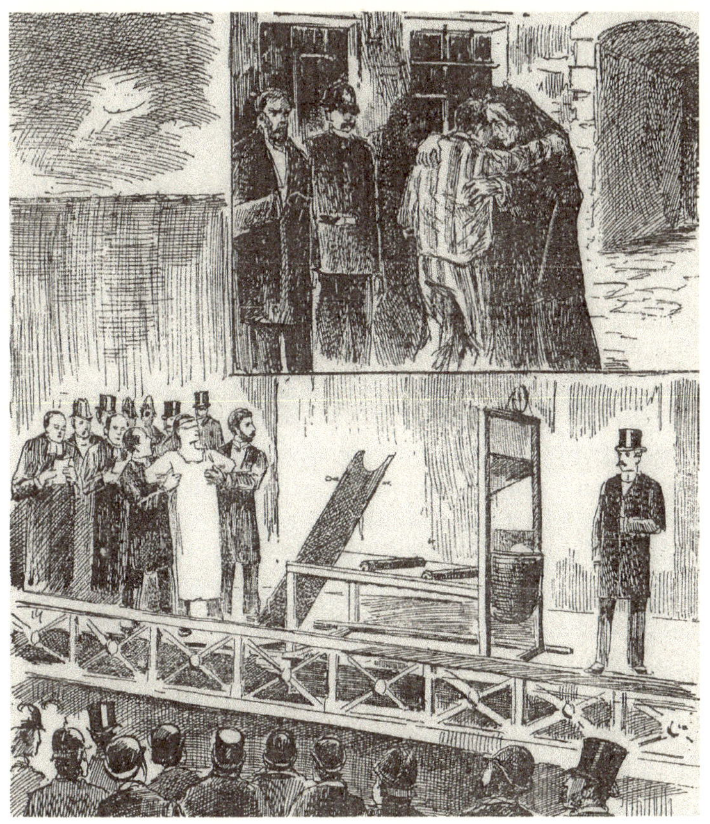

Die Hinrichtung Perschs in Amberg.

Frau und gewohnheitsmäßige Schnapstrinkerin", dahingehend beeinflusst.

Bereits Anfang Januar 1896 hatte er versucht, seine Gattin, als sie auf dem Hausboden die üblichen drei Kreuze zum Dreikönigsfest mit geweihter Kreide an einem Balken anbringen wollte, vom Boden herabzustürzen, was ihm aber infolge ihres Widerstandes nicht gelang. Mit den Worten „Die krieg' ich schon noch, die erschlag' ich schon", erzählte er seinem Bruder Simon von dem missglückten Versuch.[54]

Am Dienstag, dem 28. Januar 1896, lockte er seine Frau in den Keller und versetzte ihr mit einem Bierschlegel einen wuchtigen Hieb auf die linke Kopfseite, worauf sie bewusstlos zu Boden stürzte. Dann versetzte er ihr noch weitere Schläge, wozu er außer dem Bierschlegel auch eine zuvor bereitgestellte Holzaxt verwendete. Nach der Tat verbrannte er im Keller die Kleider der Toten und seine eigenen, lud die Leiche auf einen Schlitten und fuhr sie abends gegen 22 Uhr in das etwa eine Dreiviertelstunde von Neustadt entfernte Waldstück. Seine Verhaftung erfolgte am nächsten Tag.

Persch musste sich am 22. Juni 1896 wegen Mordes und Mordversuchs vor dem Amberger Schwurgericht verantworten, seine 64-jährige Mutter Therese Persch wegen Begünstigung, „indem sie, als durch den in Folge des Verbrennens der Kleider im Keller verursachten Rauch aufmerksam gemacht, Leute in den Hof eilten, sie dieselben zu beschwichtigen verstand und sie gesehen wurde, wie sie Nachts einen Schlitten in den Hof des Anwesens zog und sodann vom Blute reinigte".[55] Der Sohn wurde zum Tode und zwölf Jahren Zuchthaus verurteilt, seine Mutter zu einer Gefängnisstrafe von sechs Jahren. Da er von dem Vorhaben seines Bruders wusste, dies aber nicht angezeigt hatte, belegte die Strafkammer des Landgerichts Weiden Simon Persch mit einer dreijährigen Gefängnisstrafe.

Die Hinrichtung Josef Perschs mit der Guillotine fand am Morgen des 11. September 1896 in der Amberger Fronfeste statt.[56]

„Lustmorde" in Kelheim und Heilinghausen, 1896 und 1903

Die bei dem Bauern Josef Huber in Weltenburg (Ortsteil von Kelheim) bedienstete Katharine Mirbeth begab sich am Sonntag, dem 13. September 1896, von Weltenburg nach Kelheim, um ihre Mutter zu besuchen. Bei ihrer Rückkehr auf der Distriktsstraße

Kelheim-Weltenburg kam die 25-Jährige gegen 17 Uhr an der Kelheimer Zellulosefabrik vorbei. Hierbei wurde sie von dem ihr bekannten Josef Ipfelkofer, fünffacher Vater aus Kelheim, beobachtet, der in der Fabrik im „Schwefelthurm" beschäftigt war. Zwei Bekannte, denen sie begegnete, machten sie darauf aufmerksam, dass Ipfelkofer ihr offensichtlich folgte, die Magd aber beschwichtigte sie: „Das thut nichts, das ist blos ein Fabrikarbeiter."[57]

Nicht viel später fehlte von ihr jede Spur, bis ein Waldaufseher am Morgen des 15. September ihre blutüberströmte Leiche 25 Meter von der Straße entfernt im Wald fand. Die Untersuchungen ergaben, dass der Toten der Kehlkopf durchschnitten und sie vergewaltigt worden war.

Nachdem sich die Ermittlungen zunächst auf verschiedene andere Personen gerichtet hatten, wurde Ipfelkofer Ende Oktober verhaftet. Er leugnete anfangs, legte aber schließlich Ende November ein Geständnis dahingehend ab, dass er an der Magd ein Notzuchtverbrechen begangen und sie dann im Affekt mit seinem Taschenmesser erstochen habe, nachdem sie ihm mit Anzeige gedroht hätte.

Auch am 13. März 1897 hielt der 37-Jährige vor dem Amberger Schwurgericht dieses Geständnis aufrecht. Aufgrund der Verhandlung und des Sachverständigengutachtens war hingegen „mit Bestimmtheit anzunehmen, daß Ipfelkofer sein Opfer, als es ihm nicht zu Willen war, durch einen Schnitt in den Hals tötete und sodann seine Lust an demselben befriedigte". Die Geschworenen sprachen ihn schuldig, worauf der Gerichtshof die Todesstrafe über ihn verhängte.[58]

Scharfrichter Reichhart nahm die Guillotinierung des Verurteilten am Morgen des 7. Mai 1897 in Amberg vor.[59]

Unter der Überschrift „Gräßlicher Lustmord" berichtete die „Neue freie Volks-Zeitung" (herausgegeben in München) über die zweitägige Verhandlung des oberpfälzischen Schwurgerichts gegen den 1868 in Regensburg geborenen verheiraten Spengler Jakob Stadl aus Heilinghausen, einem Ortsteil von Regenstauf.

Er war angeklagt, am Morgen des 5. September 1903 den fünfjährigen Joseph Niebler aus Heilinghausen in sein Anwesen gelockt „und dort abgeschlachtet zu haben, indem er ihn zunächst mit einem wuchtigen Schlage betäubte, dann am Halse würgte und dann einen Schnitt über den Körper der Länge nach bis zur Brust führte, welcher Bauch- und Brusthöhle öffnete. Der Unmensch hat dann Herz, Leber und beide Nieren entfernt und weiter nicht wiederzugebende Verstümmelungen vorgenommen. Hierauf hat er die Leiche im Wald versteckt."[60] Dem Angeklagten wurden außerdem noch fünf Sittlichkeitsverbrechen an Mädchen unter 14 Jahren zur Last gelegt.

Stadl, der die Volksschule in Reinhausen besucht hatte, diente in Ingolstadt bei der Fußartillerie. Wegen eines Sittlichkeitsverbrechens und schweren Einbruchdiebstahls zog er sich eine sechsjährige Haftstrafe zu, während der er sich gut führte und als Krankenwärter tätig war. Seine Ehe blieb kinderlos. Die Frage des Vorsitzenden, ob er etwa pervers veranlagt sei, verneinte er. Durch „zahlreiche äußerst gravirende Indizienbeweise überführt", verurteilte ihn der Schwurgerichtshof am 8. März 1904 zum Tode und zu zwei Jahren Zuchthaus.[61]

Am 11. April 1904 wurde dem Verurteilten mitgeteilt, dass der Prinzregent eine Begnadigung abgelehnt hatte: „Stadl wurde durch die Eröffnung tief erschüttert und brach in Weinen aus." Er machte von der Gnadenfrist Gebrauch, worauf seine Hinrichtung am 13. April durch Scharfrichter Reichhart im Hofraum des Amberger Landgerichtsgefängnisses vollzogen wurde.[62]

Hinrichtungen 1911 und 1918

In der Nacht vom 7. auf den 8. August 1911 gegen 3 Uhr forderte der Hilfsschutzmann Guggenberger aus Regensburg einige junge Männer, die dort an der Donau laut sangen und schrien, zur Ruhe auf. In einem nun aufkeimenden Streit von dem 23-jährigen

Das Landgericht Amberg (ehemalige Regierungskanzlei), um 1909.

Tagelöhner Joseph Raith aus Regensburg wiederholt bedroht, sah sich Guggenberger genötigt, den Säbel zu ziehen. Raith stürzte sich auf ihn, entriss ihm die Waffe und versetzte ihm damit 15 zum Teil schwere Hiebwunden und einen tödlichen Stich in die linke Seite, der 28 Zentimeter tief eindrang. Nach der Tat beschimpfte er die Leute, die zum Fenster heraussahen und ihm zuriefen. Er hatte mit Guggenberger schon früher einen Zusammenstoß gehabt, bei dem er ihn schwer bedroht hatte.

Raith, der bereits 23 Vorstrafen wegen Ruhestörung, Waffentragens, Hausfriedensbruchs, erschwerter Körperverletzung und Widerstandes gegen die Staatsgewalt aufwies, saß am 28. September 1911 auf der Anklagebank des Amberger Schwurgerichts. Er leugnete in seinem Verhör jede Tötungsabsicht, die Zeugenaussagen aber sprachen gegen ihn. Die Geschworenen bejahten die Frage auf Mord – die Verteidigung hatte auf Körperverletzung mit Todesfolge plädiert –, worauf der Gerichtshof die Todesstrafe über ihn verhängte.

Prinzregent Luitpold, der am 16. Dezember 1911 den Justizminister zum Vortrag empfangen hatte, machte von seinem Begnadigungsrecht keinen Gebrauch. Diese Entscheidung wurde Raith, der fortwährend beteuerte, Guggenberger nicht mit Vorsatz getötet zu haben, am 18. Dezember durch eine Gerichtskommission mitgeteilt. Scharfrichter Reichhart war mit seinen beiden Gehilfen und dem Fallbeil bereits am Tag zuvor aus München in Amberg eingetroffen.[63]

Die Hinrichtung des Verurteilten, der seiner Mutter und der Witwe des Schutzmanns gegenüber seine Reue über die begangene Tat zum Ausdruck gebracht hatte, fand am 20. Dezember 1911 auf dem Hof des Gerichtsgefängnisses statt.[64]

Die letzte Hinrichtung im Berichtszeitraum fällt auf den 5. Juni 1918. An jenem Tag wurde der 24-jährige, bereits mit 17 Jahren wegen Straßenraubs vorbestrafte Tagelöhner Peter Eisenhofer aus Fronau (Ortsteil von Regenstauf) von Scharfrichter Reichhart mittels Fallbeils auf dem Hof des Amberger Landgerichtsgefängnisses enthauptet.[65]

Der nach seiner Entlassung aus dem Militärstand in Nürnberg als Schlosser tätige Eisenhofer war am 12. Januar 1918 in seinem Heimatort Fronau nachts durch ein Fenster in das Haus des 71-jährigen Joseph Kiener eingestiegen und hatte die dort vorhandenen Truhen und Kästen ausgeräumt. Dabei fielen ihm Wäsche, Kleidungsstücke, ein Geldbetrag von 220 Mark, Rauchfleisch und Butterschmalz in die Hände. Während er mit dem

Einpacken beschäftigt war, stand plötzlich Kiener in der Tür. Eisenhofer entriss ihm ein Beil, das dieser bei sich hatte, und versetzte ihm damit mehrere Schläge auf den Kopf, worauf Kiener tot zusammenbrach.

Das Amberger Schwurgericht verurteilte Eisenhofer am 19. März 1918 wegen Raubmordes zum Tode.[66]

Liste der Hinrichtungen in Amberg

1	1854, 24. Aug.	Lobenhofer, Johann
2	1854, 24. Aug.	Lutz, Michael
3	1854, 24. Aug.	Lutz, Georg
4	1856, 4. Febr.	Knorr, Katharina
5	1856, 4. Febr.	Hemrich, Xaver
6	1858, 21. Jan.	Kräusel, Franz
7	1863, 14. Dez.	Neumann, Michael
8	1873, 18. Sept.	Marchner, Franz Xaver
9	1873, 18. Sept.	Marchner, Joseph
10	1884, 30. Jan.	Reitner, Michael
11	1887, 2. Juli	Riedl, Anton
12	1890, 6. Sept.	Schieber, Michael
13	1893, 3. Aug.	Guttenberger, Karl
14	1894, 2. Mai	Spichtinger, Anton
15	1895, 16. Nov.	Wagner, Johann
16	1896, 11. Sept.	Persch, Josef
17	1897, 7. Mai	Ipfelkofer, Josef
18	1903, 6. März	Rupprecht, Josef
19	1904, 13. April	Stadl, Jakob
20	1911, 20. Dez.	Raith, Joseph
21	1918, 5. Juni	Eisenhofer, Peter

Liste der Hinrichtungen in Altbayern

1	1817, 10. Mai	Mühlbauer, Andreas	Straubing
2	1817, 20. Nov.	Lamfrom, Josua Nathan	Landshut
3	1818, 31. Januar	Brugger, Anton Jakob	Rosenheim
4	1818, 8. Nov.	Haselbauer, Franz	Pfarrkirchen
5	1818, 31. Dez.	Hacker, Ignatz	Landsberg a. Lech
6	1819	Petershofer, Philipp	
7	1820, 6. Mai	Wimmbauer, Johann	München
8	1820, 6. Mai	Reisinger, Joseph	München
9	1820, 10. Mai	Lang, Mathias	Beilngries
10	1820, 30. Sept.	Weichselbaumer, Franz	Wasserburg am Inn
11	1820, 28. Dez.	Pointinger, Johann	Straubing
12	1821, 27. Jan.	Wengert, Georg	Haidhausen
13	1821, 21. Juli	Widl, Bartholomä	Wasserburg am Inn
14	1822, 18. April	Lehner, Johann	Regensburg
15	1822, 20. Nov.	Soller, Nikolaus	Straubing
16	1822/23	Kieslinger, Ignatz	
17	1824, 12. Juli	Eierkamer, Mathias	Vilsbiburg
18	1824, 13. Dez.	Pfaffinger, Georg	Landau an der Isar
19	1827, 17. Febr.	Auer, Franz Seraph	Griesbach
20	1827, 23. April	Althammer, Jakob	Mühldorf am Inn
21	1827, 15. Sept.	Bauer, Johann	Wasserburg am Inn
22	1828, 6. Dez.	Lößl, Anna Maria	Neunburg vorm Wald
23	1830, 3. Juli	Pointner, Sebastian	Erding
24	1831, 30. Dez.	Eder, Simon	Burghausen
25	1833, 8. Mai	Maier, Jakob	Dachau
26	1835, 7. Dez.	Korherr, Kunigunda	Cham

Liste der Hinrichtungen in Altbayern			
27	1836, 12. Nov.	Birnbaum, Maria Anna	München
28	1837, 18. Febr.	Buchner, Georg	Vilsbiburg
29	1842, 14. Febr.	Poschner, Johann Evangelist	Trostberg
30	1844, 26. Sept.	Weiß, Franz Josef	Tirschenreuth
31	1847, 13. Aug.	Hahn, Dominikus	Mitterfels
32	1850, 8. April	Niedermaier, Michael	Straubing
33	1850, 18. Mai	Stopfer, Joseph	München
34	1851, 23. Juni	Reiter, Franz	Straubing
35	1851, 23. Juni	Matzeder, Franz Seraph	Straubing
36	1852, 4. Sept.	Schnauhuber, Joseph	Straubing
37	1852, 9. Sept.	Treiber, Georg	München
38	1853, 2. Juni	Fechter, Georg	Straubing
39	1853, 14. Juli	Ostermaier, Michael	München
40	1853, 29. Sept.	Bachmaier, Anton	München
41	1853, 29. Sept.	Busch, Johann	München
42	1853, 26. Nov.	Gerstl, Joseph	Straubing
43	1853, 26. Nov.	Pfefferkorn, Joseph	Straubing
44	1853, 19. Dez.	Engelhard, Jakob	München
45	1854, 26. Jan.	Sailer, Martin	München
46	1854, 6. Mai	Siebenbürger, Valentin	Straubing
47	1854, 11. Mai	Hussendörfer, Christian	München
48	1854, 19. Aug.	Denkl, Lampert	München
49	1854, 19. Aug.	Aschmaier, Maria	München
50	1854, 19. Aug.	Markreiter, Georg (KrG)	München
51	1854, 24. Aug.	Lobenhofer, Johann	Amberg
52	1854, 24. Aug.	Lutz, Michael	Amberg
53	1854, 24. Aug.	Lutz, Georg	Amberg
54	1854, 25. Sept.	Wallner, Sebastian	München
55	1855, 7. Juli	Langguth, Sebastian	München
56	1855, 31. Okt.	Erbschwendner, Georg	München
57	1856, 28. Jan.	Gschwendter, Georg	München
58	1856, 4. Febr.	Knorr, Katharina	Amberg

Liste der Hinrichtungen in Altbayern			
59	1856, 4. Febr.	Hemrich, Xaver	Amberg
60	1856, 7. April	Kreitelhuber, Kaspar	München
61	1856, 29. Sept.	Seitz, Johann	München
62	1856, 25. Okt.	Graf, Joseph	München
63	1856, 20. Dez.	Berglehner, Leopold	Straubing
64	1857, 31. Jan.	Kefer, Peter	München
65	1857, 12. Febr.	Buchner, Georg	Straubing
66	1857, 21. März	Pickl, Anna Maria	München
67	1857, 18. April	Niedermaier, Sebastian	München
68	1857, 18. April	Lettl, Franz	München
69	1858, 21. Jan.	Kräusel, Franz	Amberg
70	1858, 8. Febr.	Hiebel, Lorenz	München
71	1858, 19. Aug.	Engelsberger, Josef	München
72	1858, 19. Aug.	Zachenbacher, Balthasar	München
73	1858, 26. Aug.	Englhart, Anton	Straubing
74	1858, 13. Nov.	Krieger, Johann	München
75	1858, 4. Dez.	Lang, Karl	München
76	1859, 18. Juni	Zann, Franz	München
77	1860, 28. Jan.	Fäßl, Andreas	München
78	1860, 25. Febr.	Aigner, Max	München
79	1860, 25. Febr.	Klotz, Michael	München
80	1861, 9. Nov.	Klaushammer, Franz	München
81	1863, 14. Dez.	Neumann, Michael	Amberg
82	1866, 11. Mai	Trauner, Michael	Straubing
83	1866, 13. Juli	Hilz, Ferdinand	Straubing
84	1868, 30. März	Staringer, Josef	Straubing
85	1873, 18. Sept.	Marchner, Franz Xaver	Amberg
86	1873, 18. Sept.	Marchner, Joseph	Amberg
87	1875, 20. Dez.	Battistella, Michele	München
88	1876, 9. Okt.	Gläsgen, Valentin	München
89	1876, 9. Okt.	Ruf, Johann	München
90	1882, 1. März	Rami, Castulus	München

Liste der Hinrichtungen in Altbayern			
91	1883, 4. Jan.	Reißmann, Johann Adam	München
92	1883, 26. Sept.	Strohhofer, Wilhelm	München
93	1883, 26. Sept.	Faßl, Jakob	München
94	1884, 30. Jan.	Reitner, Michael	Amberg
95	1884, 5. Juli	Ziegelgänsberger, Benno	München
96	1885, 21. Febr.	Meilinger, Georg	Straubing
97	1885, 15. April	Hornsteiner, Anton	München
98	1886, 6. März	Brunnbauer, Johann	Straubing
99	1886, 4. Aug.	Stich, Max	München
100	1886, 4. Aug.	Fischer, Friedrich	München
101	1887, 2. Juli	Riedl, Anton	Amberg
102	1887, 26. Nov.	Placak, Joseph	München
103	1890, 6. Aug.	Regauer, Leonhard	München
104	1890, 6. Sept.	Schieber, Michael	Amberg
105	1890, 17. Okt.	Eichner, Josef Emil	München
106	1890, 15. Nov.	Reitz, Karl	München
107	1892, 16. Nov.	Schindler, Johann	München
108	1893, 3. Aug.	Guttenberger, Karl	Amberg
109	1894, 2. Mai	Spichtinger, Anton	Amberg
110	1895, 26. April	Giersberg, Otto	München
111	1895, 16. Nov.	Wagner, Johann	Amberg
112	1896, 11. Sept.	Persch, Josef	Amberg
113	1897, 7. Mai	Ipfelkofer, Josef	Amberg
114	1897, 11. Juni	Girnghuber, Michael	Straubing
115	1897, 11. Juni	Able, Anselm	Straubing
116	1897, 16. Juli	Stadele, Jakob	München
117	1897, 20. Nov.	Nußstein, Anton Karl	Straubing
118	1898, 4. Juni	Wammensberger, Joseph	München
119	1899, 22. März	Egger, Alois	München
120	1901, 3. Juli	Braun, Josef	Straubing
121	1903, 6. März	Rupprecht, Josef	Amberg
122	1903, 15. Mai	Bradl, Max	Straubing

Liste der Hinrichtungen in Altbayern			
123	1903, 15. Mai	Bradl, Karl	Straubing
124	1904, 13. April	Stadl, Jakob	Amberg
125	1905, 25. Jan.	Steindl, Xaver	Straubing
126	1905, 27. Febr.	Allramseder, Albert	München
127	1905, 1. Sept.	Huber, Johann	München
128	1908, 23. Mai	Weinmann, Josef	Straubing
129	1910, 5. Okt.	Zeiler, Heinrich	Straubing
130	1911, 20. Dez.	Raith, Joseph	Amberg
131	1913, 25. Sept.	Straßer, Johann Baptist	München
132	1918, 5. Juni	Eisenhofer, Peter	Amberg

Anmerkungen

Niederbayern

Straubing

1 Jahrbücher der Gesetzgebung und Rechtspflege im Königreiche Baiern, Bd. 1, 1818, S. 400.

2 Ebda., S. 385–402 (Namen abgekürzt); Münchener politische Zeitung Nr. 122 vom 23. Mai 1817 (hier wird auch über einen Raubüberfall am 4. April 1814 bei „Franz Schmetmer zu Klingeldorf, Landgerichts Mitterfels" berichtet); gleichlautender Text in: Allgemeine Zeitung München Nr. 66 vom 22. Mai 1817 (Beilage), Baierische National-Zeitung Nr. 120 vom 21. Mai 1817, Königlich-Bayerisches Intelligenz-Blatt des Unterdonau-Kreises Nr. XXI vom 21. Mai 1817 (hier: Franz Schmelmer) und Augsburgische Ordinari Postzeitung Nr. 123 vom 23. Mai 1817.
Drei Jahre später, am 28. Dezember 1820, wurde der Zuchthaussträfling Johann Pointinger aus dem Landgerichtsbezirk Viechtach in Straubing hingerichtet. Bei einem Gefangenentransport vom Zuchthaus München nach Straubing ermordete er am 29. Juni 1819 seinen Bewacher, der auf dem Wagen eingeschlafen war, mit dessen eigenem Säbel und flüchtete, wurde aber bald wieder ergriffen (Königlich Bayerisches Intelligenz-Blatt des Unterdonau-Kreises Nr. II vom 9. Januar 1821).

3 Allgemeine bayerische Chronik oder Geschichts-Jahrbücher – Annalen – Mit besonderer Beziehung auf das neunzehnte Jahrhundert, hrsg. von Jos. Heinr. Wolf, III. Jahrbuch, München 1844, S. 569/70.

4 Geschichtliche Darstellung des Verbrechens des Michael Niedermaier von Stützenbrun (Straubing, den 8. April 1850); Sitzungsberichte der bayerischen Strafgerichte, Bd. 1 (1850), S. 201–205; Der Volksbote für den Bürger und Landmann Nr. 77 vom 31. März 1850.

5 Der Volksbote für den Bürger und Landmann Nr. 88 vom 13. April 1850.

6 Neue Münchener Zeitung Nr. 73 vom 27. März 1850; Sitzungsberichte der bayerischen Strafgerichte, Bd. 2 (1850), S. 128.

7 Augsburger Abendzeitung vom 11. April 1850.

8 Der Volksbote für den Bürger und Landmann Nr. 88 vom 13. April 1850; Augsburger Abendzeitung vom 11. April 1850 (hier heißt es zu Niedermaier: „Derselbe ist ein Mann von großer breitschulteriger Gestalt, seine Oberlippe bedeckt ein starker Schnurrbart. Obgleich erst 38 Jahre alt gleicht er eher einem starken Fünfziger.“).

9 Der Bayerische Landbote vom 11. April 1850; s. auch: Intelligenzblatt der Königlichen Regierung von Oberbayern Nr. 17 vom 8. April 1850, Reisinger, Johann Baptist: Predigt über das Leben und Ende des Raubmörders Michael Niedermaier, Straubing 1850 (2. Aufl.; 28 S.).

10 Der Bayerische Landbote Nr. 178 vom 27. Juni 1851 (s. auch Nr. 168 vom 17. Juni 1851); Der Volksbote für den Bürger und Landmann Nr. 143 vom 18. Juni 1851 (das Blatt bat im Vorfeld der Hinrichtung die „Leut' in der Gegend herum“, dass „sie hübsch daheim bei ihren Geschäften bleiben und sich nicht zu diesem Schauspiel drängen sollen“).

11 Der freie Landesbote. Volksblatt und Vorstadt-Zeitung aus München Nr. 228 vom 7. Oktober 1873; Nowosadtko, Jutta: Scharfrichter und Abdecker. Der Alltag zweier „unehrlicher Berufe“ in der frühen Neuzeit, Paderborn 1994, S. 339/40 (hier heißt es, dass Georg Andreas Lorenz Scheller am 5. Februar 1816 in Amberg geboren sei).

12 Overath, Petra: Tod und Gnade. Die Todesstrafe in Bayern im 19. Jahrhundert, Köln, Weimar, Wien 2001, S. 188; Nowosadtko (wie Anm. 11), S. 337; Wolf, Martin: Scharfrichter und Wasenmeister in Straubing, in: Straubinger Hefte 63 (2013), S. 61/62; Donau-Zeitung Nr. 173 vom 26. Juni 1851 (Reuter wurde durch den Sohn des Scharfrichters Scheller von Amberg, Matzeder durch den Scharfrichter von Eichstätt hingerichtet); Die Bayerische Landbötin Nr. 149 vom 24. Juni 1851 und Die Volksbötin Nr. 153 vom 25. Juni 1851 (die zwei Scharfrichter, Brüder Scheller aus Amberg und Eichstätt, sind in Straubing am 19. Juni eingetroffen); Bayerisches Volksblatt Nr. 172 vom 25. Juni 1851; Der Volksbote für den Bürger und Landmann Nr. 150 vom 27. Juni 1851; Nürnberger Kurier Nr. 177 vom 26. Juni 1851.

13 Amberger Tagblatt Nr. 186 und 189 vom 16. und 19. August 1864.

14 Der freie Landesbote. Volksblatt und Vorstadt-Zeitung aus München Nr. 228 und 229 vom 7. und 8. Oktober 1873.

15 Die Bayerische Landbötin Nr. 28 und 52 vom 2. Februar und 2. März 1854 (Ehe in München geschlossen).

16 Der freie Landesbote. Volksblatt und Vorstadt-Zeitung aus München Nr. 228 vom 7. Oktober 1873.

17 Der freie Landesbote. Volksblatt und Vorstadt-Zeitung aus München Nr. 228 und 229 vom 7. und 8. Oktober 1873; Rosenheimer Anzeiger Nr. 197 vom 31. August 1880 (Scheller „gab Veranlassung zur Einführung des Fallbeiles").

18 Der freie Landesbote. Volksblatt und Vorstadt-Zeitung aus München Nr. 227 und 228 vom 5. und 7. Oktober 1873.

19 Rosenheimer Anzeiger Nr. 105 vom 9. Mai 1880 (hier heißt es am 7. Mai aus München, Scheller sei „dem Irrsinn verfallen. Derselbe hatte sich von hier fort begeben, wurde in Bruck aufgegriffen und hieher verbracht. Spuren der Krankheit sollen sich seit der letzten Hinrichtung in Würzburg an dem pflichttreuen Manne gezeigt haben"), Nr. 109 vom 14. Mai 1880 („Das Befinden des in der Kreisirrenanstalt untergebrachten Scharfrichter Scheller ist ein sehr bedenkliches, derselbe ist ungemein aufgeregt und glaubt sich ununterbrochen mit Hinrichtungen beschäftigt") und Nr. 197 vom 31. August 1880; vgl. zu der Scharfrichterfamilie Scheller auch: Der Bayerische Landbote Nr. 22 vom 20. Februar 1827 (Todesfall Eichstätt: F. X. Scheller, Scharfrichter); zum Scharfrichterwesen in Bayern im 19. Jahrhundert, besonders in der ersten Hälfte, wäre eine wissenschaftliche Untersuchung vonnöten.

20 Beilage zum Intelligenz-Blatt von Schwaben und Neuburg Nr. 55 vom 27. Juni 1851; Augsburger Abendzeitung vom 26. Juni 1851; Regensburger Zeitung Nr. 172 vom 25. Juni 1851; Landshuter Zeitung Nr. 56 und 77 vom 6. und 30. März 1851; Neue Passauer Zeitung Nr. 63 und 169 vom 4. März und 22. Juni 1851.

21 Sitzungsberichte der bayerischen Strafgerichte, Bd. 3 (1852), S. 481–484, und Bd. 4 (1852), S. 468 (einer von den zwei Hingerichteten war Joseph Schnauhuber).

22 Haller, Fred und Kieslich, Karl: Matzeder – Räuber, Mörder, Delinquent, Straubing 2010 (hier heißt es, S. 151 ff., die Doppelhinrichtung sei durch Scharfrichter Joseph Zankl vollzogen worden); dies.: Die Matzöder Räuber, Straubing 2013; s. auch: Reisinger, Johann Baptist: Predigt zu richtiger Beurtheilung des Lebens und Endes des Raubmörders Franz Matzeder, 1851.

23 Donau-Zeitung. Vereinigte Zeitung des Kourier an der Donau und der Passavia Nr. 246 vom 7. September 1852; Regensburger Zeitung Nr. 169 vom 21. Juni 1852; Der Bayerische Landbote vom 22. Juni sowie 1. und 2. September 1852.

24 Der Bayerische Landbote vom 8. September 1852; Der Volksbote für den Bürger und Landmann Nr. 217 vom 9. September 1852; s. auch: Reisinger, Johann Baptist: Predigt über die hauptsächlichen Pflichten der Eltern gegen ihre Kinder: veranlaßt durch die Hinrichtung des Joseph Schnauhuber, und gehalten in der Congregations-Kirche zu Straubing am 19. Sept. 1852.
Eine weitere Hinrichtung fand am 2. Juni 1853 in Straubing statt. Der am 25. September 1833 in Gotzendorf geborene Georg Fechter wurde am 1. März 1853 vom Straubinger Schwurgericht wegen qualifizierten Mordes zum Tode verurteilt. Er hatte am 11. November 1852 in Hinterhudlach (Landgerichtsbezirk Kötzting) Anna Maria Mühlbauer, die Frau seines Arbeitgebers, des Bauern Joseph Mühlbauer, in dessen Abwesenheit ermordet, um sich im Haus verwahrtes Geld zu verschaffen (Intelligenz-Blatt der Königlichen Regierung von Schwaben und Neuburg Nr. 46 vom 10. Juni 1853; Augsburger Abendblatt vom 5. Juni 1853; Der Bayerische Landbote vom 2. und 6. Juni 1853; Bayerisches Volksblatt Nr. 147 vom 5. Juni 1853: Scharfrichter Scheller jun. aus Amberg).

25 Der Volksbote für den Bürger und Landmann Nr. 216 vom 15. September 1853.

26 Regensburger Zeitung Nr. 249 und 252 vom 10. und 13. September 1853 sowie Nr. 274, 317 und 328 vom 5. Oktober, 17. November und 28. November 1853; Der Volksbote für den Bürger und Landmann Nr. 216 vom 15. September und Nr. 234 vom 6. Oktober 1853.

27 Augsburger Abendzeitung vom 29. November 1853; Der Bayerische Landbote vom 17., 26. und 29. November 1853; Der Volksbote für den Bürger und Landmann Nr. 271 und 282 vom 18. November und 1. Dezember 1853; s. auch: Reisinger, Johann Baptist: Predigt über die Hauptursachen zum Verderben und zum hoffentlichen Heile der zwei hingerichteten Raubmörder Joseph Pfefferkorn und Joseph Gerstl, Straubing 1853.

28 Regensburger Zeitung Nr. 291 vom 21. Oktober und Nr. 321 vom 20. November 1856; Passauer Zeitung Nr. 282 und 290 vom 12. und 20. Oktober 1856; Donau-Zeitung, Vereinigte Blätter des Kourier an der Donau und der

Passavia Nr. 321 vom 21. November 1856 (Prüfung des Urteils durch den obersten Gerichtshof am 18. November 1856).

29 Augsburger Abendzeitung vom 21. Dezember 1856; Passauer Zeitung Nr. 348 vom 18. Dezember 1856.

30 Augsburger Abendzeitung vom 21. Dezember 1856; Passauer Zeitung Nr. 351 vom 21. Dezember 1856 (Hagen); Der Bayerische Landbote vom 21. Dezember 1856; Rosenheimer Wochenblatt Nr. 53 vom 28. Dezember 1856; s. auch: Reisinger, Johann Baptist: Predigt über den Kirchenbesuch, dessen Vernachläßigung eine Hauptursache der sittlichen Verkommenheit des am 20. Dezember 1856 dahier hingerichteten Leopold Berglehner war, Straubing 1857; Verordnung von 1854: Regierungsblatt für das Königreich Bayern Nr. 32 vom 5. August 1854 (S. 585–587); Overath (wie Anm. 12), S. 205–208.

31 Regensburger Zeitung Nr. 353 vom 22. Dezember 1856.

32 Allgemeine Schwurgerichtszeitung für Deutschland und die Schweiz, Bd. 4, 1859, S. 53–59, Zitat S. 54; Der Volksbote für den Bürger und Landmann Nr. 60, 85 und 104 vom 14. März, 12. April und 5. Mai 1854; Der Bayerische Landbote vom 5. und 9. Mai 1854; Neueste Nachrichten auf dem Gebiete der Politik vom 6. und 9. Mai 1854; Neue Preußische Kreuz-Zeitung vom 16. Mai 1854; s. auch: Reisinger, Johann Baptist: Predigt über die Bewahrung der standesgemäßen Keuschheit, deren Verletzung eine Hauptursache zu dem Verbrechen war, weßwegen Valentin Siebenbürger am 6. Mai 1854 hingerichtet wurde, 1854; Geschichtliche Darstellung des von Valentin Siebenbürger aus der Vorstadt Au bei München verübten Mordes.

33 Landshuter Zeitung Nr. 250 vom 28. Oktober 1856.

34 Ebda., s. auch Landshuter Zeitung Nr. 249 vom 26. Oktober 1856.

35 Donau-Zeitung Nr. 45 vom 14. Februar 1857; Regensburger Zeitung Nr. 299, 300 und 301 vom 29., 30. und 31. Oktober 1856 (aus den Zeugenaussagen geht hervor, dass Buchner schon geraume Zeit vor der Tat Komplizen für eine Ermordung seiner Frau gesucht hat); Der Volksbote für den Bürger und Landmann Nr. 260 vom 1. November 1856.

36 Der Bayerische Landbote vom 11. und 14. Februar 1857; Augsburger Abendblatt vom 14. Februar 1857; Regensburger Zeitung Nr. 35 und 42 vom 4. und 11. Februar 1857; Donau-Zeitung Nr. 44 vom 13. Februar 1857; Kurier für Niederbayern Nr. 44 vom 13. Februar 1857.

37 Augsburger Postzeitung vom 1. März und 15. Mai 1866; Straubinger Tagblatt vom 12. Mai 1866.

38 Königlich Bayerisches Kreis-Amtsblatt von Unterfranken und Aschaffenburg Nr. 144 vom 30. Dezember 1858; Der Bayerische Landbote vom 26. und 29. August 1858; Neue Münchener Zeitung Nr. 156 vom 2. Juli 1858; Regensburger Zeitung Nr. 236 vom 28. August 1858; Allgemeine Schwurgerichtszeitung für Deutschland und die Schweiz, Bd. 3, 1858, S. 460 (Zitat qualifizierter Mord).

39 Das Strafgesetzbuch für das Königreich Bayern sammt dem Gesetz vom 10. November 1861 zur Einführung des Strafgesetzbuchs und des Polizeistrafgesetzbuchs (erläutert von Ludwig Weis), Bd. 1, Nördlingen 1863, S. 63/64; Antonius, Opilio (Hrsg.): Die Todesstrafe nach den Ergebnissen der wissenschaftlichen Forschungen, der Fortschritte der Gesetzgebung und der Erfahrungen, Dornbirn 2003 (Heidelberg 1862), S. 164/65.

40 Bayerische Zeitung Nr. 132 vom 13. Mai 1866; Augsburger Postzeitung vom 11. und 14. Mai 1866 (Hinrichtung wurde durch Anschlag an der Tafel vor dem Bezirksgerichtsgebäude angekündigt und im Hofraum des Bezirksgerichtsgefängnisses vollzogen). Im Königlich Bayerischen Kreis-Amtsblatt für Niederbayern Nr. 6 vom 21. Januar 1863 heißt es in § 2 (S. 107/08) zur Vollstreckung der Todesstrafe „in den sieben Kreisen diesseits des Rheines" betreffend: „Zur Vornahme des Vollzugs sind zwei Nachrichter, von denen der eine zu München und der andere zu Würzburg seinen Wohnsitz hat, aufgestellt. Der in München wohnende Nachrichter ist dem Bezirksgerichte München links der Isar untergeben, und hat die Todesstrafen in den Kreisen Ober- und Niederbayern, dann Schwaben und Neuburg zu vollziehen. Der in Würzburg wohnende Nachrichter steht unter dem dortigen Bezirksgerichte, und demselben liegt der Vollzug der Todesstrafen in den Kreisen Oberpfalz und Regensburg, dann in Ober-, Mittel- und Unterfranken und Aschaffenburg ob"; § 6: „Am Sitze eines jeden Schwurgerichtshofes befindet sich das Gerüste, auf welchem die Fallschwertmaschine bei stattfindenden Enthauptungen aufzustellen ist, dann das zu der Maschine gehörige hölzerne Untergestell"; § 15: „Gleichzeitig ist auch für den Druck der nach Art. 383 Th. II des Str.-G.-B. vom Jahre 1813 zu veröffentlichenden Darstellung über das oder die vom Verurtheilten begangene Verbrechen Sorge zu tragen."

41 Passauer Zeitung Nr. 107 vom 19. April 1866 (hier heißt es, Heiß sei aus „Neuhammer“ im Gerichtsbezirk Grafenau); Beilage zum Amtsblatte von Schwaben und Neuburg Nr. 73 vom 28. Juli 1866 (Bestätigung des Urteils durch König Ludwig II. am 2. Juli 1866); Bayerische Zeitung Nr. 109 und 127 vom 20. April und 8. Mai 1866 (der Brand verursachte einen Schaden von 30.000 Gulden).

42 Straubinger Tagblatt vom 14. Juli 1866; Augsburger Postzeitung vom 17. Juli 1866; Rückblick in die Geschichte der Spiegelauer Steinklamm, zusammengestellt von Fridolin Apfelbacher.

43 Der am 30. März 1868 in Straubing guillotinierte Staringer war am 30. Oktober 1867 vom Schwurgericht für schuldig befunden worden, am 16. Januar 1867 bei Landshut den Händler Max Weiß aus München auf offener Straße ermordet und beraubt zu haben. Dessen Leiche, die mehrere Stiche am Hals und Nacken aufwies, wurde am 27. Januar 1867 im „Klosterholze“ bei Landshut gefunden. Staringer, seit Jahren als Unterhändler in Diensten von Weiß, lockte diesen unter einem Vorwand in die Gegend des Tatortes und beging den Raubmord zusammen mit einem flüchtigen Komplizen (Königlich Bayerisches Kreis-Amtsblatt von Oberbayern Nr. 36 vom 7. April 1868; Neue Preußische Kreuz-Zeitung vom 2. April 1868; Intelligenz-Blatt, Aschaffenburg, vom 2. April 1868).

44 Neue freie Volks-Zeitung, München, vom 14. Dezember 1884; Bayerischer Landbote vom 14. Dezember 1884; Dachs, Johann: Verurteilt und hingerichtet. Berühmte Kriminalfälle aus der Oberpfalz und Niederbayern, Regenstauf 2016 (2. Aufl.), S. 14–19. Dachs schreibt (S. 14), Meilinger habe „bereits als Kind für schwer erziehbar“ gegolten und sei „aufmüpfig und flegelhaft“ gewesen. Ganz anders berichtete der Rosenheimer Anzeiger (Nr. 48) vom 28. Februar 1885. Hier heißt es, Meilinger sei nach „dem Zeugnisse seines ehemaligen Pfarrers das talentvollste, fleißigste, gesittetste und bravste Kind seiner ganzen Schule, die Freude der Lehrer und Seelsorger“ und Kandidat für eine Studienlaufbahn gewesen, ehe er auf die schiefe Bahn geraten sei.

45 Allgemeine Zeitung, München, vom 19. und 22. Februar 1885; Bayerischer Landbote vom 24. Februar 1885; Bamberger Neueste Nachrichten vom 23. Februar 1885; Neueste Nachrichten und Münchener Anzeiger vom 21. Februar 1885.

Am 6. März 1886 wurde der 27-jährige Dienstknecht Johann Brunnbauer aus Furth (Gerichtsbezirk Mallersdorf, Pfarrei Hofkirchen) bei Bayerbach durch Scharfrichter Kißlinger in Straubing guillotiniert. Er war am 27. September 1885 während des Vormittagsgottesdienstes in das „Einödanwesen" des Bauern Dünzl in Ergoldsbach eingedrungen und hatte die etwa 60 Jahre alte Frau Dünzl zur Herausgabe des Geldes aufgefordert. Da sie sich weigerte, streckte Brunnbauer sie durch zwei Pistolenschüsse nieder. Er brach alle Behälter auf und raubte über 200 Mark. Das Straubinger Schwurgericht verurteilte ihn am 14. Januar 1886 wegen Raubmordes, Raubes und Brandstiftung zum Tode und zehn Jahren Zuchthaus (Neueste Nachrichten und Münchener Anzeiger vom 16. Januar 1886; Bayerischer Landbote vom 19. Januar 1886; Bamberger Neueste Nachrichten vom 7. März 1886; Rosenheimer Anzeiger Nr. 54 und 55 vom 7. und 9. März 1886; Neue freie Volks-Zeitung, München, vom 8. März 1886: ausführliche Beschreibung der Hinrichtung; Straubinger Tagblatt vom 7. März 1886: „In einem Vierecke hinter der Frohnveste, welches mit schwarzen Tüchern verhängt war, fand die Execution statt. Das Fallbeil war auf einem Podium aufgestellt und durch einen diesen Platz abschließenden Vorhang verhüllt. Schlag 7 Uhr erschien der Delinquent im grauen Armensünder-Anzuge mit entblößtem Halse und ausgeschnittenen Haaren"; Ostermeier, Xaver: „Das Haupt rollte vom Rumpfe"; „der irdischen Gerechtigkeit war Sühne geschehen" – der Straubinger Privatier Xaver Ostermeier beschreibt 1886 auf einem Kalender-Einband die Hinrichtung Brunnbauers, in: Straubinger Kalender; 403. 1999, S. 225/26).

46 Neue freie Volks-Zeitung, München, vom 16. April 1897; Rosenheimer Anzeiger Nr. 10 und 18 vom 14. und 23. Januar 1897.

47 Neue freie Volks-Zeitung, München, vom 16. und 17. April 1897; Straubinger Tageblatt vom 15. und 16. April 1897 (in einigen Quellen heißt es, Anselm Able habe in „Reuth" gewohnt, ebenfalls ein Gemeindeteil von Reisbach).

48 Straubinger Tageblatt vom 9. bis 12. Juni 1897; Neue freie Volks-Zeitung, München, vom 13. und 14. Juni 1897; Augsburger Abendblatt vom 14. Juni 1897; Münchner Neueste Nachrichten vom 10. und 12. Juni 1897; Augsburger Postzeitung vom 12. und 13. Juni 1897 („Der ganze Act der Doppel-Hinrichtung währte kaum zwanzig Minuten. Die Leichen wurden alsbald in Kisten gepackt und auf den Friedhof verbracht, woselbst Hochw. Herr Cooperator Elser die

kirchliche Einsegnung vollzog, während Hochw. Herr Cooperator Fischer in der Stiftspfarrkirche eine hl. Messe für das Seelenheil der Beiden celebrirte").

49 Augsburger Abendzeitung vom 22. Juli 1897.

50 Ebda.

51 Ebda.; Straubinger Tageblatt vom 21. und 22. Juli 1897; Rosenheimer Anzeiger Nr. 86 vom 16. April 1897 (vor seiner Verhaftung beging er einen Diebstahl in Neukirchen), vgl. auch Nr. 90 vom 22. April, Nr. 172 vom 8. August (Würdigung einiger Personen, die bei der Verhaftung geholfen hatten), Nr. 218 vom 26. September, Nr. 255 vom 10. November, Nr. 258 vom 13. November (Ausbruchsversuch in Straubing), Nr. 263 vom 19. November sowie Nr. 265 und 267 vom 21. und 24. November 1897 (Hinrichtung).

52 Neue freie Volkszeitung in München vom 23. Juli sowie 22. und 23. November 1897.

53 Ebda. („Mit dem Tode Nußsteins kann nun das Gefängnißpersonal wieder ruhig aufathmen, denn dasselbe war ihres Lebens bei den Visitationen nicht mehr sicher, da sich Nußstein immer wieder von seinen Fesseln und Ketten zu entledigen wußte und durch seine Fluchtversuche und Raffinirtheit eine wahre Plage der Aufseher gebildet hat"); Münchner Neueste Nachrichten vom 20. und 21. November 1897; Straubinger Tageblatt vom 21. November 1897 (ein Geständnis legte Nußstein nicht ab, „doch äußerte er sich beim Abschiede von seiner Schwester, er habe viel verschuldet und wolle sich deßhalb in sein Schicksal fügen"); Allgemeine Zeitung am Abend Nr. 63 vom 15. März 1928.
Am 3. Juli 1901 wurde der 49-jährige Tagelöhner Josef Braun aus Aufhausen (Kreis Regensburg) in Straubing durch Scharfrichter Reichhart guillotiniert. Er war am 3. Mai 1901 vom dortigen Schwurgericht wegen eines Raubmordes in Wippstetten nördlich von Vilsbiburg zum Tode verurteilt worden.
Er verübte das Verbrechen am 10. November 1900 bei den Wirtsleuten Mathias und Philomena Lanzinger. Als der Wirt gegen 18 Uhr aus Gerzen heimkehrte, fand er seine Schwägerin, die ledige 59 Jahre alte Bauerstochter Anna Blieminger (Anne Plieninger) aus Predling (Schöllnach), die öfters bei ihnen zu Besuch war und aushalf, in der Speisekammer durch zwei Stiche in den Nacken ermordet vor. Nach der Tat durchsuchte Braun das Haus und entwendete etwa 340 Mark, ein Jagdgewehr, einen Rucksack, mehrere Uhren und anderes. Er war schon 1888 vom Schwurgericht Straubing wegen

Raubes zu zehn Jahren Zuchthaus verurteilt worden, die er im Zuchthaus in Kaisheim verbüßte (Augsburger Postzeitung vom 5. Mai und 6. Juli 1901; Münchner Neueste Nachrichten vom 3. Mai 1901; Neue freie Volks-Zeitung, München, vom 6. und 7. Mai sowie vom 5. Juli 1901; Straubinger Tagblatt vom 5. Mai sowie vom 2. und 4. Juli 1901; Rosenheimer Anzeiger Nr. 147 vom 2. Juli 1901; Würzburger General-Anzeiger vom 4. Juli 1901).

54 Augsburger Postzeitung und Straubinger Tagblatt vom 11. und 12. März 1903; Dachs, Johann: Tollkirschen im Blaubeersaft und andere wahre Geschichten von Mord und Totschlag, Waldkirchen 1997 (2. Aufl.), S. 113/14.

55 Augsburger Postzeitung und Straubinger Tagblatt vom 11. und 12. März 1903; Neue freie Volks-Zeitung vom 11. März 1903; Rosenheimer Anzeiger vom 6. Dezember 1902 sowie vom 4. und 8. Januar, 12. und 27. Februar und 11. März 1903.

56 Dachs (wie Anm. 54), S. 109–124; ders.: Tod durch das Fallbeil. Der deutsche Scharfrichter Johann Reichhart (1873–1972), Regensburg 2012 (2. Aufl.), S. 29; Straubinger Tagblatt vom 14., 15. und 16. Mai 1903 („Erwähnt sei noch, daß das Hinrichtungsmesser nicht gewechselt werden brauchte"); Augsburger Postzeitung vom 16. Mai 1903; Münchener Neueste Nachrichten vom 15., 16. und 18. Mai 1903.

Das Straubing Schwurgericht verurteilte am 3. Dezember 1904 den am 10. April 1878 geborenen, ledigen Metzger Xaver Steindl aus Neufahrn (Kreis Landshut) wegen Raubmordes zum Tode. Er hatte am 20. September 1904 auf der Straße zwischen Thonhausen (Pfeffenhausen) und Oberwangenbach (Attenhofen) den Bauern Vinzenz Sieglhuber aus Landshut ermordet und beraubt. Der Ermordete war am genannten Tag Hopfen nach Mainburg gefahren. In einer dortigen Wirtschaft sah Steindl, wie der Bauer eine größere Summe Geld für den Hopfen erhielt. Auf der Heimfahrt bat er Sieglhuber, ihn mit seinem Fahrrad auf seinem Gefährt mitzunehmen, da er verunglückt sei. Ungefähr zehn Minuten von Thonhausen entfernt schoss er auf ihn und versetzte ihm acht Messerstiche. Seine Guillotinierung nahm Reichhart am 25. Januar 1905 auf dem Hof des Straubinger Landgerichtsgefängnisses vor. Mehrmals hatte Steindl geäußert, „daß sein Leben in der Großstadt, wo er das Beten verlernte, hauptsächlich schuld sei an seinem moralischen Ruin" (Neue freie Volks-Zeitung vom 7. Dezember 1904 sowie vom 25. und 27. Januar 1905;

Augsburger Abendzeitung vom 6. Dezember 1904 und 25. Januar 1905; Münchener Neueste Nachrichten vom 26. Januar 1905; Augsburger Postzeitung vom 26. und 27. Januar 1905; Rosenheimer Anzeiger vom 25. und 26. Januar 1905; Dachs, Johann: Wahre Mordgeschichten. Kriminalfälle aus der Oberpfalz und Niederbayern, Regensburg 2011, 2. Aufl., S. 65–83).

57 Straubinger Tagblatt Nr. 225 und 227 vom 4. und 6. Oktober 1910; Dachs, Johann: Wahre Mordgeschichten. Kriminalfälle aus der Oberpfalz und Niederbayern, Regensburg 2011 (2. Aufl.), S. 85–101 (S. 100: die Hinrichtung wurde von Scharfrichter Franz Xaver Reichhart vollzogen, dem Onkel des nachmaligen Scharfrichters Johann Reichhart).
Am 23. Mai 1908 hatte Scharfrichter Reichhart eine weitere Guillotinierung in Straubing vorgenommen, nachdem am 10. April 1908 der 36-jährige Tagelöhner Josef Weinmann aus Weißensulz in Böhmen (etwa zehn Kilometer östlich des bayerischen Marktfleckens Eslarn) vom Straubinger Schwurgericht wegen Raubmordes zum Tod verurteilt worden war. Er hatte im September 1906 seine ehemalige Geliebte, die ledige 32-jährige Dienstmagd und Hopfenzupferin Agnes Lindenberger aus Oberösterreich, der er überdrüssig geworden war, in einem Wald bei Mießling (Ortsteil von Hohenthann im Kreis Landshut) erdrosselt und beraubt. Ein Jahr später wurde er bei Rottenburg an der Laaber verhaftet und gestand Anfang 1908 die Tat ein (Neue freie Volks-Zeitung vom 13. und 14. April 1908; Münchener Neueste Nachrichten und Norddeutsche Allgemeine Zeitung vom 24. Mai 1908; Straubinger Tagblatt vom 24. Mai 1908: Die Leiche wurde, „da sie der Anatomie verfallen war“, von Münchner Ärzten und jungen Studenten seziert).

Landshut

1 Augsburgische politische Zeitung vom 25. November 1817; Aschaffenburger Zeitung vom 28. November 1817; Münchener politische Zeitung Nr. 227 vom 22. November 1817; Kaiserl. Königl. Privilegirte Linzer-Zeitung Nr. 96 vom 1. Dezember 1817; Annalen der deutschen und ausländischen Criminal-Rechtspflege, 2. Bd., 3. Heft, Berlin 1828, S. 44/45 („Lammfromm“).

2 Sailer, Johann Michael: J. M. Sailers Rede, gehalten am 20sten November 1817, nach der Hinrichtung des Israeliten Josua Nathan Lamfrom, Landshut 1818 (2. Aufl.), S. 9.

Pfarrkirchen

1 Königlich-Bayerisches Intelligenz-Blatt des Unterdonau-Kreises vom 14. Oktober 1818 (Haselbauer heiratete am 21. April 1812).

2 Ebda.; Münchener politische Zeitung Nr. 271 vom 16. November 1818; Aschaffenburger Zeitung vom 25. November 1818.

Vilsbiburg

1 Geschichtliche Darstellung der Verbrechen wegen derer Verübung Matthias Eierkamer zur Todesstrafe verurtheilt wurde, Vilsbiburg 1824, auch in: Eos, Zeitschrift aus Baiern Nr. 113 vom 16. Juli 1824; Allgemeine bayerische Chronik oder Geschichts-Jahrbücher – Annalen – Mit besonderer Beziehung auf das neunzehnte Jahrhundert, hrsg. von Jos. Heinr. Wolf, III. Jahrbuch, München 1844, S. 574; Der Bayerische Volksfreund Nr. 5 vom 17. Juli 1824 („Mathias Eyerkamer, Leerhäuslers Sohn von Kirchberg").

2 Geschichtliche Darstellung des Verbrechens, wegen dessen Georg Buchner, abgehauster Bauer von Haindlfing, königl. Landgerichts Freysing zum Tode verurtheilt worden ist, Vilsbiburg 1837; Die Bayerische Landbötin Nr. 22 vom 21. Februar 1837 (das Urteil wurde vom Oberappellationsgericht am 28. Dezember 1836, von König Ludwig I. am 26. Januar 1837 bestätigt); Der Bayerische Volksfreund Nr. 31 vom 23. Februar 1837.

Landau an der Isar

1 Allgemeine bayerische Chronik oder Geschichts-Jahrbücher – Annalen – Mit besonderer Beziehung auf das neunzehnte Jahrhundert, hrsg. von Jos. Heinr. Wolf, III. Jahrbuch, München 1844, S. 635/36.

2 Ebda.; Der Bayerische Volksfreund Nr. 71 vom 21. Dezember 1824.

Griesbach

1 Enzenweg war um 1830 eine „Einöde" mit elf Einwohnern in der Pfarrei Weihmörting (Topo-geographisch-statistisches Lexicon vom Königreiche Bayern, von Joseph Anton Eisenmann, 1. Bd., Erlangen 1831, S. 377).

2 Königlich-Bayerisches Intelligenz-Blatt des Unterdonau-Kreises für das Jahr 1827, S. 77; Zue, Gerold: 1827 geschah die letzte Hinrichtung, in: Passauer

Neue Presse vom 8. November 2014 (Regio-Wiki: Franz Seraph Auer). Hier heißt es, Auer sei am 4. September 1806 „in Wolkertsham bei Bayerbach" geboren – das müsste dann Volkertsham (Ortsteil von Asbach) sein.

3 Dem Intelligenz-Blatt (wie Anm. 2) zufolge war es ein Jäger aus „Welkersham" – damit ist wohl Volkertsham gemeint.

4 Ebda., S. 77–79 (Bestätigung des Urteils durch das Oberappellationsgericht am 11. Januar 1827); Der Bayerische Volksfreund Nr. 22 vom 20. Februar 1827; Zeitschrift des Industrie- und Kulturvereins zu Nürnberg (2. 1826/27), S. 93; Zue, wie Anm. 2 (hier heißt es, die Tat sei im Wald bei Tettenweis erfolgt und Auer sei nach seiner Verhaftung in die Eisenfronfeste nach Griesbach eingeliefert worden); Wolf, Martin: Henker, Scharfrichter und Wasenmeister in Straubing (Straubinger Hefte 63), Straubing 2013.

Burghausen

1 Königlich-Bayerisches Intelligenz-Blatt des Unterdonau-Kreises für das Jahr 1832, S. 22–24 (Bestätigung des Todesurteils durch das Oberappellationsgericht am 15. November 1831, durch König Ludwig I. am 8. Dezember 1831; eine im Urteil vorgesehene halbstündige öffentliche Ausstellung am Pranger durch einen Scharfrichterknecht vor dem Vollzug der Todesstrafe wurde erlassen).

2 Münchener-Conversations-Blatt. Mitgabe zum Bayer'schen Beobachter Nr. 2 vom 2. Januar 1832; Augsburger Tagblatt Nr. 7 und 9 vom 7. und 9. Januar 1832; Der Bayerische Volksfreund Nr. 2 vom 4. Januar 1832; Regensburger Zeitung Nr. 5 vom 6. Januar 1832; Die Bayerische Landbötin Nr. 4 vom 10. Januar 1832; Magdeburgische Zeitung vom 13. Januar 1832; Der Wanderer Nr. 17 vom 17. Januar 1832; Der Amtsbote am Innstrome, 1. Stück. Polling, 6. Januar 1832).

Mitterfels

1 Augsburger Abendzeitung vom 16. August 1847; Regensburger Tagblatt Nr. 223 vom 15. August 1847; Reisinger, Johann Baptist: Dominikus Hahn's, vormaligen Schullehrers von Konzell, königl. Landgerichtes Mitterfels in Niederbayern, Lebensbegebnisse bis zu seiner Ueberweisung an die Geistlichkeit durch die Hände der weltlichen Gerechtigkeit, diese seine Ueberweisung, seine Vorbereitung zum Tode und seine Hinrichtung; dargestellt in

einer Predigt in der Congregations-Kirche zu Straubing am 15. August 1847, Straubing 1847, S. 6.

2 Reisinger (wie Anm. 1), S. 6.

3 Ebda., S. 6–8; Regensburger Tagblatt Nr. 223 vom 15. August 1847; Dachs, Johann: Wahre Mordgeschichten. Kriminalfälle aus der Oberpfalz und Niederbayern, Regensburg 2011 (2. Aufl.), S. 13–21.

4 Der Bayerische Landbote Nr. 229 vom 17. August 1847; Reisinger (wie Anm. 1), S. 8–12.

5 Dachs (wie Anm. 3), S. 23.

6 Wartner, Franz: 800 Jahre Geschichte um Mitterfels (Chronik Markt Mitterfels), Mitterfels 1988, S. 167–172; Regensburger Tagblatt Nr. 223 vom 15. August 1847 (nahe der Richtstätte wurde „allem sittlichen Zartgefühle zuwider" eine „Wirthschaftsbude" – Trinkbude – errichtet); Der Bayerische Landbote vom 19. August 1847 (etwa 10.000 Zuschauer); Regensburger Zeitung Nr. 224 vom 16. August 1847; Die Bayerische Landbötin Nr. 98 vom 17. August 1847; Donau-Zeitung Nr. 223 und 224 vom 14. und 15. August 1847; Münchener politische Zeitung Nr. 196 vom 18. August 1847; Rede bei der Hinrichtung des Dominikus Hahn, vormaligen Schullehrers von Konzell, königl. Landgerichts Mitterfels, gehalten von Joseph Lautenbacher, Pfarrer und Distrikts-Schulinspektor zu Mitterfels, am 13. August 1847, Straubing 1847; Renner, Carl Oskar: Im Turm zu Konzell tanzt der Tod. Der Fall des Dominikus Hahn und die letzte öffentliche Schwerthinrichtung in Bayern 1847, Dachau 1989; Lachner, Max: Von Schindern und Henkern, in: Mitterfelser Magazin 7 (2001), S. 20–22.

In Niederbayern gab es noch folgende Hinrichtungen:

- 1819: Petershofer, Philipp, aus Pleiskirchen, Landgericht Ried (Hauptstaatsarchiv München, Liste der Todesurteile und Hinrichtungen, Justizministerium; Königlich-Bayerisches Intelligenz-Blatt des Unterdonau-Kreises Nr. VII vom 17. Februar 1819)
- 1822/23: Kieslinger, Ignatz, wegen Mordes (zeitgenössische Verweise auf: Darstellung, Geschichtliche, der Verbrechen, wegen derer Ignatz Kieslinger zur Todesstrafe verurtheilt wurde, Eggendorf 1823; Zeitung für die elegante Welt Nr. 242 vom 11. Dezember 1823: hier heißt es, Kieslinger habe einen Mord an dem Landmann Matthias Gislhuber und seinem Knecht verübt, und er

sei am 1. Juni 1822 hingerichtet worden; Internet: Kurzer Abriß über die Geschichte des Historischen Ehrenzuges des K.B. Landwehr-Bataillons von 1826 Eggenfelden: „Bisweilen mußte die Landwehr ausrücken, so 1822 schon die Nationalgarde ‚bei der Hinrichtung Kißlinger'").

In Passau wurde am 2. September 1854 der am 24. November 1831 geborene Sattler und Soldat Michael Alber aus Ottmaring (Ortsteil von Buchhofen) im damaligen Landgerichtsbezirk Osterhofen aufgrund eines kriegsgerichtlichen Urteils guillotiniert. Von 1851 bis 1853 hatte er bei dem Sattler Karl Schwaiger in Moos gearbeitet und wurde am 8. März 1853 dem II. Jäger-Bataillon zugeteilt. Als die Zeit zum Einrücken nahte, beschäftigte ihn der Gedanke, sich Geld zu verschaffen. Am 10. April 1853 begab er sich nach Moos zum Haus Schwaigers, wo er dessen 46-jährige Frau Magdalena allein antraf, da ihr Mann und die anderen Hausbewohner im Sonntagsgottesdienst waren. Frau Schwaiger forderte ihn auf, in der Wohnstube Platz zu nehmen. Als sie in der Schlafkammer mit Bettenmachen beschäftigt war, drückte er sie auf das Bett nieder und tötete sie durch neun Messerstiche in den Hals. Er wusste, wo das Geld der Familie aufbewahrt war und raubte es, rund 100 Gulden. Auf dem Rückweg wurde er gesehen und sowohl durch Kriegsgerichtsurteil der Stadt- und Festungskommandantschaft vom 16. Juni 1853 als auch oberstrichterliches Urteil des bayerischen General-Auditoriats vom 22. Mai 1854 zum Tode verurteilt (Geschichtliche Darstellung des Mordes, wegen dessen Michael Alber, Soldat des II. Jäger-Bataillons aus Ottmaring, zur Todesstrafe verurtheilt worden, Passau, den 2. September 1854). Nachdem Alber am 2. September 1854 nochmals das Todesurteil vorgelesen und der Stab gebrochen worden war, setzte sich um 5.30 Uhr von seinem Gefängnis in der Passauer Militär-Kaserne aus der Zug zur Richtstätte auf dem großen Exerzierplatz in Bewegung. Hier hatte sich eine große Menschenmenge versammelt, um dem „seit 65 Jahren nicht mehr stattgefundenen blutigen Akte einer Hinrichtung" beizuwohnen. Eine Militärabteilung bildete ein Spalier um das Blutgerüst. Während der von Scharfrichter Scheller und zwei Gehilfen vollzogenen Hinrichtung wurde in der Passauer Stadtpfarrkirche St. Paul eine „Seelenmesse für den armen Sünder gelesen und darnach das Sterbglöcklein geläutet" (Der Bayerische Landbote und Landshuter Zeitung vom 5. September 1854; Neueste Nachrichten aus dem

Gebiete der Politik Nr. 244 vom 1. September 1854; Münchener Bote für Stadt und Land Nr. 211 und 212 vom 5. und 6. September 1854; Neue Münchener Zeitung Nr. 212 vom 6. September 1854; Leipziger Zeitung Nr. 214 vom 9. September 1854; Würzburger Anzeiger Nr. 241 vom 31. August 1854; Evans, Richard J.: Rituals of Retribution, Oxford 1996, S. 310).

Oberbayern

Rosenheim

1 Baierische National-Zeitung Nr. 29 vom 3. Februar 1818; Aschaffenburger Zeitung vom 9. Februar 1818.

Landsberg am Lech

1 Bauern-Zeitung aus Frauendorf Nr. 2 vom 9. Januar 1819.

2 Pflanz, Heinrich: Die Hingerichteten von Landsberg und der Spöttinger Friedhof: eine Dokumentation, Beltheim-Schnellbach 2010 (4. Aufl.), S. 14 (hier wird irrtümlich der 31. Dezember 1819 als Tag der Hinrichtung angegeben).

3 Ebda., S. 14/15.

München

1 Geschichtliche Darstellung des Verbrechens wegen dessen Verübung Johann Wimmbauer und Joseph Reisinger zur Todes-Strafe verurtheilt wurden, München, Königlich Baierisches Kreis- und Stadtgericht, 1820.

2 Art 27 des Strafgesetzbuches von 1813, Erstes Buch, Erster Theil, Erstes Kapitel: „Treffen bei demselben Verbrechen Civil- und Militärpersonen zusammen, so wird sowohl das untersuchende, als das erkennende Gericht aus Militär- und Civilpersonen zusammengesetzt."

3 Geschichtliche Darstellung (wie Anm. 1); Aschaffenburger Zeitung vom 12. und 13. Mai 1820; Münchener politische Zeitung Nr. 109 vom 8. Mai 1820; Flora. Ein Unterhaltungs-Blatt Nr. 21 vom 9. Mai 1820 („die Untersuchung gegen Ziska konnte noch nicht zum Schluße gebracht werden").
Es hatte bereits am 18. März 1820 aufgrund eines kriegsgerichtlichen Urteils eine Hinrichtung in München gegeben. Hierzu hieß es in der Presse: „Am

18ten v. M. lockte die Hinrichtung eines Soldaten, der aus Eigennutz und Tücke seinen besten Freund ermordet hatte, eine große Menschenzahl auf den Executionsplatz zwischen dem Salz-Magazin und dem Marsfelde. Da der Delinquent zufällig auch an einem 18ten März geboren und an einem 18ten März zum Militair gekommen war, und nach einem alten Traumbuch die Zahl 28 den Richtplatz und 58 den Richtstuhl bedeutet, so benutzen viele Leute diese ominösen Zahlen, um darauf, besonders auf die erste, in die Lotterie zu setzen, und hatten, doch leider zur Beförderung des Aberglaubens, das Vergnügen, daß bey der zunächst auf die Hinrichtung folgenden Ziehung wirklich die Nummern 18, 28 und 58 herauskam" (Magdeburgische Zeitung vom 4. Mai 1820; Augsburger politische Abendzeitung vom 6. Mai 1820).

4 Die Mörderin M. A. Birnbaum aus Nürnberg, hingerichtet in München am 12. Nov. 1836. Aktenmäßige Darstellung ihrer verübten unmenschlichen Grausamkeiten, München 1837, S. 8 (Rezension zu der 98-seitigen Schrift in: Kritische Jahrbücher für deutsche Rechtswissenschaft, Jg. 2, Bd. 4, 1838, S. 1009/10); Kurze Darstellung der Untersuchung gegen Maria Anna Birnbaum aus Nürnberg wegen Mordes, München 1836; Extra-Blatt der Bayerischen Landbötin vom 12. November 1836 (Geschichtliche Darstellung des Verbrechens der Maria Anna Birnbaum aus Nürnberg).

5 Der Bayerische Landbote Nr. 318 und 319 vom 13. und 14. November 1836; Regensburger Zeitung Nr. 273 vom 15. November 1836; Bayreuther Zeitung Nr. 273 bis 276 vom 16. bis 19. November 1836.

6 Die Mörderin M. A. Birnbaum (wie Anm. 4), S. 30.

7 Der Bayerische Landbote Nr. 318 und 319 vom 13. und 14. November 1836.

8 Die Mörderin M. A. Birnbaum (wie Anm. 4), S. 49–51.

9 Ebda., S. 11.

10 Ebda., S. 56; Denkwürdige und wenig bekannte biographische Notizen von dem k. Oberpostamts-Revisor F. X. Unterstein und der zum Tode verurtheilten Mörderin Anna Birnbaum, dann einen Bericht über die letzten drei Lebenstage und ihrer Hinrichtung, und mit dem Bildnisse derselben, München 1836, 2. Aufl. (hier einige abweichende Angaben).

11 Die Mörderin M. A. Birnbaum (wie Anm. 4), S. 21.

12 Ebda., S. 5 und 21.

13 Ebda., S. 53.

14 Ebda., S. 91–98; Die Bayerische Landbötin Nr. 135 vom 10. November 1836.

15 Der freie Landesbote. Volksblatt und Vorstadt-Zeitung aus München Nr. 228 und 231 vom 7. und 10. Oktober 1873 (hier heißt es, die Hinrichtung Birnbaums sei die letzte des Münchner Scharfrichters Martin „Hermann"/ Hörmann gewesen – auch habe Birnbaum Hörmann gebeten, seine Sache gut zu machen); Der Bayerische Landbote Nr. 315 vom 10. November 1836; Die Bayerische Landbötin Nr. 137 vom 15. November 1836 (der Scharfrichter aus Ingolstadt assistierte „Hermann"; s. auch Nr. 139 und 143 vom 19. und 29. November 1836); eine Inschrift auf dem Richtschwert Schellers spricht dafür, dass er die Hinrichtung Birnbaums vornahm: „Dieses Schwert / welches ich F. Scheller / Kgl. Nachrichter v. München / hierselb: ANNO 1835 anfertigen ließ, verwendete ich erstmals / am 12. Nov. 1836 an / MARIA BIRNBAUM / ANNO 1880 v. We [Witwe] Scheller / als And. erh.: J. Kislinger / Kgl. Nachrichter ANNO 1894 v. We Marg. / Kislinger als Andenk. erh.: / Fr. Xav. Reichhart / Kgl. Nachrichter." (Stadtmuseum München, Zeughaus, Inv. Nr. 2127, nach: Nowosadtko, Jutta: Scharfrichter und Abdecker. Der Alltag zweier „unehrlicher Berufe" in der frühen Neuzeit, Paderborn 1994, S. 340); Puchta, Heinrich: Rede auf dem Blutgerüste nach der öffentlichen Hinrichtung der Mörderin Maria Anna Birnbaum aus Nürnberg, 1836.
Eine weitere öffentliche Hinrichtung mit dem Schwert fand in München auf der Anhöhe des Marsfeldes am 3. Mai 1845 statt. Der Delinquent war der 29-jährige Schuhmacher und Oberkanonier Johann Eppensteiner aus Aufhausen im Landgerichtsbezirk Stadtamhof (Regensburg). Er war durch Kriegsgerichtsurteil des Artillerie-Regiments Prinz Luitpold vom 20. Januar 1845 und oberstrichterliches Urteil des Generalauditoriats vom 14. März 1845 wegen Doppelmordes zum Tode verurteilt worden. Eppensteiner hatte in Diensten des Hauptmanns Nepomuk Neumayer aus München gestanden. Nachdem er wegen seines aufwendigen Lebens in finanzielle Schwierigkeiten geraten war, tötete er am 14. November 1844 die Gattin des Hauptmanns, Eugenie Neumayer, bei ihr zu Hause durch einen Halsschnitt und raubte sie aus. Als dabei die Dienstmagd Theresia Lobmayer vom Markt zurückkehrte, schlug er sie nieder und ermordete sie auf gleiche Weise. Verhaftet wurde er in Passau. König Ludwig I. bestätigte das Todesurteil am 22. April 1845 (Allgemeine bayerische Chronik oder Geschichts-Jahrbücher – Annalen

– Mit besonderer Beziehung auf das neunzehnte Jahrhundert, hrsg. von Jos. Heinr. Wolf, IV. Jahrbuch, München 1845, S. 173–188; Verbrechen, Untersuchung, Urtheil und Enthauptung des Joh. Eppensteiner, München 1845; Der Bayerische Landbote vom 16. und 19. bis 22. November 1844 sowie 1., 4., 5. und 11./12. Mai 1845; Nürnberger Zeitung Nr. 126 vom 6. Mai 1845; Münchener Tagblatt Nr. 128 vom 9. Mai 1845; Regensburger Zeitung Nr. 321 vom 20. November 1844; Dreer, Joseph Georg: Rede gehalten nach der Hinrichtung des Doppelmörders Johann Eppensteiner am 3. Mai 1845, 2. Aufl., München 1845).

16 Anklageschrift gegen Josef Stopfer von München und Ludwig Dantinger von Giesing, wegen qualifizirten Mordes, begangen an dem Professor und Kanonikus Johann Baptist Schwarz, Freising 1849; Neue Münchener Zeitung Nr. 59 vom 10. März 1850, Beilage vom 11. März.

17 Zur Erinnerung an Seine Hochwürden, Herrn Johann Baptist Maria Schwarz, Canonikus an dem Hof- und Collegiatstifte zu St. Cajetan, kgl. Kreisscholarch, Professor und Bibliothekar des alten Gymnasiums dahier (München den 15. März 1849), München 1849, S. 4/5; Reindl, Georg K. von: Grabrede bei der feierlichen Beerdigung des Hochwürdigen Herrn Johann Baptist Schwarz (15. März 1849), München 1849, S. 4.

18 Beilage zum Königlich-Bayerischen Intelligenz-Blatt von Niederbayern Nr. 42 vom 25. Mai 1850.

19 Der Bayerische Landbote vom 11. und 16. Januar 1850, 7. und 8. Februar 1850 (jeweils außerordentliche Beilage), 8. und 12. bis 14. März 1850 (Zitat 12. März) sowie 16. und 17. März 1850; Anklageschrift (wie Anm. 16); Neue Münchener Zeitung Nr. 60 bis 64 vom 12. bis 16. März 1850 (mit Beilagen); Münchener Tagblatt Nr. 71 bis 76 vom 12. bis 17. März 1850.

20 Der Bayerische Landbote vom 25. und 26. März, 2., 10. und 13. April sowie 11. Mai 1850; Neue Münchener Zeitung Nr. 89 und 92 vom 14. und 18. April sowie Nr. 116 vom 16. Mai 1850.

21 Der Bayerische Landbote vom 17. und 19. Mai 1850 (s. auch die Ausgaben vom 12., 15. und 16. Mai); Evans, Richard J.: Rituals of Retribution, Oxford 1996, S. 309.

22 Neueste Nachrichten aus dem Gebiete der Politik Nr. 139 vom 19. Mai 1850 (der Wagenzug führte zunächst von der Fronfeste zum Stadtgerichtsgebäude,

wo von einem Fenster, das mit rotem Tuch behängt war, das Todesurteil nochmals verlesen und der Stab über den Verurteilten gebrochen wurde).

23 Der Bayerische Landbote vom 19. Mai 1850; Sallinger, Joseph: Rede nach der Hinrichtung des Joseph Stopfer am 18. Mai 1850, München 1850; Augsburger Abendzeitung vom 23. Mai 1850 („Nachdem der Leichnam Stopfers in die Anatomie gebracht worden, stellte man damit dort Versuche mittelst galvanischer Elektrizität an, die denn auch den gewöhnlichen Erfolg hatten, indem Muskelbewegungen und Zuckungen an Augen, Füßen, Händen, Mund etc. scheinbar wie zum Leben wieder erweckt, erfolgten. Da jedoch der Leichnam erst um 10¾ Uhr auf die Anatomie gelangte, so mußten die Versuche nur auf wenige beschränkt werden").

24 Georg Treiber, Mörder des 18jährigen Cigarrenhändlersohnes Reeb in München. Anklageschrift vorgetragen in der außerordentlichen Schwurgerichtssitzung von Oberbayern am 26. Juli 1852, München 1852, S. 3/4.

25 Der Bayerische Landbote vom 27. Juli 1852 (außerordentliche Beilage) und vom 10. September 1852.

26 Der Bayerische Landbote vom 27. Juli 1852 (außerordentliche Beilage)

27 Der Bayerische Landbote vom 28. Juli 1852; Neue Preußische Kreuz-Zeitung vom 3. August 1852; s. auch: Der Bayerische Landbote vom 6., 13., 14. und 15. März, 8. April, 17. und 19. Mai sowie 22. Juli 1852.

28 Der Bayerische Landbote vom 27. Juli (außerordentliche Beilage) und 28. Juli 1852; Neue Münchener Zeitung Nr. 62 vom 13. März 1852 sowie Nr. 176 bis 178 vom 25. bis 28. Juli 1852; Der Volksbote für den Bürger und Landmann Nr. 57 vom 6. März sowie Nr. 178 und 180 vom 28. und 30. Juli 1852.

29 Der Bayerische Landbote vom 30. Juli 1852.

30 Der Bayerische Landbote vom 8. September 1852.

31 Der Bayerische Landbote vom 10. September 1852 (Bestätigung des Todesurteils durch König Maximilian II. am 30. August 1852); Der freie Landesbote. Volksblatt und Vorstadt-Zeitung aus München Nr. 230 vom 9. Oktober 1873 (Lorenz Scheller bewegte Treiber zu einem Geständnis).

32 Neueste Nachrichten aus dem Gebiete der Politik Nr. 254 vom 10. September 1852; Der Bayerische Landbote vom 3. September 1852: München, 2. September: „Die königl. Bestätigung des gegen den Mörder Treiber gefällten Todesurtheils ist gestern Vormittags dahier angelangt. Da aber der Vollzug eines

Todesurtheils nach gesetzlicher Vorschrift wo möglich an einem Markttage (hier Samstag) stattfinden soll, so mußte die Publikation an den Verbrecher, in Ansehung der zu gewährenden 3 Gnadentage, aufgeschoben werden; s. auch: Der Bayerische Landbote vom 8., 10. und 22. August sowie 7., 11. und 12. September 1852; Neue Münchener Zeitung Nr. 188 und 199 vom 8. und 20. August sowie Nr. 209, 211, 214, 215, 217 und 219 vom 2., 6., 8., 9., 11. und 14. September 1852; Der Volksbote für den Bürger und Landmann Nr. 219 vom 11. September 1852; Sitzungsberichte der bayerischen Strafgerichte, Bd. 4 (1852), S. 468.

Ein weiteres Todesurteil wurde in München am 14. Juli 1853 an dem 22-jährigen Schuhmachergesellen Michael Ostermaier aus Altomünster (Landkreis Dachau) vollstreckt. Er hatte am 16. Mai 1852 in einem Waldstück zwischen Haar und Trudering (östlich von München) den 19 Jahre alten Sattlergesellen Friedrich Kehle aus Bonndorf in Baden, mit dem er seit einigen Tagen zusammen reiste, mit einem Messer schwer verwundet, um ihn auszurauben. In diesem Moment kam ein Wagen vorbei, der den um Hilfe rufenden Sattlergesellen aufnahm und nach Trudering fuhr: „Was Friedr. Kehle gelitten haben mußte, geht daraus hervor, daß zwei Männer aus dem Wagen ausstiegen, weil sie diese Qual nicht mitansehen konnten." Kehle wurde im Laufe des Tages nach Haidhausen in ein Krankenhaus gebracht. Hier machte er noch einige Angaben zum Tathergang, ehe er starb. Das Münchner Schwurgericht verurteilte Ostermaier am 30. Mai 1853 wegen Raubes IV. Grades zum Tode (Der Bayerische Landbote vom 31. Mai, 1. Juni sowie 12. und 15. Juli 1853; Neue Münchener Zeitung Nr. 157 und 158 vom 5. und 6. Juli 1853; Neue Münchener Zeitung Nr. 165 vom 14. Juli 1853: die Münchener Polizeidirektion hat „die Aufstellung von etwaigen Schaugerüsten, sowie die Feilhaltung von Nahrungsmitteln am Platze, wo die Hinrichtung vorgenommen wird, auf das Strengste verboten"; Der Volksbote für den Bürger und Landmann Nr. 166 vom 17. Juli 1853; Sitzungsberichte der bayerischen Strafgerichte, Bd. 5, 1853, S. 366–369: hier wird bezweifelt, dass ein Raub IV. Grades vorlag; Breitbach, Hermann Joseph: Rede nach der Hinrichtung des Raubmörders Michael Ostermaier am 14. Juli 1853, München 1853; Geschichtliche Darstellung des Verbrechens des Michael Ostermaier von Altomünster, München den 14. Juli 1853).

33 Intelligenz-Blatt der Königlichen Regierung von Schwaben und Neuburg Nr. 81 vom 4. Oktober 1853 (Bestätigung des Todesurteils durch König Maximilian II. am 18. September 1853); Der Bayerische Landbote vom 29. und 30. Mai sowie vom 21. und 22. August 1853; Der Schwestermörder Anton Bachmaier, Metzgerknecht von Landshut. Anklageschrift, verlesen in der öffentlichen Schwurgerichtssitzung von Oberbayern am 28. Mai 1853, München 1853; Neue Münchener Zeitung Nr. 199 und 206 vom 23. und 31. August 1853; Der Volksbote für den Bürger und Landmann Nr. 19 und 27 vom 23. Januar und 2. Februar 1853 sowie Nr. 124, 129 und 197 vom 29. Mai, 4. Juni und 23. August 1853; Sitzungsberichte der bayerischen Strafgerichte, Bd. 5 (1853), S. 366–369.

34 Der Bayerische Landbote vom 22. August 1853; s. auch: Der Bayerische Landbote vom 20. Januar 1853 (Rosina Mayer/Maier: ehemalige Pächterin der Kapplerbräu-Wirtschaft) sowie vom 1. Februar (hier wird fälschlicherweise über den Tod der Magd berichtet), 1. Mai und 23. Juni 1853.

35 Der Bayerische Landbote vom 15. und 16. August 1853.

36 Intelligenz-Blatt der Königlichen Regierung von Schwaben und Neuburg Nr. 81 vom 4. Oktober 1853 (Bestätigung des Todesurteils durch König Maximilian II. am 23. September 1853); Der Bayerische Landbote vom 15. und 16. August 1853; Neue Münchener Zeitung Nr. 193 vom 16. August 1853; Der Volksbote für den Bürger und Landmann Nr. 190, 192 und 203 vom 14., 17. und 30. August 1853.

37 Der Bayerische Landbote vom 27., 29. und 30. September 1853; s. auch: Der Bayerische Landbote vom 27. August und 26. September 1853; Neue Münchener Zeitung Nr. 228, 230 und 232 vom 25., 28. und 30. September sowie Nr. 293 vom 10. Dezember 1853; Der Volksbote für den Bürger und Landmann Nr. 226, 228 und 229 vom 27., 29. und 30. September 1853; Der freie Landesbote. Volksblatt und Vorstadt-Zeitung aus München Nr. 234 vom 14. Oktober 1873 (Lorenz Scheller jun.; Busch aß und trank in seinen letzten Tagen ausgiebig); Neumayr, Paul: Rede nach den Hinrichtungen des Schwestermörders Anton Bachmaier aus Landshut und des Brudermörders Johann Busch von Aying am 29. September 1853, München 1853; Overath, Petra: Tod und Gnade. Die Todesstrafe in Bayern im 19. Jahrhundert, Köln, Weimar, Wien 2001, S. 199.

38 Der Bayerische Landbote vom 29. Oktober 1853 („Die Geschichte der Engelhard'schen Familie ist eine sehr traurige; der Großvater von Jakob

Engelhard verbrannte vor Jahren in einer Hütte neben einem Kohlenweiler, die Großmutter starb, wie man sagte, auch keines natürlichen Todes, der Vater wurde im Walde todt gefunden, wahrscheinlich als Wilderer erschossen").

39 Neue Münchener Zeitung Nr. 256 vom 28. Oktober 1853, Beilage.

40 Neue Münchener Zeitung Nr. 257 vom 29. Oktober 1853, Beilage; Der Bayerische Landbote vom 29. Oktober 1853 (s. auch: Ausgaben vom 1. und 21. November 1853); Der Volksbote für den Bürger und Landmann Nr. 254 und 255 vom 29. und 30. Oktober 1853 sowie Nr. 256, 271 und 275 vom 1., 18. und 23. November 1853.

41 Der Bayerische Landbote vom 17. und 20. Dezember 1853; Neue Münchener Zeitung Nr. 300 vom 18. Dezember 1853; Der Volksbote für den Bürger und Landmann Nr. 296 und 297 vom 18. und 20. Dezember 1853.
Am 26. Januar 1854 wurde der 32-jährige vorbestrafte Dienstknecht Martin Sailer aus Junkenhofen (Gerolsbach) im damaligen Landgerichtsbezirk Schrobenhausen durch Scharfrichter Scheller in München mit dem Schwert öffentlich hingerichtet. Er hatte am Morgen des 3. April 1853 in der benachbarten Einöde Oberdinkelhof Maria Anna Rauscher, Ehefrau von Joseph Rauscher, die sich damals allein zu Hause befand, erstochen und etwa 90 Gulden geraubt. Das Münchner Schwurgericht verurteilte ihn am 10. Dezember 1853 wegen qualifizierten Mordes zum Tode. König Maximilian II. bestätigte das Urteil am 19. Januar 1854 (Der Bayerische Landbote vom 27. Januar 1854; Der Volksbote für den Bürger und Landmann Nr. 291 und 304 vom 13. und 28. Dezember 1853 sowie Nr. 20 und 22 vom 25. und 27. Januar 1854; Neue Münchener Zeitung Nr. 22 und 23 vom 26. und 27. Januar 1854; Münchener Bote Nr. 23 vom 27. Januar 1854; Die Bayerische Landbötin Nr. 23 vom 27. Januar 1854; Würzburger Anzeiger Nr. 28 vom 28. Januar 1854).

42 Der Bayerische Landbote vom 21. und 22. März 1854; Neue Münchener Zeitung Nr. 69 vom 22. März 1854, Beilage; Münchener Bote für Stadt und Land Nr. 68 und 69 vom 21. und 22. März 1854; Der Volksbote für den Bürger und Landmann Nr. 67, 68 und 85 vom 22. und 23. März sowie 12. April 1854.

43 Der Bayerische Landbote vom 12. Mai 1854 (s. auch 9. Mai 1854); Neueste Nachrichten aus dem Gebiete der Politik vom 12. Mai 1854; Beilage zum königlich bayerischen Kreis-Amtsblatte von Oberbayern Nr. 28 vom 14. Juli 1854; Neue Münchener Zeitung Nr. 85 vom 9. April 1854, Beilage

(Problematik öffentlicher Hinrichtungen); Münchener Bote für Stadt und Land Nr. 110 und 113 vom 9. und 12. Mai 1854 (Bestätigung des Urteils durch König Maximilian II. am 1. Mai 1854); Der Volksbote für den Bürger und Landmann Nr. 101, 108 und 110 vom 2., 10. und 12. Mai 1854; Tageblatt der Stadt Bamberg Nr. 130 vom 12. Mai 1854; Neue Preußische Kreuz-Zeitung vom 16. Mai 1854; Martin, Anselm: Ueber die ehemaligen Richtstätten der in München zur Todesstrafe Verurtheilten und ihre Volkssagen, in: Oberbayerisches Archiv für vaterländische Geschichte, Bd. 31 (1871), S. 233; Metgen, Sigrid: Die Letzte Reise: Sterben, Tod und Trauersitten in Oberbayern, München 1984, S. 169; Augsburger Abendzeitung vom 12. Mai 1854 („Das Volk, worunter wieder viele vom ‚schönen und zarten Geschlechte', machte seinen Gefühlen durch lautes Murren Luft. Dem Scharfrichter wurden außer der herkömmlichen Eskorte zweier Gensdarmen auf dem Rückwege noch 7 berittene Kuirassiere mitgegeben. Der Leichnam war sogleich in die Anatomie gebracht. Wie ich höre, wurden mehrere Personen von Unwohlsein befallen; wobei sich eine Abtheilung der Sanitätskompagnie durch thätige Hülfeleistungen auszeichnete"); dass es sich bei dem unglücklichen Scharfrichter um Lorenz Scheller jun. handelte und nicht um seinen gleichnamigen Vater, geht hervor aus: Hofmann: Die Einführung des Fallschwertes zu Hinrichtungen im Königreiche Bayern, in: Adolph Henke's Zeitschrift für die Staatsarzneikunde, Bd. 70 (1855), S. 369 (hier heißt es, der Scharfrichter habe „seit 3 Jahren das Schwert mit der anerkennenswerthesten Geschicklichkeit" geführt – es kann sich also nur um Scheller jun. handeln, der 1851 sein „Meisterstück" machte).

44 Evans, Richard J.: Rituals of Retribution, Oxford 1996, S. 317/18.

45 Hofmann (wie Anm. 43), S. 369–387 (Zitat S. 377); Der freie Landesbote. Volksblatt und Vorstadt-Zeitung aus München Nr. 228 vom 7. Oktober 1873 (München: „Schon im Jahre 1853 suchten die noch übrigen Scharfrichter von München, Amberg und Eichstädt behufs größerer Sicherheit bei Vollstreckung der Todesstrafe um Einführung einer Guillotine, ähnlich der zuerst in Sachsen eingeführten, dem von dem Dresdener Mechaniker Kieber construirten Fallschwerte, höhern Ortes nach. Diesem Gesuche wurde alsbald allerhöchst willfahren, und vorläufig für die nächsten Hinrichtungen zufolge Vereinbarung, die württembergische Guillotine entlehnt, gleichzeitig aber

Mechanikus Mannhardt dahier, mit der Construirung und sofortigen Verfertigung eines praktischen und sicher köpfenden Fallschwerts betraut“).

46 Der Bayerische Landbote vom 17., 18. und 20. August 1854; Neueste Nachrichten aus dem Gebiete der Politik Nr. 230 und 232 vom 18. und 20. August 1854; Würzburger Anzeiger Nr. 228 vom 18. August 1854; Neue Münchener Zeitung Nr. 195 und 197 vom 17. und 19. August 1854; Seidl, Helmut A.: Ein Mördertrio auf dem Schafott. Die Hingerichteten beim ersten Einsatz der Guillotine in Bayern, Niederstedt 2017.

47 Neueste Nachrichten aus dem Gebiete der Politik Nr. 232 vom 20. August 1854; Augsburger Abendzeitung vom 20. August 1854 („So viel ist gewiß, daß mit dieser Einrichtung solche Exekutionen den Charakter ihres früheren grauenvollen Entsetzens wesentlich verloren haben“); Tag-Blatt der Stadt Bamberg Nr. 224 vom 17. August 1854.

48 Der Bayerische Landbote vom 11./12. Juni 1854.

49 Der Bayerische Landbote vom 10. bis 13. Juni, 12. Juli und 17. August 1854; Neueste Nachrichten aus dem Gebiete der Politik Nr. 232 vom 20. August 1854; Neue Münchener Zeitung Nr. 139 und 140 vom 11. und 13. Juni 1854; Die Bayerische Landbötin Nr. 140 und 141 vom 11. und 13. Juni 1854; Allgemeine Zeitung Nr. 164 vom 13. Juni 1854.

50 Neueste Nachrichten aus dem Gebiete der Politik Nr. 233 vom 21. August 1854.

51 Der Bayerische Landbote vom 23. Oktober 1856.
Am 25. September 1854 wurde der 40-jährige Dienstknecht Sebastian Wallner aus Biberg (Lengdorf) von Scharfrichter Scheller in München guillotiniert. Nachdem er Ende Juni 1853 seinen Dienst bei einem Handelsmann in Markt Schwaben, Landkreis Ebersberg, verlassen hatte, trieb er sich ohne Beschäftigung und Obdach umher und übernachtete im Wald. Am 27. August 1853 ließ ihn der 17-jährige Dienstknecht Michael Glas aus Götting (Ortsteil des Marktes Bruckmühl) auf seinem Wagen mitfahren, mit dem er Salz nach München gebracht hatte. An der München–Rosenheimer Straße in einer Waldung zwischen Höhenkirchen und Dürrnhaar (Ortsteil der Gemeinde Aying) tötete Wallner den Dienstknecht durch vier Messerstiche in den Hals und raubte ihn aus. Bei der Flucht wurde er von einigen Personen gesehen und zwei Tage später in Markt Schwaben verhaftet. Das

am 31. Juli 1854 vom Schwurgericht München über ihn verhängte Todesurteil bestätigte König Maximilian II. am 17. September 1854. Wallner wollte zuerst schon nach 24 Stunden hingerichtet werden, machte aber dann auf Zureden von Geistlichen von der dreitägigen Frist Gebrauch (Königlich Bayerisches Kreis-Amtsblatt von Oberbayern Nr. 51 vom 29. September 1854; Der Bayerische Landbote vom 1. und 2. August sowie vom 24. und 26. September 1854; Neue Münchener Zeitung Nr. 182 und 227 vom 2. August und 23. September 1854; Der Volksbote für den Bürger und Landmann Nr. 186, 188, 229 und 231 vom 2. und 4. August sowie vom 23. und 26. September 1854; Neueste Nachrichten aus dem Gebiete der Politik Nr. 266, 267 und 269 vom 23., 24. und 25. September 1854).

52 Der Bayerische Landbote vom 23. Mai (hier wird irrtümlicherweise der 20. Mai 1855 als Prozesstag angegeben) und 8. Juli 1855; Der Volksbote für den Bürger und Landmann Nr. 160 vom 8. Juli 1855, Beiwagen (Beilage) Nr. 26 (darin: Geschichtliche Darstellung des Verbrechens des Sebastian Langguth); Neue Münchener Zeitung Nr. 122 vom 23. Mai 1855; Augsburger Tagblatt Nr. 184 vom 7. Juli 1855 (hier heißt es, Anna Probst sei aus Buchsee gewesen); Bayerisches Volksblatt Nr. 124 vom 25. Mai 1855; Fränkischer Kurier Nr. 145 vom 24. Mai 1855.

53 Der Bayerische Landbote vom 5. und 7. Juli 1855; Neue Münchener Zeitung Nr. 159 vom 5. Juli und Nr. 179 vom 28. Juli 1855, Beilage (Prozess Wilhelm Langguth wegen Diebstahls).

54 Der Bayerische Landbote vom 8. Juli 1855; Neue Münchener Zeitung Nr. 161 vom 7. Juli 1855; Augsburger Tagblatt Nr. 186 vom 9. Juli 1855; Landshuter Zeitung Nr. 154 vom 10. Juli 1855.

55 Der Volksbote für den Bürger und Landmann Nr. 158 vom 6. Juli und Nr. 160 vom 8. Juli 1855: bei der Hinrichtung kam zum ersten Mal „die von dem hiesigen Mechaniker Manhardt neu gefertigte Köpfmaschine zur Anwendung, welche ganz aus Eisen gefertigt [ist] und deren stehende Falzen, in denen das Fallschwert heruntergleitet, viel kürzer sind, als bei der bisher gebrauchten (aus Stuttgart) entlehnten Hinrichtungsmaschine".

Am 31. Oktober 1855 wurde der 40-jährige Dienstknecht Georg Erbschwendner aus St. Nikolaus (Österreich) in München hingerichtet. Er hatte in Fridolfing (Landkreis Traunstein) in Diensten der kinderlosen Bauersleute Sebastian und

Genovefa Giglmaier, einer Verwandten von ihm, gestanden, die am 1. Februar 1853 testamentarisch festlegten, dass er nach deren Tod ihr Vermögen erben sollte. Er betrachtete sich als baldigen Besitzer des Bauernhofes, der ihm sofort nach dem Ableben Sebastian Giglmaiers, das krankheitsbedingt bevorzustehen schien, von der Witwe überlassen werden sollte. Im Sommer 1854 aber erholte sich Giglmaier von der Krankheit und machte mehrfach Äußerungen, es nicht bei dem Testament zu belassen. Das führte Erbschwendner zu dem Entschluss, den Bauern gewaltsam aus der Welt zu schaffen. Am Abend des 10. Oktober 1854 erschoss er ihn mit einem „mit Schroten geladenen Gewehre", das er von außen durch ein Fenster in die Wohnstube abfeuerte. Das Münchner Schwurgericht verurteilte ihn am 14. August 1855 zum Tode. König Maximilian II. bestätigte das Urteil am 24. Oktober 1855 (Beilage zum Königlich Bayerischen Kreis-Amtsblatt von Schwaben und Neuburg Nr. 94 vom 6. November 1855; Der Bayerische Landbote vom 15. und 16. August, 30. Oktober und 1. November 1855; Neue Münchener Zeitung Nr. 194, 195, 215 und 258 vom 15. und 16. August, 7. September und 29. Oktober 1855; Neueste Nachrichten aus dem Gebiete der Politik Nr. 305 vom 1. November 1855 (dass Scharfrichter Scheller und seine beiden Gehilfen „abermals im gewöhnlichen Civilrock auf dem roth ausgeschlagenen Blutgerüste fungirten, wiederholte den jüngst schon gerügten unangenehmen Eindruck auf die versammelte Menge, welcher man überhaupt derlei ergreifende Handlungen nicht als qua bürgerliches Gewerbe vorführen sollte. Warum erscheinen dieselben nicht mehr in den vor einigen Jahren passend angeordneten grünen Blousen?"). Eine weitere Hinrichtung in München am 28. Januar 1856 betraf den 32 Jahre alten Dienstknecht Georg Gschwendter aus Irchenbrunn (Altomünster). Er hatte am Morgen des 11. März 1855 den 75-jährigen verwitweten Bauern Kaspar Finkel aus Rieden (Ortsteil von Dasing), bei dem er arbeitete, erstochen. Den Auftrag dazu erhielt er von dem Sohn des Ermordeten, Gallus Finkel, der seit längerer Zeit mit seinem Vater Streit hatte. Dieser lehnte eine Heirat des Sohnes mit einer „vermögenslosen und nicht gut beleumundeten Weibsperson" sowie eine Überschreibung des Anwesens (das „zum Sturm" hieß) auf den Sohn ab. Das Münchner Schwurgericht verurteilte Gschwendter als „physischen Urheber" und Gallus Finkel als „Miturheber im Complotte" am 30. November 1855 wegen „doppelt qualifizirten Mordes" zur Todesstrafe.

König Maximilian II. begnadigte Finkel am 22. Januar 1856 zur Kettenstrafe (Geschichtliche Darstellung des Verbrechens des Georg Gschwendter von Irchenbrunn, München, den 28. Januar 1856; Der Bayerische Landbote vom 1. und 2. Dezember 1855 und 29. Januar 1856; Nürnberger Friedens- und Kriegs-Kurier Nr. 336 vom 4. Dezember 1855; Grönenbacher Wochenblatt Nr. 5 vom 2. Februar 1856; Die Bayerische Landbötin Nr. 24 vom 29. Januar 1856).

56 Neue Münchener Zeitung Nr. 299 vom 15. Dezember 1855; Der Bayerische Landbote vom 15. Dezember 1855; Neueste Nachrichten aus dem Gebiete der Politik Nr. 351 vom 17. Dezember 1855.

57 Neueste Nachrichten aus dem Gebiete der Politik Nr. 352 vom 18. Dezember 1855.

58 Augsburger Tagblatt Nr. 345 vom 16. Dezember 1855.

59 Neueste Nachrichten aus dem Gebiete der Politik Nr. 353 vom 19. Dezember 1855; Der Bayerische Landbote vom 15. Dezember 1855.

60 Der Bayerische Landbote vom 10. Januar sowie vom 5. und 8. April 1856; Augsburger Abend-Zeitung vom 8. April 1856; Neueste Nachrichten aus dem Gebiete der Politik Nr. 96 und 97 vom 5. und 6. April 1856; Neue Münchner Zeitung Nr. 8 und 82 vom 9. Januar und 4. April 1856; Nürnberger Friedens- und Kriegs-Kurier Nr. 95 vom 5. April 1856.

Der 30-jährige Dienstknecht Johann Seitz aus Malching, damaliger Landgerichtsbezirk Rotthalmünster, wurde am 29. September 1856 durch Scharfrichter Scheller in München hingerichtet. Am Morgen des 3. November 1855 hatte er in Straß (Ortsteil von Burgkirchen an der Alz) die 60-jährige Maria Brex mit einem Hammer erschlagen, während deren Mann, der Bindermeister Johann Brex, in Emmerting arbeitete. Dann raubte er die Barschaft der Eheleute und andere Gegenstände. Das Münchner Schwurgericht verurteilte ihn am 7. Juli 1856 wegen Raubes IV. Grades zur Todesstrafe. König Maximilian II. bestätigte das Urteil am 22. September 1856 (Der Bayerische Landbote vom 9. Juli sowie vom 27. und 30. September 1856; Neueste Nachrichten aus dem Gebiete der Politik Nr. 190 und 191 vom 8. und 9. Juli 1856 sowie Nr. 271, 272 und 274 vom 27., 28. und 30. September 1856; Der Volksbote für den Bürger und Landmann Nr. 162 und 233 vom 10. Juli und 1. Oktober 1856; Augsburger Abendzeitung vom 30. September 1856: „Der Leichnam wurde in die Anatomie gebracht; es wurden jedoch mit demselben keine Experimente

versucht, da die Zahl der jetzt hier anwesenden Studenten eine sehr geringe ist und auch Hr. Prof. Dr. Bischof zur Zeit nicht hier ist").
Die letzte Münchner Hinrichtung des Jahres 1856 (25.Oktober) betraf den 48-jährigen Joseph Graf aus Gütlsdorf (Ortsteil von Attenkirchen) im ehemaligen Landgerichtsbezirk Moosburg. Obwohl er verheiratet und Vater von sieben Kindern war, galt er als „Don Juan" seines Dorfes und war auch bei den Männern als gewalttätig gefürchtet. Am 3. November 1855 erwürgte er zwischen Attenkirchen und Gütlsdorf seine Geliebte, die 25-jährige Katharina Müller aus Gütlsdorf. Sie war von ihm schwanger, was nicht bekannt werden sollte. Er versuchte vergeblich, die Tat einem seiner Söhne anzuhängen. Am 26. Juli 1856 wurde er vom Münchner Schwurgericht zum Tode verurteilt (Münchener Bote für Stadt und Land Nr. 175 bis 177 vom 25. bis 27. Juli sowie Nr. 252 vom 23. Oktober 156; Fränkischer Kurier Nr. 211 vom 30. Juli 1856; Der Bayerische Landbote vom 26. bis 28. Juli sowie vom 23. und 26. Oktober 1856; Nürnberger Friedens- und Kriegs-Kurier Nr. 206 vom 27. Juli 1856; Der Volksbote für den Bürger und Landmann Nr. 184 vom 3. August 1856, Beiwagen Nr. 30, sowie Nr. 255 vom 26. Oktober 1856, Beiwagen Nr. 42; Augsburger Abendzeitung vom 26. Oktober 1856).
Die Hinrichtung des 30-jährigen Nagelschmiedgesellen Peter Kefer aus Bernau am Chiemsee vollzog Scharfrichter Scheller am 31. Januar 1857 in München. Kefer war 1854 bei einem Nagelschmiedmeister in Hainbach (Ortsteil von Aschau) beschäftigt und kam von da öfters auf das in geringer Entfernung in der Gemeindemarkung Sachrang gelegene, den Eheleuten Georg und Anna Fleindl gehörende Hageranwesen. Bei den Besuchen bei Frau Fleindl, die oft alleine zu Hause war, weil ihr Mann in Kufstein arbeitete, erfuhr er, dass die Eheleute in guten Vermögensverhältnissen lebten. Am Abend des 15. Oktober 1854 tötete er Frau Fleindl durch mehrere Messerstiche und entwendete etwa 20 Gulden, mehrere Kleidungsstücke und andere Gegenstände. Ende 1855 nahm man ihn fest. Wegen Raubes IV. Grades wurde er am 22. November 1856 vom Schwurgericht zum Tode verurteilt. König Maximilian II. bestätigte das Urteil am 26. Januar 1857 (Neueste Nachrichten aus dem Gebiete der Politik vom 29. Januar und 1. Februar 1857; Der Bayerische Landbote vom 22., 23. und 24. November 1856; Münchener Bote Nr. 279 und 280 vom 23. und 25. November 1856; Die Bayerische Landbötin Nr. 25

und 27 vom 30. Januar und 1. Februar 1857; Regensburger Zeitung Nr. 34 vom 3. Februar 1857).

61 Der Bayerische Landbote vom 12. Juli 1856.

62 Der Bayerische Landbote vom 12., 13. und 14. Juli 1856, 21. August und 16. Dezember 1856 sowie 20. März 1857; Augsburger Abendzeitung vom 22. März 1857; Neue Münchener Zeitung Nr. 168 und 299 vom 15. Juli und 15. Dezember 1856 sowie Nr. 66 vom 18. März 1857; Nürnberger Friedens- und Kriegs-Kurier Nr. 346 vom 14. Dezember 1856; Augsburger Abendblatt vom 13. Dezember 1856; Neueste Nachrichten aus dem Gebiete der Politik Nr. 81 vom 22. März 1857.

63 Der Bayerische Landbote vom 22. März 1857; Augsburger Abendzeitung vom 22. März 1857 („Der Leichnam wurde in die Anatomie gebracht und an demselben mehrfache Experimente versucht").

64 Augsburger Abendblatt vom 25. und 27. März 1857; Der Bayerische Landbote vom 29. März 1857.

65 Landshuter Zeitung Nr. 38 vom 17. Februar 1857.

66 Geschichtliche Darstellung des Verbrechens des Franz Lettl von Hartkirchen und Sebastian Niedermaier von Rimbach (München, den 18. April 1857); Allgemeine Schwurgerichtszeitung für Deutschland und die Schweiz, Bd. 3, 1858, S. 455–460 (der Raub vom Januar 1851 wurde in Oberriedel an den Schwestern Anna und Anna Maria Kräh verübt).

67 Geschichtliche Darstellung (wie Anm. 66); Der Bayerische Landbote vom 15. Februar 1857; Neue Münchener Zeitung (Abendblatt) Nr. 39, 40 und 49 vom 14. und 16. Februar sowie 10. März 1857; Landshuter Zeitung Nr. 38 vom 17. Februar 1857.

68 Der Bayerische Landbote vom 16. Februar 1857.

69 Neue Münchener Zeitung Nr. 94 vom 20. April 1857; Der Bayerische Landbote vom 16. und 19. April 1857; Der Volksbote für den Bürger und Landmann Nr. 90 vom 19. April 1857, Beiwagen Nr. 17.
Ein Jahr später kam es zu einem weiteren Zwischenfall in der Münchner Strafanstalt Au. In der Nacht vom 30. auf den 31. Mai 1858 tötete der seit Februar 1855 wegen eines Raubes III. Grades verurteilte Kettensträfling Johann Krieger aus Nabburg seinen Zellengenossen Johann Herz aus Kriegshaber (Augsburg) durch Schläge mit einem Stuhl bzw. Stuhlbein auf den Kopf.

Er gab an, durch Herz bei der Gefängnisverwaltung verleumdet worden zu sein, wodurch er ungerechte Bestrafungen wie Fleischabzug oder Anlegung eiserner Handschellen erlitten habe. Das Münchner Schwurgericht verurteilte ihn am 18. September 1858 wegen Mordes zum Tode, worauf er am 13. November 1858 in München öffentlich guillotiniert wurde (Neueste Nachrichten aus dem Gebiete der Politik vom 22. und 23. September sowie vom 13. und 14. November 1858; Der Bayerische Landbote vom 20. September sowie 11. und 14. November 1858; Neue Münchener Zeitung Nr. 212 und 225 vom 4. und 20. September sowie Nr. 242 vom 9. Oktober 1858; Bayerischer Kurier Nr. 312 vom 14. November 1858; Nürnberger Kurier Nr. 259 und 311 vom 20. September und 11. November 1858).
Schon vorher, am 8. Februar 1858, hatte Scharfrichter Scheller den 36-jährigen Dienstknecht Lorenz Hiebel aus Triftern (Landgericht Pfarrkirchen) in München guillotiniert. Dieser hatte am 3. März 1851 zusammen mit zwei anderen Tätern den Bauern Mathias Baumannsreiter in Untermaisbach (Landgericht Eggenfelden) in räuberischer Absicht in seinem Haus erschlagen. Hiebel und seinen Komplizen Joseph Kleber verurteilte das Münchner Schwurgericht nach mehrtägiger Verhandlung, bei der weitere Personen angeklagt waren, am 6. Dezember 1857 wegen Raubes IV. Grades und mehrerer anderer Delikte zum Tod. König Maximilian II. begnadigte Kleber am 2. Februar 1858 zur Kettenstrafe. Der dritte Täter, Georg Riedl, war bereits Anfang 1853 gestorben (Der Bayerische Landbote vom 2. bis 5. und 8. Dezember 1857 sowie vom 6. und 9. Februar 1858; Neueste Nachrichten aus dem Gebiete der Politik vom 9. Februar 1858; Bayerischer Kurier Nr. 36, 39 und 45 vom 6., 9. und 15. Februar 1858; Regensburger Zeitung Nr. 38 und 41 vom 7. und 10. Februar 1858).

70 Königlich Bayerisches Kreis- und Amtsblatt von Unterfranken und Aschaffenburg Nr. 144 vom 30. Dezember 1858; Der Bayerische Landbote vom 6. bis 12. und 14. März sowie vom 15., 17., 19. und 20. August 1858 (die Mitangeklagten waren Martin Ostler: Kettenstrafe, Georg Buchner: Freispruch, Magdalena Bosch: drei Jahre Arbeitshaus, Mathias Hohenester: zwei Jahre Arbeitshaus); Der Volksbote für den Bürger und Landmann Nr. 62 vom 17. März und Nr. 189 vom 21. August 1858 (zuerst wurde Engelsberger hingerichtet); Der freie Landesbote. Volksblatt und Vorstadt-Zeitung aus München Nr. 234 vom 14. Oktober 1873 (Lorenz Scheller jun.).

Am 4. Dezember 1858 wurde der 23-jährige Schneidergeselle Karl Lang in seiner Heimatstadt München hingerichtet. Er hatte am Abend des 10. Dezember 1857 in Stockach im Lechtal (Tirol) die Wirtstochter Johanna Lumper mit einem Beil erschlagen und ausgeraubt. In Stockach hatte er Arbeit gefunden und war kurzfristig bei der Wirtstochter untergebracht. Am 19. Januar 1858 wurde er in Karlsruhe verhaftet und nach München gebracht. Das dortige Schwurgericht verurteilte ihn am 22. September 1958 wegen qualifizierten Mordes zum Tode. König Maximilien II. bestätigte das Urteil am 27. November 1858 (Neueste Nachrichten aus dem Gebiete der Politik vom 5. Dezember 1858; Der Bayerische Landbote vom 24. September und 5. Dezember 1858; Bayerisches Volksblatt Nr. 226 und 286 vom 25. September und 5. Dezember 1858, Beilage; Grönenbacher Wochenblatt Nr. 40 vom 2. Oktober 1858; Königlich Bayerisches Kreis-Amtsblatt von Oberfranken Nr. 6 vom 20. Januar 1858: Signalement des gesuchten Lang).

71 Der Bayerische Landbote vom 29. und 30. März 1859.

72 Königlich Bayerisches Kreis-Amtsblatt von Schwaben und Neuburg Nr. 56 vom 25. Juni 1859.

73 Fränkischer Kurier Nr. 90 vom 31. März 1859.

74 Ebda.; Der Bayerische Landbote vom 29. und 30. März 1859.

75 Neueste Nachrichten aus dem Gebiete der Politik Nr. 168 und 170 vom 17. und 19. Juni 1859; Der Bayerische Landbote vom 14., 18. und 19./20. Juni 1850; Münchener Bote Nr. 146 vom 19. Juni 1859; Fränkischer Kurier Nr. 170 vom 20. Juni 1859; Bayerischer Kurier Nr. 167 vom 19. Juni 1859; Der Volksbote für den Bürger und Landmann Nr. 139 vom 17. Juni 1859.
Am 28. Januar 1860 wurde der vorbestrafe Dienstknecht Andreas Fäßl aus Oberbergkirchen (Kreis Mühldorf am Inn) in München öffentlich guillotiniert. Er hatte am 30. Mai 1859 auf einem isoliert gelegenen Anwesen bei Oberhofen (Ortsteil von Niederbergkirchen) die 70-jährige Witwe Therese Strohhuber erstochen und die 14-jährige Magdalena Untermaier durch Messerstiche schwer verletzt, ehe er zum Raub überging. Das Münchner Schwurgericht verurteilte ihn am 9. Dezember 1859 wegen Raubes IV. Grades zur Todesstrafe (Königlich Bayerisches Kreis-Amtsblatt von Schwaben und Neuburg Nr. 9 vom 31. Januar 1860; Der Bayerische Landbote vom 11. Dezember 1859 sowie vom 26. und 29. Januar 1860; Münchner Bote für Stadt und Land Nr. 294 vom 11. Dezember

1859; Abendbote Nr. 285 vom 15. Dezember 1859; Neueste Nachrichten aus dem Gebiete der Politik Nr. 26 und 29 vom 26. und 29. Januar 1860; Bayerischer Kurier und Bayerische Landbötin vom 29. Januar 1860).
Am 25. Februar 1860 kam es in München erneut zu einer Doppelhinrichtung. Bei den Verurteilten handelte es sich um den 35-jährigen Dienstknecht Max Aigner aus Sinnetsbichl (Ortsteil von Irschenberg), der zuerst enthauptet wurde, und den 27-jährigen Schneidergesellen Michael Klotz aus Thierham (Hohenwart) nordöstlich von Schrobenhausen. Letzterer hatte am 20. Juli 1859 in einem bei Thierham gelegenen Wald den Dienstknecht Michael Münzhuber aus Manching mit einer Axt erschlagen und ausgeraubt. Am 19. Dezember 1859 verurteilte ihn das Schwurgericht wegen qualifizierten Mordes zum Tode. König Maximilian II. bestätigte das Urteil am 18. Februar 1860. Aigner hatte in der Nacht vom 10. auf den 11. August 1857 den Bauern Ignaz Westner aus Jedling (Irschenberg) erschlagen, mit dessen Frau Maria er ein Verhältnis hatte. Sie hatte ihm die Ehe versprochen, wenn er ihren Mann aus dem Weg räumen würde. Das Schwurgericht verurteilte Aigner und Maria Westner am 8. Dezember 1859 zur Todesstrafe. Letztere wurde später zur Kettenstrafe begnadigt (Der Bayerische Landbote vom 6. bis 10. und 21. Dezember 1859 sowie vom 22. und 26. Februar 1860; Neueste Nachrichten aus dem Gebiete der Politik vom 26. Februar 1860; Bayerischer Kurier Nr. 336 bis 340 und 342 vom 6. bis 10. und 12. Dezember 1859; Ansbacher Morgenblatt Nr. 52 vom 1. März 1860; Landshuter Zeitung Nr. 48 vom 28. Februar 1860).

76 Neueste Nachrichten aus dem Gebiete der Politik Nr. 314 vom 10. November 1861; Der Bayerische Landbote vom 14. und 15. September, 6. Oktober sowie 7. und 10. November 1861; Bayerischer Kurier Nr. 255 und 309 vom 17. September und 10. November 1861; Beilage zum Amtsblatte von Schwaben und Neuburg vom 12. November 1861; Der Volksbote für den Bürger und Landmann Nr. 260 vom 12. November 1861; Kempter Zeitung Nr. 269 vom 12. November 1861; zum Fluchtversuch: Zeitschrift für Gerichtspraxis und Rechtswissenschaft in Bayern Nr. 10 vom 15. Mai 1862, S. 145/46.

77 Vgl. dazu: Ansbacher Morgenblatt Nr. 52 vom 1. März 1860 und Landshuter Zeitung Nr. 48 vom 28. Februar 1860 (falsche Angaben für die Jahre 1854/55); Münchener Neueste Nachrichten vom 15. November 1892.

78 Overath (wie Anm. 37), S. 103/04.

79 Münchener Volkszeitung vom 22. Dezember 1875; Der Bayerische Landbote vom 17. und 19. Dezember 1875; Rosenheimer Anzeiger Nr. 151 und 155 vom 17. und 22. Dezember 1875; Allgemeine Zeitung Nr. 350 vom 16. Dezember 1875; Neueste Nachrichten vom 17., 19. und 20. Dezember 1875; Neue freie Volks-Zeitung vom 22. Dezember 1875; Norddeutsche Allgemeine Zeitung vom 24. Dezember 1875.

80 Augsburger Abendzeitung vom 21. Dezember 1875 (s. auch die Ausgaben vom 17. und 20. Dezember); Evans, Richard J.: Rituals of Retribution, Oxford 1996, S. 398.

81 Münchener Neueste Nachrichten vom 21. Dezember 1875.

82 Augsburger Abendzeitung vom 21. Dezember 1875.

83 Der Bayerische Landbote vom 9. Oktober 1875 (hier heißt es, Manzocco sei zu 15 Jahren Zuchthaus verurteilt worden); Rosenheimer Anzeiger Nr. 122 vom 12. Oktober 1875; Neueste Nachrichten vom 9. Oktober 1875.

84 Augsburger Abendzeitung vom 12. Dezember 1875; Der Bayerische Landbote vom 3. und 14. Dezember 1875; Rosenheimer Anzeiger Nr. 150 vom 16. Dezember 1875.

85 Münchener Neueste Nachrichten vom 10. Oktober 1876.

86 Ebda.

87 Der Bayerische Landbote vom 9. und 11. Juli 1876; Allgemeine Zeitung Nr. 279 vom 5. Oktober 1876, Beilage.

88 Bayerischer Kurier Nr. 113 vom 24. April 1870.

89 Ebda.; Der Bayerische Landbote vom 24./25. April 1870; Der Naabthal-Bote Nr. 34 vom 28. April 1870; Fränkischer Anzeiger Nr. 58 vom 9. März 1870.

90 Der Bayerische Landbote vom 12. Juli 1876.

91 Ebda.; Allgemeine Zeitung Nr. 279 vom 5. Oktober 1876, Beilage; Norddeutsche Allgemeine Zeitung vom 10. und 12. Oktober 1876.

92 Neueste Nachrichten und Münchener Anzeiger vom 13. Dezember 1881 und 26. Februar 1882.

93 Neueste Nachrichten und Münchener Anzeiger vom 28. Februar 1882; Neue Preußische Kreuz-Zeitung vom 2. und 4. März 1882; Rosenheimer Anzeiger Nr. 48 vom 28. Februar 1882; Overath (wie Anm. 37), S. 202/03.

94 Neue freie Volkszeitung vom 3. März 1882; Neueste Nachrichten und Münchener Anzeiger vom 1. und 2. März 1882 (1. März: „Fast unglaublich klingt

es, daß an den Staatsanwalt eine große Anzahl Gesuche von Frauen gelangt ist, der Hinrichtung beiwohnen zu dürfen. Natürlich wurde diesem unweiblichen Verlangen nicht stattgegeben").

95 Neue freie Volkszeitung vom 4. März 1882 (zu den Untersuchungen heißt es weiter: „Als man den elektrischen Strom in das Herz leitete, zog der Körper krampfhaft Arme und Füße zusammen; ein Beweis, daß die Lebensgeister lange nachwirken. Dann wurden die Kehlkopf-Muskeln gereizt und die Wirkungen der sehr interessanten Experimente studirt. Am Körper, der wohlgenährt und größtentheils mit Fettschichten durchzogen war, wurden einzelne Nerven geprüft in Beziehung ihres Einflusses auf verschiedene Organe. Die Reizbarkeit der Muskeln und des Magens wurde experimentell nachgewiesen").

96 Bamberger Neueste Nachrichten vom 26. Oktober 1882; Rosenheimer Anzeiger Nr. 104 und 256 vom 6. Mai und 10. November 1882.

97 Bamberger Neueste Nachrichten vom 12. November 1882.

98 Neue freie Volkszeitung vom 3. und 4./5. Januar 1883; Magdeburgische Zeitung vom 6. Januar 1883.

99 Neue freie Volks-Zeitung vom 6. Januar 1883.

100 Allgemeine Zeitung Nr. 5 vom 5. Januar 1883; Neue Preußische Kreuz-Zeitung vom 9. Januar 1883; Rosenheimer Anzeiger Nr. 3 und 4 vom 4. und 5. Januar 1883 sowie Nr. 261 vom 14. November 1884.

101 Rosenheimer Anzeiger Nr. 135 vom 15. Juni 1883.

102 Rosenheimer Anzeiger Nr. 15, 17, 18, 126, 134 und 135 vom 19., 21. und 23. Januar sowie 5., 14. und 15. Juni 1883; Neueste Nachrichten und Münchener Anzeiger vom 13. Juni 1883.

103 Rosenheimer Anzeiger Nr. 190, 193 und 218 bis 221 vom 22. und 25. August sowie 25. bis 28. September 1883, s. auch Nr. 261 vom 15. November 1883 (Kosten der Hinrichtung) und Nr. 171 vom 30. Juli 1890 (abermaliger Brand in dem Wirtshaus); Neueste Nachrichten und Münchener Anzeiger vom 26. und 27. September 1883 (Strohhofer wurde als erster hingerichtet: „Wie gewöhnlich war das zarte Geschlecht am stärksten vertreten, es hatten sogar Weiber ihre kleinen Kinder auf dem Arme mitgenommen!"); Norddeutsche Allgemeine Zeitung vom 27. September 1883.
Am 5. Juli 1884 erfolgte die nächste Hinrichtung in der Angerfronfeste, die erneut auf ein in der Rosenheimer Gegend verübtes Verbrechen zurückging.

Der Kutscher Benno Ziegelgänsberger aus Rabenbach (Ortsteil von Rott am Inn) war 1883 ebenso wie sein Bekannter und Kollege Franz Vogl aus Zöfing (Niederösterreich) in Salzburg beschäftigt. Als Vogl am 21. September 1883 seine Stelle verlor, machte ihm Ziegelgänsberger den Vorschlag, gemeinsam nach München zu gehen, wo sie beide arbeiten könnten. Vogl war einverstanden, worauf sie am frühen Morgen des 30. September Salzburg verließen. Ziegelgänsberger bewog seinen Mitreisenden, die Fahrt in Rosenheim zu unterbrechen, da er sich zuhause in Rott noch Geld beschaffen wolle. So stiegen sie in Rosenheim aus, und nachdem sie in einem dortigen Gasthaus einige Zeit gezecht hatten, traten sie den Weg nach Rott zu Fuß an. Sie waren noch nicht lange unterwegs, als Ziegelgänsberger plötzlich in den Innauen bei Rosenheim seinem Begleiter ein Messer in den Rücken stach, ehe er ihm noch drei weitere Verletzungen beibrachte und ihm die Kehle durchschnitt. Hierauf nahm er dem noch Röchelnden die Barschaft, eine Uhr mit goldener Kette, drei Ringe und einige Kleidungsstücke ab. Die schon stark verweste Leiche wurde am 23. Oktober 1883 am Tatort aufgefunden. Der Münchner Gerichtshof verurteilte den in Graz aufgegriffenen Ziegelgänsberger am 2. Mai 1884 wegen Raubmordes zur Todesstrafe, die erneut von Scharfrichter Kißlinger mit der Guillotine vollstreckt wurde (Neueste Nachrichten und Münchener Anzeiger vom 3. Mai sowie 4. und 6. Juli 1884; Allgemeine Zeitung Nr. 123, 184 und 186 vom 3. Mai sowie 4. und 6. Juli 1884; Rosenheimer Anzeiger Nr. 21 und 24 vom 25. und 29. Januar 1884; Neue Preußische Kreuz-Zeitung vom 8. Juli 1884; Die Hinrichtung des Raubmörders Benno Ziegelgänsberger in der Angerfrohnveste zu München am 5. Juli 1884).

104 Neueste Nachrichten und Münchener Anzeiger vom 5. und 6. Februar 1885.

105 Neueste Nachrichten und Münchener Anzeiger vom 5. Februar 1885.

106 Rosenheimer Anzeiger Nr. 223 vom 30. September 1884.

107 Neueste Nachrichten und Münchener Anzeiger vom 15. April 1885; Allgemeine Zeitung Nr. 37 vom 6. Februar 1885; Rosenheimer Anzeiger Nr. 30 vom 7. Februar 1885.

108 Neueste Nachrichten und Münchener Anzeiger vom 13. und 15. April 1885; Rosenheimer Anzeiger Nr. 84, 86 und 102 vom 15. und 17. April sowie 6. Mai 1885; Allgemeine Zeitung Nr. 105 vom 16. April 1885; Bamberger Neueste Nachrichten vom 16. April 1885 („Die Guillotine ist eine kleine unscheinbare

Maschine, das Richtbeil mit schiefer Schneide ist an den 60 Pfund schweren Eisenschienen eingeschraubt und beträgt dessen Fall kaum 3 Fuß Höhe"); Neue Preußische Kreuz-Zeitung vom 17. April 1885.

109 Rosenheimer Anzeiger Nr. 122, 123 und 124 vom 29. und 30. Mai sowie 1. Juni 1886 (s. auch die Ausgaben vom 4., 10. und 19. Dezember 1885, vom 10., 13., 21. und 28. Januar sowie vom 12. und 16. Februar und 9. April 1886).

110 Rosenheimer Anzeiger Nr. 277, 279 und 292 vom 5., 8. und 24. Dezember 1885.

111 Neueste Nachrichten und Münchener Anzeiger Nr. 147 vom 27. Mai 1886.

112 Neueste Nachrichten und Münchener Anzeiger vom 27. bis 30. Mai 1886; Allgemeine Zeitung Nr. 147, 148 und 149 vom 28., 29. und 30. Mai 1886 (hier ist auch von einer Gesamtbeute in Höhe von 200.000 Mark die Rede); Rosenheimer Anzeiger Nr. 10 vom 14. Januar 1887 (Tod Königs).

113 Neueste Nachrichten und Münchener Anzeiger vom 2. bis 4. August 1886; Allgemeine Zeitung Nr. 213 und 215 vom 3. und 5. August 1886; Neue Preußische Kreuz-Zeitung vom 7. August 1886.

114 Allgemeine Zeitung Nr. 167 vom 18. Juni 1887; Münchner Neueste Nachrichten vom 18. bis 20. Juni 1887 (der Münchner Kaufmann Schüssel war der Hauptbelastungszeuge im Prozess gegen Placak).

115 Allgemeine Zeitung Nr. 168 vom 19. Juni 1887; Rosenheimer Anzeiger Nr. 137 und 139 vom 21. und 23. Juni 1887.

116 Bamberger Neueste Nachrichten vom 24. und 27. November 1887; Münchner Neueste Nachrichten vom 25. bis 28. November 1887; Allgemeine Zeitung Nr. 173 und 238 vom 24. Juni und 28. August 1887 sowie Nr. 323, 326 und 329 vom 21., 24. und 27. November 1887; Rosenheimer Anzeiger Nr. 178, 267, 270 und 281 vom 10. August, 25. und 29. November sowie 13. Dezember 1887.

117 Rosenheimer Anzeiger Nr. 273 vom 2. Dezember 1887.
Am 6. August 1890 wurde der Schuhmacher Leonhard Regauer aus Tandern in München guillotiniert. Der am 17. Juni 1890 vom Münchner Schwurgericht wegen Raubmordes zum Tode Verurteilte hatte in der Nacht vom 21. auf den 22. April 1890 den vom Pferdemarkt in Altomünster heimkehrenden Bauern Michael Schwaiger aus Ottelsburg (Altomünster) niedergeschlagen und erstochen, ehe er ihm 400 Mark raubte (Münchner Neueste Nachrichten vom 18. Juni und 7. August 1890: „Als der Leichnam im Trabe zur Anatomie gefahren wurde, liefen Viele dem unheimlichen Wagen nach. Die

Arbeiter machten sich sofort an die Zerlegung und Reinigung der Maschine. Das Messer zeigte nicht die kleinste Scharte"; Augsburger Postzeitung vom 7. August 1890; Neue freie Volks-Zeitung vom 8. August 1890; Augsburger Abendzeitung vom 19. Juni und 7. August 1890; Allgemeine Zeitung Nr. 215 und 216 vom 5. und 6. August 1890).

Ein weiteres Todesurteil wurde am 17. Oktober 1890 in München an dem 20-jährigen Vergolder Josef Emil Eichner aus Breslau vollstreckt. Er hatte am 11. März 1890 Eva Rittner aus München, Ehefrau eines Schuhmachers, in ihrem Laden in der Münchner Bayerstraße Nr. 69 erstochen und beraubt. Seine klägliche Beute bestand aus 3,80 Mark, einem Paar Stiefeln, einem Regenmantel und sonstigen Kleinigkeiten. Das Urteil des Schwurgerichts lautete am 10. Juni 1890 auf Todesstrafe. Eichner, der in einem Waisenhaus in Breslau aufgewachsen war, hatte danach in Hamburg, in Berlin bei seinen Eltern, Leipzig, Nürnberg, Landsberg und München gelebt (Augsburger Abendzeitung vom 11. Juni 1890; Neue freie Volks-Zeitung vom 18. Oktober 1890; Augsburger Postzeitung vom 11. Juni und 18. Oktober 1890; Münchner Neueste Nachrichten vom 11. Juni sowie 16. und 18. Oktober 1890; Allgemeine Zeitung Nr. 160 vom 11. Juni sowie Nr. 287 und 288 vom 16. und 17. Oktober 1890).

Ein ähnlicher Fall ereignete sich in München noch im gleichen Jahr. Am 5. Juli 1890 erschlug der 1869 geborene Münchner Schlossergehilfe Karl Reitz die in der Hofstatt Nr. 8 wohnhafte Pfandleiherin Katharina Singer, die als „Frau Kathi" sehr bekannt war, mit einem Hammer, um ihre Wohnung auszurauben. Er war gerade über die Leiche der Frau gebeugt, als ihr Mann Siegmund Singer herbeieilte. Es kam zu einem Kampf, bei dem Reitz den Ehemann ebenfalls durch Hammerschläge zu töten versuchte. Singer gelang es mit Unterstützung einiger Nachbarn, Reitz festzuhalten und der Polizei zu übergeben. Die Geschworenen des Münchner Schwurgerichts sprachen ihn am 2. Oktober 1890 des Mordes, versuchten Raubes und Totschlagversuchs für schuldig, worauf ihn der Gerichtshof zur Todesstrafe und drei Jahren Zuchthaus verurteilte. Die Vollstreckung des Todesurteils erfolgte am 15. November 1890 in der Angerfronfeste (Münchner Neueste Nachrichten vom 3. Oktober sowie vom 14. und 16. November 1890; Neue freie Volks-Zeitung vom 4. Oktober und 16. November 1890; Augsburger Abendzeitung vom 3. Oktober 1890; Neue Preußische Kreuz-Zeitung vom 19. November 1890).

118 Allgemeine Zeitung Nr. 83 vom 23. März 1892; Münchner Neueste Nachrichten vom 22. März 1892.

119 Münchner Neueste Nachrichten vom 22. März 1892.

120 Münchner Neueste Nachrichten vom 23. März 1892; Rosenheimer Anzeiger Nr. 252, 254, 257, 261, 264 und 265 vom 7., 8., 12., 17., 20. und 21. November 1891 sowie Nr. 18 und 68 vom 23. Januar und 24. März 1892.

121 Rosenheimer Anzeiger Nr. 131 und 228 vom 10. Juni und 7. Oktober 1892; Augsburger Postzeitung und Allgemeine Zeitung vom 18. Juni 1892; Münchner Neueste Nachrichten Nr. 452 und 453 vom 4. Oktober 1892.

122 Neue freie Volks-Zeitung vom 9. Oktober und 18. November 1892; Münchener Neueste Nachrichten vom 15. und 17. November 1892 („Auch auf dem Sendlingerthorplatz befanden sich einige hundert Menschen, nur um den vorbeifahrenden Leichenwagen zu sehen); Allgemeine Zeitung Nr. 319 vom 16. November 1892.

123 Drasch, Rudolf: Hinrichtungen im Münchner Strafgefängnis Stadelheim: Die Todesstrafe, in: Stadelheimer Hefte Nr. 7, November 2010, S. 3, 4 und 14 (hier heißt es irrtümlich, die Hinrichtung Giersbergs sei am 24. April 1895 erfolgt).

124 Münchner Neueste Nachrichten vom 23. und 25. April 1895; Rosenheimer Anzeiger Nr. 95 vom 26. April 1895; Allgemeine Zeitung Nr. 112 vom 23. April 1895.

125 Münchener Neueste Nachrichten vom 27. April 1895.

126 Rosenheimer Anzeiger Nr. 260 vom 13. November 1888; Allgemeine Zeitung Nr. 314 vom 11. November 1888 und Nr. 15 vom 15. Januar 1889.

127 Münchner Neueste Nachrichten vom 10. und 11. März 1895; Rosenheimer Anzeiger Nr. 63 vom 16. März 1895.

128 Dachs, Johann: Tod durch das Fallbeil. Der deutsche Scharfrichter Johann Reichhart (1873–1972), Regensburg 2012 (2. Aufl.), S. 26; Münchener Neueste Nachrichten vom 27. April 1895.

129 Rosenheimer Anzeiger Nr. 126 und 136 vom 5. und 19. Juni 1887.

130 Münchner Neueste Nachrichten vom 6. April 1897.

131 Ebda.; Allgemeine Zeitung Nr. 14 bis 16, 95 und 96 vom 14. bis 16. Januar sowie vom 5. und 6. April 1897; Rosenheimer Anzeiger Nr. 12, 77 und 78 vom 16. Januar sowie 6. und 7. April 1897.

132 Münchener Neueste Nachrichten vom 15. und 17. Juli 1897; Neue freie Volkszeitung vom 18. Juli 1897; Allgemeine Zeitung Nr. 189 vom 10. Juli 1897; Rosenheimer Anzeiger Nr. 157 und 158 vom 16. und 17. Juli 1897.

133 Münchner Neueste Nachrichten vom 22. Februar 1898; Rosenheimer Anzeiger Nr. 43 vom 23. Februar 1898 („Wannensberger"); Allgemeine Zeitung Nr. 52 vom 22. Februar 1898.

134 Münchener Neueste Nachrichten vom 3. Juni 1898.

135 Münchner Neueste Nachrichten vom 5. Juni 1898 (zu der Hinrichtung sagte Wammensberger: „Schade, daß einem die Augen verbunden werden, ich möchte gerne zuschauen"); Neue freie Volks-Zeitung vom 3. Juni 1898; Allgemeine Zeitung Nr. 149 und 152 vom 1. und 4. Juni 1898 („Wammetsberger"); Rosenheimer Anzeiger Nr. 123 und 126 vom 2. und 5. Juni 1898.

Am 22. März 1899 wurde der am 8. Oktober 1898 zum Tode verurteilte Zementarbeiter Alois Egger, gebürtig aus Kössen in Tirol, zuletzt wohnhaft in Mietenkam (Grassau), in Stadelheim guillotiniert. Er hatte am Ostermontag, dem 11. April 1898, bei Mietenkam die 18 Jahre alte Zimmermannstochter Maria Bosch aus Grassau erstochen und beraubt. Auf einer Zugfahrt von Rosenheim nach Übersee hatte er sie angesprochen und ihr seine Begleitung von Übersee zu Fuß in Richtung Grassau angeboten. Man fand ihre Leiche am 16. April 1898 in der Tiroler Achen (Münchner Neueste Nachrichten vom 8. und 10. Oktober 1898 sowie vom 23. März 1899; Allgemeine Zeitung Nr. 278 bis 280 vom 7. bis 9. Oktober 1898 sowie Nr. 76 vom 17. März 1899; Neue freie Volks-Zeitung vom 9. Oktober 1898 und 24. März 1899).

Der 1878 geborene Schneider Albert Allramseder aus Altötting, Marienstraße 12, wurde am 22. Oktober 1904 vom Münchner Schwurgericht wegen doppelten Raubmordes zweimal zum Tode verurteilt. Er hatte am 27. Februar 1904 auf dem sogenannten Zacherlanwesen in Ebersberg die Besitzerin des Anwesens, die Witwe Katharina Glas, und deren Enkel, den 15-jährigen Zimmermannssohn Franz Schmid, erschlagen und beraubt. Seine Hinrichtung in Stadelheim musste vom 15. auf den 27. Februar 1905 verschoben werden, weil er kurz vor Vollstreckung des Urteils einen anderen als Täter angab, der sich aber als unschuldig erwies (Allgemeine Zeitung 105, 117 und 121 vom 5., 12. und 15. März 1904, Nr. 484 und 486 vom 22. und 24. Oktober 1904, Nr. 501 vom 3. November 1904 sowie Nr. 76, 86, 92 und 96 vom 16., 22., 25. und 28. Februar 1905; Münchener

Neueste Nachrichten vom 22., 23. und 24. Oktober 1904 sowie vom 14., 15., 16., 27. und 28. Februar 1905; Neue freie Volks-Zeitung vom 17. und 27./28. Februar sowie vom 1. März 1905; Düsseldorfer Gerichts-Zeitung vom 11. März 1905). Ebenso wie Allramseder wurde auch der am 20. August 1869 in Weilbach, Bezirkshauptmannschaft Ried, in Oberösterreich geborene Bierbrauer Johann Huber am Jahrestag seiner Tat hingerichtet. Er hatte am 1. September 1904 die 25-jährige Kellnerin Kreszenz (Centa) Falch unter dem Vorwand eines Rendezvous in seine Wohnung in der Forstenrieder Straße in München gelockt, erstochen und ausgeraubt. Am gleichen Tag des folgenden Jahres wurde er in Stadelheim hingerichtet, nachdem er am 8. Mai 1905 nach einem mehrtägigen Prozess vom Münchner Schwurgericht zum Tode verurteilt worden war. Seine Frau Barbara verurteilte das Gericht wegen Beihilfe zu zehn Jahren Zuchthaus (Allgemeine Zeitung Nr. 200 vom 2. Mai bis Nr. 213 vom 9. Mai 1905; Münchner Neueste Nachrichten vom 2. bis 9. Mai 1905, 30. und 31. August 1905 sowie vom 2. September 1905: „Da im Jahre 1887 der Ungar Joseph Placak, der vor dem Schlüsselbasar in der Kaufingerstraße den Gendarmen Behringer ermordete, den Versuch gemacht hatte, unmittelbar vor seiner Hinrichtung noch in Schmähungen auf das Gericht auszubrechen, wurde bei allen späteren Exekutionen rechts und links von der Gangtüre zwei Trommler postiert; mit bereitgehaltenen Schlägeln warten sie auf ein Zeichen des Vollstreckungskommissars, um gegebenenfalls Ausrufe oder Äußerungen des Delinquenten durch Trommelwirbel zu übertönen. Die Trommler hatten nichts zu tun bei der Hinrichtung des Huber, der reuelos und ohne ein Geständnis abgelegt zu haben in den Tod ging“).

136 Bayerischer Volksbote vom 5. Juli 1913; Rosenheimer Anzeiger Nr. 152 vom 4. Juli 1913.

137 Bayerischer Volksbote vom 5. Juli 1913; Rosenheimer Anzeiger Nr. 111, 112, 113, 115 und 135 vom 15., 16., 17. und 20. Mai sowie vom 13. Juni 1913.

138 Rosenheimer Anzeiger Nr. 152 und 153 vom 4. und 5. Juli 1913; Bayerischer Volksbote vom 5. Juli 1913.

139 Münchener Neueste Nachrichten vom 24. und 26. September 1913; Rosenheimer Anzeiger Nr. 194 und 220 vom 23. August und 23. September 1913.

140 Münchener Neueste Nachrichten und Norddeutsche Allgemeine Zeitung vom 26. September 1913; Der Bayerische Landbote vom 25. bis 27. September

1913; Rosenheimer Anzeiger Nr. 223 und 296 vom 26. September und 23. Dezember 1913; Rheinisch-Westfälische Zeitung vom 25. September 1913.

141 Vgl. zu Köln: Bürger, Udo: Bleche Botz und Klingelpütz. Kölner Kriminalfälle von 1815–1918, Köln 2009, und: ders.: Rheinische Unterwelt. Kriminalfälle im Rheinland von 1815–1918, Köln 2013 (Nachweis von 127 Hinrichtungen im Rheinland); zu Aachen: ders.: Schurken, Schande & Schafott. Zur Kriminalgeschichte in Aachen und Umland von 1794 bis 1900, Aachen 2004, und: ders.: Rheinische Unterwelt (wie Anm. 141); Düsseldorf, Koblenz, Trier, Bonn und Duisburg: Rheinische Unterwelt (wie Anm. 141); Gießen, Mainz, Darmstadt, Kassel und Hanau: ders.: Die spektakulärsten Kriminalfälle in Hessen. Von Würgengeln, Holzfrevlern und Kindsmördern, Erfurt 2016 (Nachweis von 96 Hinrichtungen in Hessen); Münster und Dortmund: ders.: Westfälische Unterwelt. Historische Kriminalfälle und Hinrichtungen in Westfalen, Münster 2014 (Nachweis von 56 Hinrichtungen in Westfalen).

Haidhausen (München)

1 Geschichtliche Darstellung der Verbrechen, wegen deren Verübung Georg Wengert zur Todesstrafe verurtheilt worden ist, München 1821; Eos. Zeitschrift zur Erheiterung und Belehrung Nr. 8. vom 25. Januar 1821.

2 Geschichtliche Darstellung (wie Anm. 1).

3 Ebda.

4 Eos. Zeitschrift zur Erheiterung und Belehrung Nr. 8. vom 25. Januar 1821; Geschichtliche Darstellung (wie Anm. 1); s. auch: Allgemeines Intelligenz-Blatt für das Königreich Baiern vom 23. Oktober 1818 und Allgemeine Zeitung Nr. 132 vom 20. Oktober 1818, Beilage (Steckbrief) sowie Königlich Baierisches Intelligenzblatt für den Isarkreis, 8. Stück vom 24. Februar 1819 und Allgemeine Zeitung Nr. 11 vom 28. Januar 1819, Beilage.

5 Eos. Zeitschrift zur Erheiterung und Belehrung Nr. 8. vom 25. Januar 1821; Overath, Petra: Tod und Gnade. Die Todesstrafe in Bayern im 19. Jahrhundert, Köln, Weimar, Wien 2001, S. 198.

6 Martin, Anselm: Ueber die ehemaligen Richtstätten der in München zur Todesstrafe Verurtheilten und ihre Volkssagen, München 1871, S. 18/19 (auch in: Oberbayerisches Archiv für vaterländische Geschichte, Bd. 31, 1871, S. 233/34); Münchner Politische Zeitung Nr. 26 vom 30. Januar 1821

(Hinrichtung „ausserhalb der Vorstadt Au“); Beck, Johann L.: Rede an das Volk nach der Hinrichtung des Raubmörders Georg Wengert aus Foretsweiler im Königreich Württemberg (München den 27. Jan. 1821).

Wasserburg am Inn

1 Winnerl, Benno: Rede, gehalten zu Wasserburg am 30. September 1820 nach der Enthauptung des Franz Weichselbaumer, der seine Gattin ermordet hatte, München 1820; Münchener politische Zeitung Nr. 233 vom 2. Oktober 1820.

2 Münchener politische Zeitung Nr. 174 vom 25. Juli 1821.

3 Ebda.; Augsburgische Ordinari Postzeitung Nr. 181 vom 30. Juli 1821; Eos. Zeitschrift für Erheiterung und Belehrung Nr. 59 vom 24. Juli 1821 (Gedicht).

4 Der Bayerische Landbote Nr. 111 vom 15. September 1827; Wochenblatt der Stadt Dillingen Nr. 41 vom 10. Oktober 1827 (Graben unweit Rieden); Augsburger Ordinari Postzeitung Nr. 249 und 251 vom 17. und 19. Oktober 1827, Beilage.

5 Allgemeine bayerische Chronik oder Geschichts-Jahrbücher – Annalen – Mit besonderer Beziehung auf das neunzehnte Jahrhundert, hrsg. von Jos. Heinr. Wolf, III. Jahrbuch, München 1844, S. 637/38; Königlich-Bayerisches Intelligenz-Blatt für den Unterdonau-Kreis, Stück 39 vom 26. September 1827; Königlich Bayerisches privilegirtes Intelligenz-Blatt für den Ober-Main-Kreis Nr. 120 vom 6. Oktober 1827; Intelligenzblatt für den Unter-Mainkreis des Königreichs Bayern Nr. 116 vom 4. Oktober 1827; Intelligenz-Blatt des Rheinkreises Nr. 35 vom 3. Oktober 1827); Landshuter Wochenblatt Nr. 43 vom 28. Oktober 1827 („Ein Wort auf der Richtstätte an's Volk“ von Georg Floßmann, Stadt-Cooperator, auch in: Der Bayerische Landbote Nr. 117 und 118 vom 29. September und 2. Oktober 1827); Tage-Blatt für München Nr. 77 vom 15. September 1827.

6 Augsburger Ordinari Postzeitung Nr. 249 und 251 vom 17. und 19. Oktober 1827, Beilage.

Mühldorf am Inn

1 Der Bayerische Landbote Nr. 50 vom 26. April 1827.

2 Ebda.; Intelligenzblatt für den Unter-Mainkreis des Königreichs Bayern Nr. 60 vom 22. Mai 1827; Der Bayerische Volksfreund Nr. 51 vom 28. April

1827; Topo-geographisch-statistisches Lexicon vom Königreich Bayern, 2. Bd., Erlangen 1832, S. 207 („Oberreuht/Oberreith“ ist dort als Einöde mit acht Einwohnern aufgeführt).

3 Overath, Petra: Tod und Gnade. Die Todesstrafe in Bayern im 19. Jahrhundert, Köln, Weimar, Wien 2001, S. 82/83.

Erding

1 Der Bayerische Landbote vom 6. Juli 1830.

2 Ebda.; Münchener-Conversations-Blatt (Mitgabe zum Bayer'schen Beobachter) Nr. 186 und 187 vom 5. und 6. Juli 1830.

3 Bayerischer Volksfreund Nr. 134 vom 13. August 1830.

4 Der Bayerische Landbote vom 4. und 6. Juli 1830 (eine vom Oberappellationsgericht am 27. April 1830 beschlossene Schärfung des Todesurteils durch halbstündige Ausstellung am Pranger wurde vom König auf dem Gnadenweg erlassen); Regensburger Zeitung Nr. 162 vom 9. Juli 1830; Münchner Tagsblatt Nr. 181 vom 4. Juli 1830; Neue Augsburger Zeitung Nr. 182 vom 6. Juli 1830; Kourier an der Donau Nr. 6 vom 7. Juli 1830; Darstellung einer dreifachen Mordthat, wegen welcher Sebastian Pointner, von Emling den 3. Juli 1830 zu Erding enthauptet wurde (Museum Erding).

5 Der Bayerische Landbote vom 7. Juli 1830.

6 Münchener-Conversations-Blatt (Mitgabe zum Bayer'schen Beobachter) Nr. 187 und 206 vom 6. und 25. Juli 1830 (Kritik an der Berichterstattung im Bayerischen Volksfreund); Bayerischer Volksfreund Nr. 108 und 135 vom 8. Juli und 14. August 1830.

Dachau

1 Geschichtliche Darstellung des Verbrechens, wegen dessen Jakob Maier, von Taxa, zur geschärften Todesstrafe verurtheilt wurde, 1833.

2 Ebda.; Die Bayerische Landbötin Nr. 56 vom 9. Mai 1833.

3 Ebda.; Der Bayerische Landbote Nr. 127 vom 7. Mai 1833.

4 Augsburger Tagblatt Nr. 129 vom 11. Mai 1833.

5 Regensburger Zeitung Nr. 114 vom 14. Mai 1833.

Trostberg

1 Königlich Bayerisches Amts- und Intelligenzblatt für die Pfalz Nr. 17 vom 26. Februar 1842, Beilage; Pirmasenser Wochenblatt vom 5. März 1842.

2 Ebda.; Augsburger Postzeitung Nr. 53 vom 22. Februar 1842, Beilage; Der Bayerische Volksfreund Nr. 39 vom 18. Februar 1842.

3 Nuber, Heinrich: Die letzte Hinrichtung zu Trostberg 1842, in: Der Heimatspiegel. Blätter für Heimatkunde und Heimatpflege (Beilage zum „Trostberger Tagblatt" und zum „Traunreuter Anzeiger"), Jg. 1967, Nr. 7, Anm. 12.

4 Wochenblatt für die Vorstadt Au, Haidhausen und Giesing Nr. 6 vom 20. Februar 1842 (Augsburger Scharfrichter); Die Bayerische Landbötin Nr. 21 vom 17. Februar 1842; Augsburger Tagblatt Nr. 49 vom 18. Februar 1842; Nuber (wie Anm. 3): Verkündigung der Bestätigung des Todesurteils am 11. Februar 1842.

5 Nuber (wie Anm. 3), Anm. 7; Angaben Jürgen Schweikart, Archiv im Stadtmuseum Trostberg.

6 Nuber (wie Anm. 3): Ebenso wurde die übliche Abhaltung einer Rede nach der Hinrichtung und die Beisetzung des Leichnams auf dem Trostberger Gottesacker angeordnet.

7 Der Bayerische Landbote vom 22. Februar 1842; Allgemeine Bayerische Landes- und Volks-Chronik, oder Geschichts-Jahrbücher des Neunzehnten Jahrhunderts, 1. Jg., Bd. 1, München 1842, S. 194/95 (hier ist von mehr als 20.000 Zuschauern die Rede) und S. 345–347.
In Oberbayern gab es zwei weitere Hinrichtungen in Ingolstadt, die auf kriegsgerichtliche Urteile zurückgingen.
Im Jahr 1824 wurde dort Anton Nissl (Nißl) aus Petersbrunn, Metzger und lediger Soldat des 16. Infanterie-Regiments, im Alter von 26 Jahren im Beisein vieler Zuschauer öffentlich mit dem Schwert enthauptet. Er war auf Geheiß der beiderseitigen Eltern von seiner Geliebten getrennt worden. Als er sie „einem Andern zu Theil werden" sah, ermordete er sie. Erst wollte er auch sich selbst töten, sah aber dann davon ab. Erst nach zweijähriger „Kerker-Strafe" erfolgte die Bestätigung des Todesurteils (Aschaffenburger Wochenblatt Nr. 75 und 76 vom 18. und 22. September 1824: hier legt der Text nahe, dass die Hinrichtung „erst vor wenigen Tagen", also im September 1824, erfolgt sei; Würdinger, Josef: Der Scharfrichter. Berufsbild und Tätigkeitsbericht im Wandel der Zeit, Fortsetzung, in: Ingolstädter Heimatblätter,

68. Jg., Nr. 6, 2005, Beilage zum Donaukurier, S. 3 f.: Hinrichtung am 10. Juni 1824; Wir! in Ingolstadt & Region, Ausgabe 08, S. 51).

Am 1. und 2 Oktober 1868 hatte in Ingolstadt ein Kriegsgericht über einen in der bayerischen Armee „höchst seltenen Vorfall zu urtheilen". Der Gefreite Heinrich Steinmetz des 10. Infanterie-Regiments, geboren am 25. August 1836 in Sankt Martin (Pfalz), war angeklagt, am 2. Juli 1868 den Korporal Johann Pöhlmann aus Oberfranken durch einen Schuss mit seinem Dienstgewehr verwundet zu haben, sodass dieser am 29. Juli 1868 in Folge der erhaltenen Wunde starb. Steinmetz war wegen eines Dienstvergehens von dem Korporal in Zimmerarrest gesetzt worden, wofür er Rache nehmen wollte. Er lauerte dem Korporal auf, als dieser auf den Abtritt ging, und schoss ihn von rückwärts nieder. Das Kriegsgericht verurteilte ihn wegen Ermordung eines Vorgesetzten zum Tode durch Erschießen. Nachdem das Urteil durch das Generalauditoriat als Revisionsgericht der Armee und von König Ludwig II. bestätigt worden war, fand die Vollstreckung des Todesurteils am 9. Januar 1869 im Brückenkopf in Ingolstadt in Anwesenheit der ganzen Garnison durch drei Schüsse statt (Augsburger Tagblatt Nr. 8 vom 8. Januar 1869; Augsburger Abendzeitung Nr. 7 vom 7. Januar 1869; Neue Augsburgische Zeitung Nr. 8 vom 8. Januar 1869 meldet fälschlich, dass die Hinrichtung am 5. erfolgte; Donau-Zeitung Nr. 8 vom 9. Januar 1869; Der Grenzbote Nr. 3 vom 17. Januar 1869; Augsburger Postzeitung Nr. 9 vom 11. Januar 1869; Lindauer Tagblatt für Stadt und Land Nr. 15 vom 17. Januar 1869; Bamberger Neueste Nachrichten Nr. 8 vom 8. Januar 1869; Würzburger Abendblatt Nr. 7 vom 8. Januar 1869).

Oberpfalz

Beilngries

1 Dachs, Johann: Verurteilt und hingerichtet. Berühmte Kriminalfälle aus der Oberpfalz und Niederbayern, Regenstauf 2016 (2. Aufl.), S. 7–13.

Regensburg

1 Geschichtliche Darstellung des Verbrechens, wegen dessen Verübung Johann Lehner zum Tode verurtheilt wurde, 1822.

2 Ebda.; Regensburger Zeitung Nr. 93 vom 19. April 1822; Regensburger Wochenblatt Nr. 17 vom 24. April 1822 (Beerdigung Lehners am 18. April 1822); Härtl, Josef: Die letzten Wasenmeister der Stadt Regensburg, in: Die Oberpfalz, Jg. 61, 1973, S. 51–54.

Neunburg vorm Wald

1 Königlich-Bayerisches Intelligenzblatt für den Isarkreis, 44. Stück vom 4. November 1829.

2 Ebda.; Der Bayerische Volksfreund Nr. 197 und 201 vom 9. und 16. Dezember 1828.

3 Probst, Karl-Heinz: Letzte Hinrichtung war vor 185 Jahren, in: Mitteilungsblatt/GFO, Gesellschaft für Familienforschung in der Oberpfalz e.V.; 69 (2014), S. 19–21 (hier heißt es, Wallinger sei 1846 im Alter von 46 Jahren als Kettensträfling gestorben).

4 Der Bayerische Landbote vom 11. Dezember 1828.

Cham

1 Amts- und Intelligenz-Blatt des Königlich Bayerischen Rheinkreises Nr. 1 vom 2. Januar 1836 (Bestätigung durch das Oberappellationsgericht am 17. Oktober 1835; Bestätigung durch König Ludwig I. am 18. November 1835: die im Urteil vorgesehene öffentliche Ausstellung vor der Hinrichtung wurde erlassen); Intelligenzblatt des Königlich Bayerischen Oberdonau-Kreises Nr. 1 vom 4. Januar 1836; Kreis-Intelligenz-Blatt der Königlich-Bayerischen Regierung des Oberdonau-Kreises für das Jahr 1836, S. 24–27; Die Bayerische Landbötin Nr. 156 vom 29. Dezember 1835; Der Bayerische Volksfreund Nr. 104 vom 30. Dezember 1835; Augsburger Abendzeitung vom 15. Dezember 1835; Bayerische National-Zeitung Nr. 131 vom 17. Dezember 1835; Allgemeine Zeitung von und für Bayern Nr. 352 vom 18. Dezember 1835; Augsburger Tagblatt Nr. 346 vom 17. Dezember 1835; Neueste Weltbegebenheiten Nr. 202 vom 19. Dezember 1835.

Tirschenreuth

1 Intelligenz-Blatt der Königlichen Regierung von Schwaben und Neuburg Nr. 40 vom 5. Oktober 1844 (Bestätigung des Urteils durch das

Oberappellationsgericht am 6. August 1844 und durch König Ludwig I. am 12. September 1844: die im Urteil vorgesehene halbstündige Ausstellung am Schandpfahl wurde erlassen); Beilage zum Königlich Bayerischen Intelligenz-Blatt für Mittelfranken Nr. 81 vom 9. Oktober 1844; Der Bayerische Landbote vom 2. und 16. Oktober 1844; Die Bayerische Landbötin Nr. 125 vom 17. Oktober 1844; Nürnberger Abendblatt Nr. 200 vom 3. Oktober 1844; Nürnberger Kurier Nr. 288 vom 14. Oktober 1844; Augsburger Tagblatt Nr. 270 vom 1. Oktober 1844.

Amberg

1 Bayerisches Volksblatt Nr. 140 und Nr. 141 vom 15. und 17. Juni 1854.

2 Ebda.

3 Ebda.; Allgemeine Zeitung Nr. 186 vom 5. Juli 1854, Beilage.

4 Bayerisches Volksblatt Nr. 140 und Nr. 141 vom 15. und 17. Juni 1854.

5 Ebda.; Geschichtliche Darstellung des Verbrechens des Johann Lobenhofer von der Kollermühle, Georg Lutz und Michael Lutz von Hebersreuth, Amberg, den 24. August 1854; Regensburger Zeitung Nr. 153 und 236 vom 4. Juni und 26. August 1854; Würzburger Anzeiger Nr. 165 vom 16. Juni 1854; Augsburger Postzeitung Nr. 182 vom 6. Juli 1854; Bamberger Zeitung Nr. 186 vom 5. Juli 1854; Aschaffenburger Zeitung Nr. 162 vom 8. Juli 1854.

6 Bayerisches Volksblatt Nr. 156, 197 und 201 vom 5. Juli sowie 22. und 26. August 1854; Evans, Richard J.: Rituals of Retribution, Oxford 1996, S. 309; Neueste Nachrichten aus dem Gebiete der Politik Nr. 240 vom 28. August 1854; Der Bayerische Landbote vom 23. August 1854; Nürnberger Friedens- und Kriegs-Kurier Nr. 147 vom 26. August 1854; Augsburger Tagblatt und Münchener Bote für Stadt und Land vom 30. August 1854; Bogner, Christa: Die Amberger Fallschwertmaschine oder: Das „humane“ Töten von Verbrechern, in: Amberg Information Mai 1980, S. 2–6.

7 Die Bayerische Landbötin Nr. 208 vom 29. August 1854.

8 Evans (wie Anm. 6), S. 320 (hier heißt es irrtümlicherweise, die Dreifachhinrichtung in Amberg sei die erste mit der Guillotine in Bayern gewesen).

9 Regensburger Zeitung Nr. 345 vom 16. Dezember 1855 (s. auch Nr. 343 und 344 vom 14. und 15. Dezember 1855); Bayerisches Volksblatt Nr. 296, 297, 298 und 300 vom 13., 14., 15. und 18. Dezember 1855 (hier heißt es ebenso

wie in der Regensburger Zeitung, Katharina Knorr stamme aus Bayerisch Eisenstein); Epheuranken. Belletristische Beilage zum Würzburger Abendblatte Nr. 153 vom 22. Dezember 1855; HStA München, MInn 46136: Geschichtliche Darstellung des Verbrechens der Katharina Knorr und des Xaver Hemrich aus Luhe, 1855 (Bestätigung des Urteils durch König Maximilian II. am 24. Januar 1856; auch in: Donau-Zeitung Nr. 39 vom 8. Februar 1856).

10 Regensburger Zeitung Nr. 345 vom 16. Dezember 1855.

11 Epheuranken (wie Anm. 9).

12 Regensburger Zeitung Nr. 346 vom 17. Dezember 1855.

13 Geschichtliche Darstellung (wie Anm. 9); Aschaffenburger Zeitung Nr. 303 vom 20. Dezember 1855; Kurier für Niederbayern Nr. 36 vom 5. Februar 1856; Nürnberger Friedens- und Kriegs-Kurier sowie Augsburger Tagblatt vom 8. Februar 1856; Bayerisches Volksblatt Nr. 30 und 32 vom 4. und 6. Februar 1856 (zuerst wurde Frau Knorr hingerichtet, dann der 28-jährige Hemrich); Der Bayerische Landbote Nr. 40 vom 9. Februar 1856; Zweibrücker Wochenblatt Nr. 20 vom 15. Februar 1856.

14 Geschichtliche Darstellung des Verbrechens des Franz Kräusel aus Regensburg (HStA München, MInn 46136).

15 Ebda.; Bayerisches Volksblatt Nr. 289 (Beilage) und 290 vom 5. und 7. Dezember 1857 (Kräusel war der Sohn des Zimmermanns und „Bruderhaus-Pfründners“ Christoph Kräusel aus Regensburg); Regensburger Zeitung Nr. 336 und 337 vom 6. und 7. Dezember 1857; Der Bayerische Landbote Nr. 272, 273 und 344 vom 29. und 30. September sowie 10. Dezember 1858.

16 Münchener Bote für Stadt und Land Nr. 302 vom 20. Dezember 1857.

17 Bayerisches Volksblatt Nr. 12 und 19 vom 14. und 22. Januar 1858; Regensburger Zeitung Nr. 23 vom 23. Januar 1858; Der Bayerische Landbote Nr. 16 und 25 vom 16. und 25. Januar 1858; Frankfurter Journal Nr. 20 vom 23. Januar 1858, 2. Beilage; Tag-Blatt der Stadt Bamberg vom 9. Dezember 1857 und 25. Januar 1858; Augsburger Tagblatt Nr. 24 vom 24. Januar 1858; Bayerischer Kurier Nr. 23 vom 24. Januar 1858.

18 Regensburger Zeitung Nr. 219 und 221 vom 10. und 12. August 1852 (Prozess).

19 Neues bayerisches Volksblatt Nr. 247 bis 251 vom 8. bis 12. September 1863; Königlich Bayerisches Kreis-Amtsblatt von Schwaben und Neuburg

Nr. 107 vom 30. Dezember 1863; Amberger Tagblatt Nr. 41 und 43 vom 19. und 21. Februar 1863.

20 Augsburger Postzeitung und Der Bayerische Landbote vom 18. Dezember 1863; Landshuter Zeitung Nr. 291 vom 19. Dezember 1863; Regensburger Zeitung Nr. 366 vom 15. Dezember 1863; Augsburger Tagblatt Nr. 346 vom 17. Dezember 1863; Bayerische Zeitung Nr. 83 vom 24. März 1867.

21 Süddeutscher Telegraph Nr. 173 vom 25. Juli 1873; Bayerischer Kurier Nr. 18 und 19 vom 19. und 20. Januar 1873; Neues Bayerisches Volksblatt Nr. 17 vom 18. Januar 1873.

22 Amberger Volks-Zeitung für Stadt und Land Nr. 167 und 168 vom 22. und 23. Juli 1873.

23 Süddeutscher Telegraph Nr. 179 vom 1. August 1873.

24 Süddeutscher Telegraph Nr. 173 und 176 vom 25. und 29. Juli 1873.

25 Süddeutscher Telegraph Nr. 173 vom 25. Juli 1873.

26 Süddeutscher Telegraph Nr. 174 und 175 vom 26. und 27. Juli 1873.

27 Süddeutscher Telegraph Nr. 179 vom 1. August 1873 (s. auch Nr. 177 und 178 vom 30. und 31. Juli 1873); Augsburger Tagblatt Nr. 175 vom 25. Juli 1873; Deggendorfer Donaubote Nr. 59 und 60 vom 25. und 29. Juli 1873; Zweibrücker Zeitung Nr. 174 vom 27. Juli 1873; Bote für Tirol und Vorarlberg Nr. 173 vom 30. Juli 1873; Geschichtliche Darstellung der Verbrechen des Franz Xaver Marchner und Joseph Marchner senior von Thalmassing (Amberg, den 18. September 1873).

28 Der freie Landesbote. Volksblatt und Vorstadt-Zeitung aus München Nr. 229 und 230 vom 8. und 9. Oktober 1873 (Lorenz Scheller); Amberger Volks-Zeitung für Stadt und Land Nr. 215 und 216 vom 18. und 19. September 1873 (einschließlich der beiden Marchners nahm Scheller, der die beiden vor der Hinrichtung in ihrer Zelle besuchte, bis dahin 60 Hinrichtungen vor: 18 mit dem Schwert, fünf mit der älteren württembergischen Guillotine und 37 mit der bayerischen Guillotine); Königlich Bayerisches Kreis-Amtsblatt von Niederbayern Nr. 78 vom 27. September 1873; Amberger Tagblatt vom 18. und 20. September 1873; Aschaffenburger Zeitung Nr. 255 vom 20. September 1873; Pfälzer Nr. 113 vom 19. September 1873 und Augsburger Neueste Nachrichten vom 19. September 1873 (die Hinrichtung musste verschoben werden); Forchheimer Wochenblatt Nr. 107 vom

20. September 1873; Neue Ingolstädter Zeitung Nr. 215 vom 21. September 1873; Norddeutsche Allgemeine Zeitung vom 30. Juli und 21. September 1873; Igl, Joseph: Predigt aus Anlaß der Hinrichtung der beiden Marchner in Amberg, Amberg 1873.

29 Bamberger Neueste Nachrichten vom 19. September 1873; zur Frage der Unschuld des Vaters und eines möglichen Justizmordes vgl.: Oberfränkische Zeitung und Bayreuther Anzeiger Nr. 235 vom 3. Oktober 1873.

30 Augsburger Tagblatt Nr. 217 vom 13. September 1873.

31 Freisinger Tagblatt Nr. 217 vom 20. September 1873.

32 Overath, Petra: Tod und Gnade. Die Todesstrafe in Bayern im 19. Jahrhundert, Köln, Weimar, Wien 2001, S. 167/68 (s. auch S. 190–195 und 202); im Süddeutschen Telegraph Nr. 173 vom 25. Juli 1873 hieß es zu dem Familiendrama, das zu der Doppelhinrichtung in Amberg geführt hatte: „Es ist zur Ehre der Menschheit als sicher anzunehmen, daß der Thalmassinger Mord in der Geschichte der Verbrechen kaum seines Gleichen findet, und ähnliche Ausgeburten der Menschheit wie die beiden Marchner höchstens alle Jahrhundert einmal, Abscheu und Entsetzen rings um sich verbreitend, auftauchen."

33 Bamberger Neueste Nachrichten vom 31. Januar 1884; Allgemeine Zeitung Nr. 25 vom 25. Januar 1884, 2. Beilage.

34 Bamberger Neueste Nachrichten vom 31. Januar 1884.

35 Neueste Nachrichten und Münchener Anzeiger vom 29. Januar und 1. Februar 1884; Bamberger Neueste Nachrichten vom 1. Februar 1884 („Der vom Rumpfe getrennte Kopf bewegte sich eine halbe Minute lang, – ein unheimlicher Anblick, während am Rumpfe keinerlei Zuckungen wahrgenommen wurden"); Allgemeine Zeitung Nr. 32 vom 1. Februar 1884.

36 Neueste Nachrichten und Münchener Anzeiger vom 2. November 1883; Der Bayerische Landbote vom 8. November 1883; Allgemeine Zeitung Nr. 305 vom 2. November 1883, 2. Beilage; Rosenheimer Anzeiger Nr. 22 vom 26. Januar 1884.

37 Bamberger Neueste Nachrichten vom 31. Januar 1884.

38 Münchner Neueste Nachrichten vom 2. Juli 1887; Augsburger Postzeitung vom 5. Juli 1887; Allgemeine Zeitung Nr. 184 vom 5. Juli 1887, 2. Beilage.

39 Neue freie Volks-Zeitung, München vom 4. Mai 1887; Neueste Nachrichten und Münchener Anzeiger vom 3. Mai 1887 („Riedl hatte wenige Tage vorher

in zwei Fällen versucht, je ein Frauenzimmer zu ermorden und zu berauben und zwar auch auf offener Landstraße. Seine Opfer kamen nur deßwegen mit dem Leben davon, weil sie keine Werthsachen bei sich trugen").

40 Augsburger Abendzeitung vom 4. Juli 1887 (die Leiche wurde wie schon bei Reitner zum Zweck medizinischer Studien nach Erlangen gebracht).

41 Münchener Neueste Nachrichten und Augsburger Abendzeitung vom 17. Juni 1890.

42 Augsburger Abendzeitung, Augsburger Postzeitung und Neue Preußische Kreuz-Zeitung vom 9. September 1890; Münchener Neueste Nachrichten vom 6. September 1890.

43 Augsburger Postzeitung vom 17. Juni 1893; Neue freie Volks-Zeitung vom 3./4. April 1893; Rosenheimer Anzeiger vom 30. März sowie 2., 5., 8., 12. und 16. April 1893.

44 Augsburger Postzeitung vom 17. Juni 1893.

45 Ebda.; Rosenheimer Anzeiger vom 6., 20. und 21. Juni 1893; Münchener Neueste Nachrichten vom 20. Juni 1893.

46 Amberger Volkszeitung vom 3. August 1893; Rosenheimer Anzeiger vom 2., 5. und 6. August 1893 (s. auch Nr. 209 vom 15. September 1893: Vorhaben Brunners, die Lehrerstelle in Mähring zu übernehmen); Münchener Neueste Nachrichten vom 4. August 1893; Augsburger Postzeitung vom 3. und 4. August 1893; Neue freie Volks-Zeitung vom 5. August 1893.

47 Neue freie Volkszeitung in München vom 10. März 1894; Augsburger Postzeitung vom 9. März 1894.

48 Rosenheimer Anzeiger Nr. 8 und 15 vom 12. und 20. Januar 1894.

49 Neue freie Volkszeitung in München vom 10. März 1894.

50 Rosenheimer Anzeiger Nr. 16 vom 21. Januar 1894; Augsburger Postzeitung vom 9. März 1894.

51 Neue freie Volkszeitung in München vom 10. März 1894.

52 Neue freie Volkszeitung in München vom 6. Mai 1894; Rosenheimer Anzeiger Nr. 97, 100 und 102 vom 29. April sowie 3. und 6. Mai 1894; Münchener Neueste Nachrichten vom 27. April und 5. Mai 1894; Augsburger Abendzeitung vom 4. Mai 1894; Augsburger Postzeitung vom 5. Mai 1894; Dachs, Johann: Tod durch das Fallbeil. Der deutsche Scharfrichter Johann Reichhart (1873–1972), Regensburg 2012 (2. Aufl.), S. 26.

53 Augsburger Abendzeitung vom 23. und 24. Juni 1896.

54 Ebda.; Neue freie Volks-Zeitung vom 13. September 1896; Rosenheimer Anzeiger Nr. 47 vom 26. Februar 1896.

55 Augsburger Abendzeitung vom 23. Juni 1896.

56 Ebda.; Münchener Neueste Nachrichten vom 24. und 25. Juni sowie vom 11. und 12. September 1896; Augsburger Postzeitung vom 11. und 12. September 1896; Neue freie Volks-Zeitung vom 13. September 1896.
Eine weitere Guillotinierung in Amberg, die auf einen Gattenmord zurückging, hatte Scharfrichter Reichhart bereits am 16. November 1895 an dem 44-jährigen Bauern Johann Wagner aus Witzlricht (Freudenberg) vollzogen. Dieser hatte am 9. April jenes Jahres seine Frau mit einem Knüppel erschlagen, um seine Geliebte Barbara Birner aus Witzlricht, eine früher bei ihm angestellte Dienstmagd, heiraten zu können. Das oberpfälzische Schwurgericht verurteilte ihn am 4. Juli 1895 wegen Mordes zum Tode (Münchner Neueste Nachrichten vom 6. Juli 1895; Neue freie Volkszeitung in München vom 8./9. Juli 1895; Allgemeine Zeitung Nr. 185 vom 6. Juli 1895; Augsburger Abendzeitung vom 18. November 1895; Rosenheimer Anzeiger Nr. 267 vom 21. November 1895: Verhaftung Birners unter dem Verdacht der Anstiftung/Hilfeleistung zu dem Mord).

57 Augsburger Abendzeitung vom 15. März 1897.

58 Ebda.

59 Münchener Neueste Nachrichten vom 7. und 8. Mai 1897.

60 Neue freie Volks-Zeitung vom 11. März 1904.

61 Ebda.; Allgemeine Zeitung Nr. 113 vom 10. März 1904, 3. Blatt; Rosenheimer Anzeiger Nr. 57 vom 10. März 1904.

62 Neue freie Volks-Zeitung vom 13. und 15. April 1904; Augsburger Postzeitung vom 15. April 1904.
Am Morgen des 6. März 1903 hatte Scharfrichter Reichhart eine weitere Guillotinierung im Amberger Landgerichtsgefängnis vollzogen. Bei dem Hingerichteten handelte es sich um den 40-jährigen Tagelöhner Josef Rupprecht, geboren in Kager und wohnhaft in Kolmberg im damaligen Amtsgerichtsbezirk Cham. Er hatte am 8. Mai 1902 beim Steinklopfen auf der Distriktsstraße zwischen Schwend und Schwenderöd (Ortsteile der Gemeinde Birgland) den mitarbeitenden Maurer Johann Kröner aus

Forchheim mit einem Hammer erschlagen, weil dieser ihn „dumm angeredet" hatte. Das Amberger Schwurgericht verurteilte ihn am 19. Januar 1903 wegen Mordes zum Tode (Augsburger Abendzeitung vom 22. Januar 1901; Neue freie Volks-Zeitung vom 22. Januar und 8. März 1901; Münchener Neueste Nachrichten vom 7. März 1903; Rosenheimer Anzeiger Nr. 55 vom 8. März 1903; Dachs, Johann: Tollkirschen im Blaubeersaft und andere wahre Geschichten von Mord und Totschlag, Waldkirchen 1997, 2. Aufl., S. 9; ders.: Tod durch das Fallbeil. Der deutsche Scharfrichter Johann Reichhart, 1873–1972, Regensburg 2012, 2. Aufl., S. 29).

63 Augsburger Postzeitung vom 30. September 1911.

64 Augsburger Postzeitung vom 20. und 21. Dezember 1911; Berliner Lokalanzeiger vom 20. Dezember 1911.

65 Amberger Volkszeitung vom 5. Juni 1918 („Der Leichnam, der lange und stark blutete, wurde in eine Kiste gelegt, zur Bahn gefahren und ins anatomische Institut nach Erlangen geschafft").

66 Amberger Tagblatt vom 5. Juni 1918; Rosenheimer Anzeiger Nr. 70 vom 23. März 1918.

Bildnachweis

Einband vorn: Shutterstock/mipstudio
S. 12: Stadtarchiv Straubing, Postkartensammlung 28.
S. 14: Gäubodenmuseum Straubing.
S. 19: regiowiki.pnp.de/wiki/Datei:Matzeder_Reiter.jpg
S. 25: Regierungs-Blatt vom 5. August 1854.
S. 34: Neue freie Volks-Zeitung vom 25. Februar 1885.
S. 36: Neue freie Volks-Zeitung vom 13. Juni 1897.
S. 39: Allgemeine Zeitung am Abend, Nr. 63 vom 15. März 1928.
S. 41: Neue freie Volks-Zeitung vom 11. März 1903.
S. 42: Neue freie Volks-Zeitung vom 11. März 1903.
S. 49: Heimatmuseum Vilsbiburg.
S. 51: Heimatmuseum Vilsbiburg.
S. 54: Gäubodenmuseum Straubing.
S. 55: Stadtarchiv Straubing, Allgemeine Fotosammlung.
S. 57: Stadtmuseum Burghausen.
S. 65: Schmidt, Hermann: Landsberg am Lech, Augsburg 1929, Abb. 2.
S. 67: Stadtmuseum München, Sammlung Graphik/Plakat/Gemälde, Inv.-Nr. G P 376.
S. 71: Denkwürdige und wenig bekannte biographische Notizen von dem k. Oberpostamts-Revisor F. X. Unterstein und der zum Tode verurtheilten Mörderin Anna Birnbaum, dann einen Bericht über die letzten drei Lebenstage und ihrer Hinrichtung, und mit dem Bildnisse derselben, München 1836 (2. Aufl.).
S. 75: Neue freie Volks-Zeitung vom 3. März 1882.
S. 77: Weese, Artur: München. Eine Anregung zum Sehen, Leipzig 1911, S. 137.
S. 79: Neue freie Volks-Zeitung vom 19. November 1892 (s. auch Ausgabe vom 3. März 1882).

S. 88: Neue freie Volks-Zeitung vom 19. November 1892.

S. 92: Der Bayerische Landbote Nr. 166 vom 13. Juni 1894.

S. 95: Weese, Artur: München. Eine Anregung zum Sehen, Leipzig 1911, S. 32.

S. 112: Neue freie Volks-Zeitung vom 10. Oktober 1876.

S. 115: Neue freie Volks-Zeitung vom 28. Februar und 1. März 1882.

S. 118: Neue freie Volks-Zeitung vom 6. Januar 1883.

S. 119: Neue freie Volks-Zeitung vom 15. Juni 1883.

S. 123: Neue freie Volks-Zeitung vom 17. April 1885.

S. 126: Neue freie Volks-Zeitung vom 31. Mai und 1. Juni 1886.

S. 131: Neue freie Volks-Zeitung vom 4. März 1892.

S. 132: Neue freie Volks-Zeitung vom 5. Oktober 1892.

S. 134: Neue freie Volks-Zeitung vom 27. April 1895.

S. 135: Neue freie Volks-Zeitung vom 27. April 1895.

S. 136: Neue freie Volks-Zeitung vom 28. April 1895.

S. 139: Neue freie Volks-Zeitung vom 7. April 1897.

S. 141: Neue freie Volks-Zeitung vom 3. Juni 1898.

S. 144: Weese, Artur: München. Eine Anregung zum Sehen, Leipzig 1911, S. 247.

S. 149: Allgemeine Zeitung Nr. 132 vom 20. Oktober 1818.

S. 152: Stadtarchiv Wasserburg a. Inn, Karten, Pläne, Grafik, VDep. 1-0171 (= Bestand Sammlung Wasserburg aus fünf Jahrhunderten: Wasserburg am Inn, Stich von Johann Gabriel Friedrich Poppel nach einer Zeichnung von Wilhelm Scheuchzer um 1840).

S. 155: Heimatmuseum Wasserburg.

S. 160: Sammlung Museum Erding, Inv.-Nr. 4281 Detail.

S. 161: Sammlung Museum Erding, Inv.-Nr. 808 und 808 Detail.

S. 165: Stadtmuseum Trostberg.

S. 170: Hager, Georg: Die Kunstdenkmäler von Oberpfalz & Regensburg, Heft II: Bezirksamt Neunburg vorm Wald, München 1906, S. 27.

S. 172: Hoffmann/Hager: Die Kunstdenkmäler von Oberpfalz & Regensburg, Heft VI: Bezirksamt Cham, München 1906, S. 128.

S. 182: StadtAAm Fotosammlung 102-033-002.

S. 194: Neue freie Volks-Zeitung vom 12. April 1893.

S. 196: Neue freie Volks-Zeitung vom 3. und 4. April 1893.

S. 197: Neue freie Volks-Zeitung vom 19. und 20. März 1894.

S. 199: StadtAAm Fotosammlung 102-033-007.

S. 200: Mader, Felix: Die Kunstdenkmäler von Oberpfalz & Regensburg, Heft IX: Neustadt an der Waldnaab, München 1907, S. 90.

S. 201: Neue freie Volks-Zeitung vom 13. September 1896.

S. 205: Mader, Felix: Die Kunstdenkmäler von Oberpfalz & Regensburg, Heft XVI: Stadt Amberg, München 1909, S. 128.

Zum Autor

Udo Bürger (Magister), Autor, geboren 1958 in Bonn, lebt heute in Remagen-Unkelbach. Geisteswissenschaftliches Studium in Bonn und Innsbruck.

Bisherige Veröffentlichungen

Die spektakulärsten Kriminalfälle in Baden. Von Giftmischern, Amokläufern und Auftragsmördern, Erfurt 2018 (Nachweis von 70 Hinrichtungen in Baden, 1815–1932).
Die spektakulärsten Kriminalfälle in Hessen. Von Würgengeln, Holzfrevlern und Kindsmördern, Erfurt 2016 (Nachweis von 96 Hinrichtungen in Hessen, 1815–1918).
Westfälische Unterwelt. Historische Kriminalfälle und Hinrichtungen in Westfalen, Münster 2014 (Nachweis von 56 Hinrichtungen in Westfalen, 1815–1918).
Rheinische Unterwelt. Kriminalfälle im Rheinland von 1815–1918, Köln 2013 (Nachweis von 127 Hinrichtungen in der früheren preußischen Rheinprovinz).
Mitarbeit an einer Chronik des Ortes Burgbrohl: Degen, Kurt (Hrsg.): *Burg, Bach, Tal. Burgbrohl 900 Jahre,* Koblenz 2012.
Bleche Botz und Klingelpütz. Kölner Kriminalfälle von 1815–1918, Köln 2009.
Mord aus „Melancholie". Eifeler Kriminalfälle von 1675 bis 1898, Aachen 2006.
Schurken, Schande & Schafott. Zur Kriminalgeschichte in Aachen und Umland von 1794 bis 1900, Aachen 2004.
Die Guillotine im Schatten des Domes. Zur Kriminalgeschichte Kölns in der Franzosenzeit (1794–1914), Aachen 2001.

Henker, Schinder & Ganoven, Teil II, Neuigkeiten zur Kriminalgeschichte der Eifel des 18. und 19. Jahrhunderts, Aachen 1999.
Mitarbeit (Redaktion) an einer Chronik des Ortes Unkelbach: Traditionsverein Unkelbach e.V. (Hrsg.): *Unkelbach. Geschichte des Ortes von den Anfängen bis zur Gegenwart,* Meckenheim 1999.
Mitarbeit an dem Buch „*Die Hölle schien losgelassen zu sein*“. *Aus der Katastrophengeschichte des Eifeler Raumes,* Aachen 1999.
Mitarbeit an dem Buch „*Zeugnisse jüdischen Lebens im Kreis Ahrweiler*“, Ahrweiler 1998.
Henker, Schinder & Ganoven. Unbekannte Kriminalfälle aus der Eifel des 18. Jahrhunderts, Aachen 1997.
Zum Erziehungswesen der Juden im Kreis Ahrweiler und zu den Synagogenverhältnissen allgemein, in: Sachor. Beiträge zur jüdischen Geschichte und zur Gedenkstättenarbeit in Rheinland-Pfalz, Heft Nr. 12 – 2/96.
Chronik Niederzissen. Geschichtliches der Brohltal-Gemeinde in Wort und Bild, Niederzissen 1992.

Ortsverzeichnis